U0923438

駝菴學記

顾随的生平与学术

赵林涛、顾之京 编

生活·讀書·新知 三联书店

1955年春摄于天津师范学院寓所书房

1941年在辅仁大学司铎书院与中文系师生合影（前排右余嘉锡，后排左二周祖谟，右一郭预衡、右三刘乃崇、右四启功、右五葛信益）

寄周汝昌诗稿（1947年2月8日）

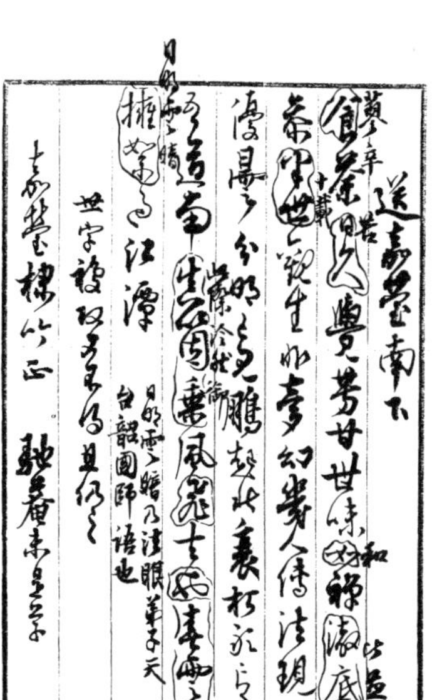

顾随《送嘉莹南下》诗稿

《苦水作剧》及部分词集

茀園兄：譯林寄稿自攜來之後，每晚燈下讀之，覺大師精神面貌仍然無恙，如在目前。底頁上那方圖章，刀法之秀潤，顏色之鮮明，也正如十年前第一次讀作者所著他書時所看見的一樣。然而大師的墓上是已有宿草了。自古皆有死，在大師那樣地努力而死，大師殆未必（而且也決不）覺得遺憾，但是後一輩的我們，尤其每向他心愛着的要求嗎？想到這裡，再環顧四周，先前說不出的悲哀與煩悶的。在我，是困於生活（這實在是託詞）又累於病，往往演著三四小時的單口相聲，殊少餘暇可以寫出像樣的小品來的。十年前所作的一篇小說終已在輔仁文苑上登出來，可惜社中只送我一本，未能相贈為憾耳。夜深，不寫了。此祝

著祺

顧隨拜手 五月廿一日燈下

致滕茂椿书（1942年5月21日）

目　录

怀念羡季 / 冯　至　*1*

怀顾羡季八首 / 郑　骞　*8*

苦水先生三十周年忌辰书联 / 启　功　*13*

怀念先师顾随先生 / 周汝昌　*14*

谈羡季先生对古典诗歌之教学与创作 / 叶嘉莹　*21*

《荒原词》序 / 卢宗藩　*60*

评顾随《无病词》《味辛词》/ 吴　宓　*62*

《积木词》序 / 俞平伯　*78*

关于羡季的词 / 卢季韶　*82*

——我对于《味辛词》《荒原词》二集的体会

先生之风　山高水长 / 张中行　*96*

——读《顾随文集》

清河顾随先生临帖四种跋 / 滕茂椿　*107*

《苏辛词说》小引 / 周汝昌　*110*

顾随先生临同州《圣教序》跋 / 史树青　*118*

我与恩师顾随先生的“缘”/杨敏如　120

纪念我的启蒙师顾随先生/王振华　134

——宣传鲁迅的先行者

顾随老师对我的训诲/朱家溍　140

顾随先生的词选课/戚国淦　145

在与顾师相处的日子里/吴华英　149

顾学（GUOLOGY）琐忆/黄宗江　153

顾老师指引我迈进元曲之门/卢绍真　156

难忘的老师　难忘的诗/郭预衡　159

忆羡季师/陈继揆　161

宗师芳千古　才多溉后生/阎振益　165

——缅怀先师顾羡季先生

师生情谊七十年/叶嘉莹　170

其应乃如响　微禅岂我师/高　准　191

羡季师讲课二三事/李稚甫　193

羡季先生/邓云乡　197

时雨春风/王双启　202

——先师顾羡季先生的课堂教学艺术

顾随先生授课散记/李如鸾　208

绵绵师情自萦怀/张清华　212

——忆我的老师顾随先生

顾随先生谈戏 / 刘　琦　　219

只能仰望夫子　不敢忝作学生 / 欧阳中石　　223

缅怀顾羡季（随）先生 / 吴小如　　228

读顾随《乡村传奇》/ 吴小如　　232

忆父亲 / 顾之惠　　236

父亲八种词集之命名 / 顾之京　　244

附录：顾随学术年表 / 赵林涛、顾之京　整理　　262

编校后记 / 赵林涛　　278

怀念羡季 *

冯　至

今天，顾随先生的生前友好和他的家属在这里聚会，纪念他逝世三十周年。我不能参加，却有一些话想用书面向大家谈一谈。顾随字羡季，请允许我，下边的话我都直称羡季。羡季教学兼写作的生涯是从本世纪 20 年代初开始的，他那时交往的朋友如今多已不在人间，我不自量，我或许可以说是他老朋友中的一个仅存者。今天参加这个会的同志们可能都是 30—50 年代与羡季结交或受过他的教益的友人和学生，了解羡季会比我更多，但羡季早期的生活和创作，或许知道较少。我想在这方面略作介绍，也涉及一些我个人的看法。

羡季于 1920 年北京大学英文系毕业，曾有一小段时间在山东青州某中学教书，后来去济南省立女子第一中学任国文教员，将及四年之久。我不清楚是在青州还是在济南，羡季与卢伯屏先生同事。二人很快就成为好友，结下深厚的友谊。羡季写过不少诗词赠送给

---

* 本文系为纪念顾随三十周年忌辰而作，收入《文坛边缘随笔》（冯至著，上海书店出版社 1995 年 8 月出版）。

伯屏，尊伯屏为兄长。例如诗集里有“只君待我弟兄亲”、“预期来世为兄弟”等句。抗日战争时期，伯屏约于1940年在四川逝世，羡季在北平闻讯后，一再填词哀悼，又提到“便教来世为兄弟，话到今生已惘然”，尤其是六首《定风波》，作者心潮起伏，好像永远不得安宁，感叹“廿载交游今已矣，来世，来生飘渺更难期”。伯屏不常写诗，但他出于真情至性，在他们结交不久时，写过一首五言绝句给羡季：“百日交非浅，一别情更深。知君具慧眼，识我有良心。”这完全是肺腑之言。这首诗我四十年前[1]偶然在伯屏的案头读到，至今不曾忘却。

卢伯屏是我的涿县同乡、北大同学卢季韶的长兄。他是一位名副其实的忠厚长者，他爱护他的弟弟，情如父子，远远超过一般的兄弟关系，他看待他兄弟的朋友也好像自己的朋友。他介绍我和季韶于1922年[2]起始跟羡季通信。饮水思源，若没有伯屏的热心介绍，我当时，也许甚至永远不知道羡季其人。所以我不惜笔墨，在谈我和羡季的友情之前，先提到伯屏，并向他表示敬意和感谢。

那时像我们这样的青年，大都不求人知，但对于知心好友，则唯恐彼此知之不尽，尽量把心里想的、眼前看的、读书得获的告诉对方，对方也以此相报。我和羡季由于对伯屏的信赖，很快就开始了频繁的书信交往。我们写的信如泉水喷涌，又如细水长流，延续了六七年之久，我们信里写的，往往有纵使晤面也未必能说得清楚的内容。我收到羡季的信，不据为已有，常给北京的个别少数朋友传阅。我写的信，羡季也不仅自己读，还在教室里读给他的学生们听。《新文学史料》1984年第2期载有阎德纯写的《沉樱及其创作和翻译》一文，

[1] 卢伯屏1939年去世，在卢处得见此五绝，从1990年逆推，当在六十年前。

[2] 当为1921年。

其中有一段提到与之有关的情况："一个人的道路、爱好和成就，往往同别人的影响有关。在山东省立第一女子中学，沉樱遇到了一位毕业于北京大学哲学系（'英文系'之误）影响她一生的国文老师顾献（'羡'之误）季。这位老师文才出众，不仅给学生讲解诗词歌赋，尤其拥护新文学，一有机会就给学生讲解五四运动后涌现的新作家及其作品，给大家朗读他的朋友——诗人冯至给他的书信及其诗作，还给学生讲解英文小说。"羡季是国文教员，由于他熟悉英语，又喜读鲁迅小说和周作人当时的散文，所以在课堂上古今中外旁征博引，很能开拓学生的眼界，受到学生们的欢迎，因此也受到某些教师（尤其是英文教师）的嫉妒。

在通过书信互相了解的基础上，羡季有时在暑假寒假回家探亲之前，绕道北京和我与卢氏兄弟会晤，如夏日冒雨出游，冬夜围炉絮话，都写入他的诗词，其中一片深情仿佛还延续着两千五百年前《诗经·小雅》里"嘤其鸣矣，求其友声"的歌唱。

1924 年夏，羡季辞去济南女一中的教职，接受青岛新成立的胶澳中学的聘请。他邀我先到济南然后一起去青岛度夏。我约在 6 月 22 日到了济南。那时济南还是家家泉水、户户垂杨，《老残游记》里描绘的风貌还没有多大改变。我和羡季几次大明湖上泛舟，历下亭前赏雨，品尝鲜嫩的蒲笋和某饭馆（吉元楼？）院内活水养育的鲜鱼，至今记忆犹新。我们于 7 月初到青岛。我们这两个土生土长的燕南赵北人第一次看见海，非常兴奋。无论是海，是山，是花木园林以及一些建筑，无处不是新鲜的。胶澳中学是欧战前德国兵营旧址，坐落在如今的湛江大路，到海滨浴场要越过一座林木郁郁葱葱的小山。晴日我们去海滨游泳，雨时在室内读书谈天。羡季从前写诗，这时致力填词，也读西方的小说诗歌；我则写诗，写散文，写不像戏剧的戏剧，杂乱无章，想到什么就写什么。有时也沾染旧文人的习气，我们出游到太平山顶，在石壁上题诗，致使一年后羡季在一首《蝶恋花》前半阕里写：“一自故人从此去，诗酒登临，都觉无情趣。怕见太平山上路，苍苔蚀遍题诗处。”我题的是什么诗，早已忘记，但我后来每逢想到羡季的这首词，便暗自称幸，幸亏一年后苍苔便把它埋没了，以免在青天碧海之间继续丢丑。

那正是中国社会黑暗重重，许多青年人感到前途茫茫的时代。我们一方面沉浸于祖国诗词里优美而又忧伤的名句，一方面又像鲁迅所说的“摄取来的异域的营养又是世纪末的果汁”。诚然，那时羡季阅读的西方作家，也正是鲁迅这句话后边列举的那几个名字：王尔德、波特莱尔、安特列夫。一些互相矛盾的思想交错在头脑里，难以排解，更加上个人生活上遇到的闲是闲非，也增添烦恼。眼前暗淡无光，有时也鼓起勇气，说几句豪迈的壮语，既鼓励朋友，也聊以自慰。羡季早期词里有不少处反映着这种心态。

我是8月中旬离开青岛的。我们朝夕相处，过了四十多天，我对于羡季有了进一步的了解。他在众人中间，从来不表露自己，显示才能，正如他后来在一首词里所说的，“处处追求寂寞，时时厌恶聪明”。但是对朋友，对他得意的学生，则敞开胸怀，无话不谈。我表示一点意见，写出一点东西，他若认为可取，就热情称赞，他若不同意，就不置一词，这沉默，我最初不大理解，经过几次，我觉得这沉默比批评还有分量。谈到鲁迅的小说，他都仔细阅读，认真分析其中的每个段落，甚至一句话也不轻易放过。可是有一次我提到某诗人的诗集，说我写新诗受过他的影响，他一句话也没有回答，我立即明白那诗人在他心目中占的是什么地位。

我回到北京后，我们继续书信来往，他的信里常附有赠给我的词。一首《定风波》有这样一句，“那里友人情绪好，常道，风中乞丐雨中花”。读者或许会觉得乞丐与花并列，似乎不伦不类。这是我在1925年或1926年寄给羡季一首绝句（前两句我想不起来了），后两句是“春去与谁堪共语，风中乞丐雨中花”。那时在北京街头我最受感动的是狂风里缺衣少食的乞丐和霪雨中的落花。

羡季这时也写小说，在《浅草》季刊、《沉钟》半月刊上发表，有时署名“葛茅”。后来这两个刊物相继停刊，他的小说创作也停止了。可是二十年后，他于1947年忽然以惊人之笔写出长达三万余言的《乡村传奇·晚清时代牛店子的故事》，语言泼辣，情节离奇，辛亥革命前北方一个农村里的众生相好像跟鲁迅笔下未庄里的人物遥相呼应。

羡季于1926年9月来天津，在女子师范学院教书。那时天津是一个军阀统治下酒肉争逐、民不聊生的城市。羡季年已三十，更多地看见社会的阴暗，体会人世的艰辛，回想大明湖的春色，海上的风光，都不可再得，只是在一首词里说，“错把夕阳蝙蝠，当他燕子归来”。他的词风发生一定的变化。我们读到《鹧鸪天》：“向晓阴阴向晚晴，又来此地过清明。黄云都带金银气，白雨还浮酒肉腥。词不就，句难成。诗人莫怪少诗情。紫泥涨入桃花水，流过红桥不作声。”又如《御街行》的下半阕：“楼台车马知何似？似穷塞，非人世。明驼迤逦渡平沙，衰草寒烟无际。黑山列帐，黄昏吹角，夕照苍茫里。”前词形容混浊，后词比喻荒凉，正如后来他在《驼庵诗话》里所说的“一个文人要能用别人不敢用的字句”。此后他的词更多地摆脱前人的窠臼，形成自己的风格，开辟了新境界，表达出现代人的思想感情。

1927年初夏，我们商量印行词集。羡季在天津编出上、中、下三卷，命名“无病”。他把词稿寄给我，我交给北京大学红楼地下室的印刷所排印，我尽我当时审美的水平，设计装帧，宣纸线装，书页上下两端留有较多的空白。羡季从词集里摘取两句能概括全书内容的作为题词，朱印在扉页上，这做法在过去的旧体诗集词集是不曾有过的。他后来印行的诗集词集都采用这种装帧形式，只是北平沦陷时期他印的词曲集，限于条件，就因陋就简了。书成后，他叫我给词集题签。羡季长于书法，朋友们公认他写的字苍劲有力，挺拔出众，我只在学童时临摹过欧体，此后毫无长进，而他自己不写，却教我写，我也毫不推辞，提笔写了“无病词”三个字。这中间没有别的话可说，只是由于彼此间真挚的友情。不料将及六十年后，他的女儿和学生合编《顾随文集》，又找我题签。我久不用毛笔写字，比当年更为荒疏，羡季晚年的友好中间颇不乏著名的书法家，他们的字能使封面更为生色。编者不找别人，却找到我，我十分感动，我仍然未敢推辞，就此用这四字题签来纪念我结交四十寒暑的老友。羡季著作中，最早的一部词集和迄今为止最后的一部文集都由我题签，我感到一种非语言所能表达的欣慰。

关于20年代以后的事，我本来还有许多话要说，但想到纪念会的时间有限，为了不耽搁大家的时间，就此结束。结束前，我再补充几句话，并连带谈一个故事。羡季多才多艺，写诗、填词、作曲，都创有新的境界；小说、信札，也独具风格；教学、研究、书法，无一不取得优越的成就；只是他有一时期说禅论道，我与此无缘，不敢妄置一词。但除此以外，他偶尔也写点幽默文字、调侃词章，既讽世，也自嘲。记得在20年代，他有一次生病，病重时他曾自拟挽联，上联是“昔为书生，今为书死”；下联是“人恨才少，我恨才多”[1]。他把这挽联写给朋友们看，带有开玩笑的性质，人们也觉得羡季自命不凡，有点“狂气”。如今平心而论，用这副自拟挽联概括羡季一生的才智，也未为不可。只是我认为，无论“才多”或“才少”，都不必“恨”。这个“恨”字写在这里，显得太重了一些。我真希望能有一次

---

[1] 此联见于1922年11月4日顾随致卢季韶信中，下联是“人患才短，我患才多”。

“故人入我梦”，我在梦里跟他商量商量，能否把这个“恨”字改换成另一个字？

1990年8月18日写，为9月2日用。

【京按】1990年，为筹备父亲忌辰三十周年纪念，我与三姐之惠同去冯老伯寓所拜见老人家。冯老伯听说准备开一次纪念会，很是欣慰，很高兴地答应写一篇纪念老友的文章，要我一周后去取。夏末，我一个人来到冯老伯寓所，老伯谦和地说，自己写得不好，冯伯母姚可崑教授在一旁帮腔：“我就说他写得没感情！”面对两位长辈，我这个后生晚辈一时真不知说什么好。凡读过这篇文章的人，看了拙笔如上这几句话，一定会深深地感动于冯老伯的自谦、姚伯母的风趣。

怀顾羡季八首*

郑 骞

偶怀顾羡季四首[1]

羡季丁酉生，今年七十九岁，故都一别二十七年，音讯隔绝，未卜存殁。

毡笠棉裘独往来，在家学佛自堪哀。平生未得江山助，怅望千秋惜此才。

羡季自称在家僧。尝有《浣溪沙》词云："莫笑衣冠似沐猴，青鞋毡笠木棉裘。"又戏作小诗云："春来老腿酸如醋，雨后青苔滑似油。"四句合读，如见其长身瘦影，踽踽独行于燕京大学未名湖畔、成府村中。君河北清河县人，曾客居山东数年，一生踪迹未出此两省。

* 选自《清昼堂诗集》，郑骞（因百）著，大安出版社，1988年12月。

[1] 作于作者"乙卯七十岁"时，即1975年。

梦破江南烛影深，兰膏红豆试重寻。旁人未读香奁集，争识冬郎寂寞心。

韩冬郎《香奁集·玉合》诗："罗囊绣、两凤凰，玉合雕、双鹨鹕，中有兰膏渍红豆，每回拈著长相忆。长相忆，知几春，人怅望，香氤氲。开缄不见新书迹，带粉犹残旧指痕。"羡季与余皆喜诵之。羡季有诗云："梦回忽失江南人，漫把天涯当比邻。醉后争言千古事，尊前谁是百年身。青山红树不知晚，霜鬓黄花相与新。万里途中远行客，大家各自老风尘。"诗中有人，呼之欲出。

平生风义友兼师，弱翰惭无绝妙辞。却忆昔年相勉语，危栏独自倚多时。

《礼记》云："十年以长，则兄事之。"羡季长予九岁。李义山诗："平生风义兼师友，不敢同君哭寝门。"民国十八年与羡季共事于河北省立女子师范学校，曾书沈秋明师词句"更寻高处倚危栏，闲看垂杨风里老"为条幅见赠。又赋《采桑子》小令题予词稿云："文章事业词人小，如此华年，如此尘寰，为问君心安不安。双肩担起闲哀乐，身上青衫，眼底青山，同上高楼再倚栏。"盖勉予努力从事于诗古文辞，而毋倚声自限也。至今四十余年，垂垂老矣，始终徘徊于考据词章两途，因循散漫，一无所成，俯仰平生，深孤厚望。

念旧怀人百感并，登高望远暮云横。殊方自古无鸿雁，此老凭谁问死生？

近始得知，羡季早于一九六〇年九月六日在天津病逝，年六十四。予作此诗，君殁已十五年矣。乙丑编集时记。

检编诗稿怀顾羡季二首[1]

少时期望感殷拳，散漫因循五十年。今日篇章差可读，编成谁与寄重泉。

故人坟树久成阴，零落遗编何处寻？待得河清吾已老，眼前一字抵千金。

旧藏羡季遗著多种，劫后散佚，仅存“荒原”、“霰集”两词集。其门人弟子必能搜辑印行；予恐不及见矣。

顷者，羡季全集业经出版，予得及身亲见，欣慨交集。丙寅盛暑中识，时自编诗集亦将竣事。

论书绝句一百首其九十四　顾随[2]

屋梁落月念词英，曾见云烟腕底生。三百年来无此手，却将加倍许秋明。

杜甫《梦李白》诗：“落月满屋梁，犹疑照颜色。”又《饮中八仙歌》咏张旭云：“挥毫落纸生云烟。”羡季有句云：“壮岁旌旗世已惊，人英落落更词英。”谓辛稼轩。羡季以词名于世，

---

[1] 见于《清昼堂诗集》卷七，此卷为“七十后作下”，起自 1981 年，讫于 1984 年。

[2] 见于《清昼堂诗集》卷十，此卷为“论书绝句一百首”，1982 年冬始稿，1983 年夏写定。

余事临池，工行楷，笔力圆劲，格在欧虞间。曾见其作字，运笔快速，顷刻数纸。燕大同学严君誉为“三百年来无此手”。羡季闻之曰：“然则沈先生是六百年来无此手也！”羡季北大毕业，亦沈师弟子。

论诗绝句一百首其九十六　沈尹默　顾随 [1]

秋明诗少江湖气，无病词多现代情。落月屋梁念师友，初闻无病自秋明。

秋明诗云：“自写情怀自较量，不因酬答损篇章。平生诗少江湖气，怕与时人说短长。”此诗未存稿，予得自口述。羡季以词名世，一生精力萃于斯，能以现代人生活情调纳入倚声。诗不多作，而七言律绝有极佳者，词为诗余，羡季则诗为词余也。

羡季印行其第一部词集，名《无病词》。沈师在燕京大学授课时，为诸生评介，评为“佳作”，予始知有其人其书。旋经挚友刘公纯锡嘏之介，会晤定交于北平汇文中学东斋，时为民国十六七年冬春之间。

【京按】因百先生在尹默先生课堂上得知有羡季其人后，二人很快成为好友。记得我小的时候，不止一次见过有姓郑的老伯来家里做客，而父亲时时留他一起，二人在自己的小书房里用饭。在父亲给伯屏兄的信中，也时见“因百”的名字。1948 年因

[1] 见于《清昼堂诗集》卷十一，此卷为“论诗绝句一百首”，1986 年冬始稿，1987 年仲夏写定。

百先生赴台任教后，二人遂失去联系。

顾随《荒原词》有《临江仙》一阕，题为《自题〈无病词〉赠因百》，词曰："自古燕南游侠子，风流说到而今。谁知霸气已销沉。有时尝苦闷，无病亦呻吟。一语告君君记取，安心老向风尘。少年情绪果然真。不知多少恨，只道爱黄昏。"自注云："因百有句：'我是生成有恨爱黄昏。'"集中另一阕《采桑子》，题为《题因百词集》，词曰："文章事业词人小，如此华年。如此人寰。为问君心安不安。双肩担起闲哀乐，身上青衫。眼底青山。同上高楼再倚阑。"因百先生1975年诗四首之三正是对这首词的回应。

又，据叶嘉莹《怀旧忆往——悼念台大的几位师友》一文，因百先生得知老友亡故后，曾拟挽联一副："东坡长山谷九龄，平生风义兼师友；诸葛胜子桓十倍，万古云霄一羽毛。"以寄哀思。

苦水先生三十周年忌辰书联

启　功

文苑仰宗师众失拱辰三十载　书坛标重望脉延典午两千秋

【京按】我父亲1940年始兼辅仁大学课，燕大封校后专任于辅仁，直至1953年赴天津师范学院。启功先生则早在1933年即入辅仁，1938年转至国文系任教。二人有着十几年的同事之谊，《旅驼日记》中留有启功先生新年后到我家过访的情节。两位又都擅长书法，结有深厚的笔墨之缘。

1974年夏，史树青先生拿着当年得之于琉璃厂的我父亲所临《同州圣教序》，请启功先生题跋。启功先生写了如下跋语："苦水翁最工倚声，讲授之暇，挥毫寄兴。平生服膺惟在沈尹默先生，心摹手追，升堂入室，偶临唐碑魏志，亦不失秋明指腕之法。今读所临同州圣教序，不啻重挹风规，再钦笑貌，而此翁不作已近廿年。树青我兄藏弆属题，附笔册末，不胜回车腹痛之感。"此语既是启功先生对我父亲书法的评价，亦可看出二人交谊之一斑。

怀念先师顾随先生*

周汝昌

在这个盛会上，我心情非常激动，我不太善于言谈，特别是讲到先师羡季先生，那我就更不知如何表述我的衷怀了。所以我在这样的感情、这种精神状态之下，真正是悲喜交集，万感中来，一切心情，不知从何说起。我们这次隆重的纪念会，规模尽管不算很大，意义却是不小。会上有老师生前友好，有高等院校的领导同志，有文化界的友好，还有新闻界的关怀者，虽然人数上是我们同门弟子为主，但这绝不只是我们个人的师生之谊。这是我感到的第一点。

今天我在这里怀念老师，有我个人的感情，但这是次要的；我觉得最重要的是在思索我们大家聚会一堂，在老师逝世三十周年的时候，我们要纪念什么？过去，提起顾先生来，就说是词人，特别是早年，在北京的文化界、教育界，一提苦水词人，无人不知，无人不晓，但正因为苦水词人这个称号大家熟知了，这也就掩盖了他老的全人。是个词人哪，会填词，长短句，倚声，诗余等等，不过如此而

---

* 本文系据作者在顾随逝世三十周年纪念会上的讲话整理，并经本人修改、补充。

已。而我们如果是这样看顾先生，那就把这位大师太狭隘化了，缩小了。顾先生就只是这么一个作词的人吗？不是，顾先生生前曾半严肃、半幽默地和我说："我实际是个杂家。""杂家"，听起来似乎不太高明。但老师的这句话，我们掂掂它的斤两，"杂"，就是说老师一生的学问，无所不包，可以说不是一部文学史的问题，而是一部中华文化史的事情。不是汉魏六朝、唐诗宋词元曲，不仅仅是这个意义，我们中国的文化人，如果真想分类，那可就很难，譬如陈寅恪，你把他归到什么"家"里？我时常在想，怎么称号老师？老师自己那是谦虚，又带着一点幽默，和弟子谈心。我们不能那么办。陈寅恪先生评论王静安的时候，说这是一代文化托命之人，一代文化的命运寄托于他的身上啊！我看老师也正是这样身份的人。我在一篇文章中又曾说老师是"哲人"。"哲人"不是旧时一个文人墨客、吟风弄月。"哲人"是指他的思想高度。这不等于他就是一位思想家，建立一个顾羡季思想体系，不是这个意思。他首先是用诗人的眼来阅世，来观察宇宙、万物、人生、社会，又以诗人的心感受，以诗人的笔表达。可是他这个感受和表达的思想内容是什么？我姑且借一句成语（不大确切）："悲天悯人。"你跟顾先生一接触，你首先感觉到他不是一个萎萎琐琐的小门小户小儒，小文人，他胸襟的博大，情怀的广阔，找不着一个很恰当的说法，于是就借用了这四个字。你如果谈老师不认识这个方面，我认为是一个很大的损失。想申明这一点，我怎么举例子？实在不好举，姑且用零言碎句，略表一二。比如老师早期的一首词《木兰花慢》，他写当年的盲眼的算命先生，有两句我永远不能忘记："试问一支笛子，甚时吹到明朝？"古人中只有南宋的范石湖作过这类题材的小诗。我们中华一部文学史，大概很少写小贩一类人，写穷人用某种手段，博得三升米二升豆子，养活他一家数口，大概就范石湖写过。其他我没发现。老师写这个当然也是很同情、很怜悯那个盲先生，他没有办法谋生，只好给人算命。你要说算命是迷信，不要提倡——我没有提倡的意思，我是说，他这样的处境，他这样的生活，他的命运，顾先生注意到了，这样写了。那么，这里的意义仅仅是像范石湖同情一个穷苦人吗？你体会体会，一支笛子，甚时吹到明朝，这是一种什么胸怀啊！稼轩有一首《生查子》，五言一句，一共才八句，顾先生在《稼轩词说》里给这一首的分量，我的感受是最重的。我读别人的著作，没有这样的感受，也受不到这样感动——我说到此就要激动，我声音要变调，眼里有泪花。“悠悠万世功，矻矻当年苦。鱼自入深渊，人自居平土。红日又西沉，白浪长东去。不是望金山，我自思量禹。”大禹治洪水，万世之功，不可计算的悠悠，那么伟大，那么长远……目前呢？太阳又落下去了，滔滔江水昼夜不息，光阴是不待人的，国家的恢复事业如何了呢？所以稼轩说，我不是在看景物啊，我自思量大禹呀。你看这稼轩写到末句，开头一个“我”字，这“我”多渺小呀，但末一字是“禹”，把“我”和“禹”联系起来，这个思想境界，不该批判他渺小了吧！我由此也深深体会到顾先生的思想境界。

我还要说，老师最爱国，沦陷期间那苦难的岁月里，我最不能忘记老师的一首《浣溪沙》的下片：“南浦送君才几日，东家窥玉已三年。嫌它新月似眉弯。”送君几日，好像是不太久吧？实际是很久很久了；“东家窥玉”巧用宋玉《登徒子赋》以为比喻。“三年”与“几日”一为呼应，就不答自明了；“嫌他新月似眉弯”，好像是写风情，这都是写亡国之痛，“东家窥玉”写的是日本侵略军，窥我神州已达三年之久，所以看着新月都很难过。新月是一弯蛾眉，古往今来，这是最美的景象，但是顾先生却用一个“嫌”字，含义最深。老师的再一首诗写北京秋天炒栗子上市了：“秋风瑟瑟动高枝，白袷单寒又一时。炒栗香中夕阳里，不知谁是李和儿？”这个李和儿是北宋时最有名的炒栗名手，在金人攻陷汴梁后，流落到燕山，仍以炒栗子为生。有一次宋朝使臣到了燕山府，他把使臣拉住了，说我是东京李和儿，行了礼洒泪呜咽而去。一个炒栗子的怀念故国的典故，顾先生用了写成那样的诗句，你说这是爱国不爱国？这就不必回答了吧。

老师给咱们同门学长们留下印象最深的，我想不能不讲到顾先生登堂讲授这一方面。你不会忘记他那是怎样一种讲授。我不说顾先生是教育家，那太一般了，教育家，办学，不一定会登堂说法。顾先生怎样讲课？他讲课不是照本宣科，顾先生上堂之后，全副精神，全部感情，那不是说我有一点知识告诉你们，这张三，那李四，这张长，那李短，这个苏轼，字子瞻，号东坡，眉山人……他不给你讲这个，这有很多书可查的，干嘛要我来啊？顾先生一上台，那是怎样一番气氛，怎样一个境界？那真是一个大艺术家、大师，他一到讲堂上，全副精神投入，就像一个好角儿登台，就是一个大艺术家，具有那样的魅力。这一方面如果不讲求，我们的教育事业要承受极大的损失。因为你首先要使学生爱听，一切精神智力都调动起来，他敞开心扉，准备接受。老师就是这样，一定要向老师学习。老师讲堂上的风范、风采、艺术——还不要说人品学问——我今天没法形容传达了。但是我们有一个热切的希望：有关的高等院校在我们这个纪念会后，能运用这个意思，使之能发生一点作用影响，希望在这方面多多地做些工作。顾先生那种讲授不是供人照搬的，也是无人能够照搬的。但顾先生那种精神大有可以学习的，要发扬发挥。这是我一点非常恳切的希望。

今天的纪念会，这样隆重，诸师友发言这样热切，出我预想之上。但一个纪念会是无法去做另外的工作的。我倡议，应当成立一个顾先生学术研究会。这是完全应该的也有条件的。我恳盼我这愿望能够实现。

以上是我在纪念会上发言的录音整理稿。当时因时间之限，欲申之意犹然未尽，今借纪念专刊的宝贵篇幅，略作补充，并对纪念会筹备组会后再编印纪念专刊的盛意表示感谢。

为纪念先师逝世三十周年，我谨赋七律一首，其词云：

哲人真际待覃思，苦水词名是旧时。
六代文心梁慧地，一池砚采汉张芝。
登堂法雨天香落，即路明驼倦影移。
节序中元秋正好，神皋草树有余悲。

这八句诗，概括了我对先师的理解和认识，崇敬和怀思。我认为，先生绝对不是一位文人词客那一类型，他实际是一位学富思深的哲人，而他的真实造诣与境界，并非一般常流所能轻易窥见，因此对他老人家的“评价”，还是有待于非常深入的精研渊览，方能定其品格之高位。旧来以“苦水词人”而蜚声宇内，也不过他的小小的方面而已。我认为他在中国文学理论批评史上的地位，可以拿“近代的刘勰”来作比。这就是我第三句所表述的意思（慧地，刘勰的释家法名）。这是非常崇高的，绝非泛泛可比。第四句则是说到先生书法的高深与精彩，罕与伦比。

但先生的讲授艺术，同样是超群绝伦，我在第五句中以佛家的升堂说法、香花乱落为喻。然而先生并不是一个出世之人，他是入世的奋斗的自强不息者。他教导人要不断“精进”（禅家语）。他在旧时，深感于世途之艰难，他担荷着历史的重负，向前吃力地迈进，他自号“倦驼庵”，可见其意味之一斑——这就又是我诗中第六句含义了。

他是一位极出色的大师级的哲人巨匠。这样的人，我们应当给予崇高光荣的称号才是，可惜我国还未能考虑这方面的事。（有关部门在评“十佳”这，“十佳”那，以至“艺术大师”等等，倒很热衷。这也是我们目前的一种文化形态吧。）国家之光，民族文化之瑰宝，所应得到的重视与荣誉，是应该大大超过先生之所已得的方为合理。

先生是一位真正的诗人，而同时又是一位深邃的学者。在一般情况上讲，此二者是很难兼备，甚至相互矛盾、彼此“不利”着的两大“文化构成因素”。但先生实实兼具两长双美。所惜者，先生的学者的这一方面，知者更鲜了。这是我常常暗自感叹的一桩事情。

我与先生通信，始自1941年侵华日军解散燕京大学之后。直至先生逝世前，基本不曾间断。抗战胜利以后，我重返燕园，记得先生书札中话及，希望我做个作家，而不做学者。当时我虽然在诗词研究与写作上正处于旺盛阶段，但生性又喜欢探讨学术。听了先生那番话，还不能充分理会其间深意，以为大约先生见我还有一点创作才能，这种人比那能写几篇“论文”的人更少更可贵些，所以那样勉励我。但到解放前后，先生自己的韵文创作已不像前期那样富有，而显著地转向了学术研究这方面来了。他的研究课题与计划，我是曾经略知一二的。在先有“章草大系”一目，统研中华文字书法的全史。后来有《红楼梦》的大型分章全讲，草目都写给我了。（不幸随后因故未能全部完成。部分遗稿又毁于十年浩劫之中。[1]）但是自从50年代前期起，先生与我通讯忽然进入了一个奇迹般的发展阶段；此阶段中，先生因书札往还生出的许多讨论主题，引发了兴致，其多年的积学深思之未宣者，却以此际的兴会与灵感所至，给我的信札竟然多次“变成”了整篇的论学研文说艺的长篇论文，全部都是格子纸亲笔精写，其文章与字迹之美，使我加倍地爱不释手。这些“书札论文”，所涉之层面至为深广，可说是先生为文治学的成熟期的一大迸发与结晶——也就是说，先生平生的后期，已然做出了一位高深学者的贡

[1] “部分遗稿”即《说〈红〉答玉言问》之未完稿。“文革”中虽被抄没，幸为有心人收存，未致流失。

献。甚为重要，岂待烦辞。

不幸的是，这些无价之宝，因60年代先生在津门的高、孙两位门弟子，欲为先生编印文集，向我索去（当时并无复印和清缮的条件）。从此，这一批瑰宝，遂不可踪迹。我努力追询，也无结果。这是先生和后人的极大不幸，也是中华文化财富的一大损失。每一念及，五内焚灼。由我的处置不善，而致此损失，我的责任感始终在鞭笞我的心之深处。

当我还在四川大学外文系教课时，先生已然被天津的师范学院请去任教了，先生尽了最大的努力，想争取调我到他的身旁，但因人事关系作梗，川大也不肯放行，未能如愿。后来老师才对我讲出心事：他有一桩蕴蓄已久的宏伟的学术计划，想与我共同完成，因难到一处，而深致叹慨。先生的这项计划，并未向我宣明主题旨趣，以我臆断，大约是一部可以继《文心雕龙》之后的性质规模相类似的研究著述。由于先生过早地离开人世，这个令人空付想望的计划也就化去。每一念及，辄深痛惜。

鲁迅先生论文论学，教我们一定要重那个"全人"，而不许"取舍"、"抑扬"致离真实。我常想，先生的"全人"与"真实"，几人能知？谁有资格来作一次较为实际的评价与介绍？这件大事自然受业门人责无旁贷，何况我是与先生"通讯受业"历史最久的一个特例，似乎理应有所作为，方不负先生的一生心血与情义。但我此刻，所讲所写，不过如此粗略浅薄。抚膺自揆，惭疚难言。

谨以此文，献于先生灵前。其余拙意已见于《苏辛词说·小引》（收入拙著《诗词赏会》前编），即不复赘。

受业周汝昌谨述

庚午秋明之日

谈羡季先生对古典诗歌之教学与创作*

叶嘉莹

一、先生之生平、教学及著述简介

顾师羡季先生本名顾宝随，河北省清河县人，生于1897年2月13日（即农历丁酉年正月十二日）。父金墀公为前清秀才，课子甚严。先生幼承庭训，自童年即诵习唐人绝句以代儿歌，五岁入家塾，金墀公自为塾师，每日为先生及塾中诸儿讲授四书、五经、唐宋八家文、唐宋诗及先秦诸子中之寓言故事。1907年先生十一岁始入清河县城之高等小学堂，三年后考入广平府（即永年县）之中学堂，1915年先生十八岁时至天津求学，考入北洋大学，两年后赴北京转入北京大学之英文系[1]，改用顾随为名，取字羡季，盖用《论语·微子》篇

---

* 本文系《顾随文集》（上海古籍出版社1986年1月出版）代跋，原题作《纪念我的老师清河顾随羡季先生——谈羡季先生对古典诗歌之教学与创作》。

[1] 顾随1915年报考北京大学中文门，因成绩优异，校方建议改学西洋文学，并先送至天津北洋大学预科专攻两年英语。

中“周有八士”中“季随”之义。又自号为苦水，则取其发音与英文拼音中顾随二字声音之相近也。1920年先生自北大之英文系毕业后，即投身于教育工作。其初在河北及山东各地中学担任英语及国文等课之教学，未几，应聘赴天津，在河北女师学院任教。其后又转赴北京，曾先后在燕京大学及辅仁大学任教，并曾在北京师范大学、北平大学、女子文理学院、中法大学及中国大学等校兼课。解放后一度担任辅仁大学中文系系主任。1953年转赴天津，在河北大学前身之天津师范学院中文系任教，于1960年9月6日在天津病逝，享年仅六十四岁而已。先生终身尽瘁于教学工作，解放前在各校所曾开设之课程，计有《诗经》、《楚辞》、昭明《文选》、唐宋诗、词选、曲选、《文赋》、《论语》、《中庸》及中国文学批评等多种科目。解放后在天津任教时又曾开有毛主席诗词、中国古典戏曲、中国小说史及佛典翻译文学等课。先生所遗留之著作，就嘉莹今日所搜集保存者言之，计共有词集八种，共收词五百余首，剧集两种，共收杂剧五本，诗集一种，共收古、近体诗八十四首，词说三种（《东坡词说》《稼轩词说》以及《毛主席诗词笺释》），佛典翻译文学讲义一册，讲演稿两篇，看书札记两篇，未收入剧集之杂剧一种，及其他零散之杂文、讲义、讲稿等多篇，此外尚有短篇小说多篇曾发表于二十年代中期之《浅草》及《沉钟》等刊物中，又有《揣籥录》一种曾连载于《世间解》杂志中，及未经发表刊印之手稿多篇，分别保存于先生之友人及学生手中。

我之从先生受业，盖开始于1942年之秋季，当时甫升入辅大中文系二年级，先生来担任唐宋诗一课之教学。先生对于诗歌具有极敏锐之感受与极深刻之理解，更加之先生又兼有中国古典与西方文学两方面之学识及修养，所以先生之讲课往往旁征博引，兴会淋漓，触绪发挥，皆具妙义，可以予听者极深之感受与启迪。我自己虽自幼即在家中诵读古典诗歌，然而却从来未曾聆听过像先生这样生动而深入的讲解，因此自上过先生之课以后，恍如一只被困在暗室之内的飞蝇，蓦见门窗之开启，始脱然得睹明朗之天光，辨万物之形态。于是自此以后，凡先生所开授之课程，我都无不选修，甚至在毕业以后，我已经在中学任教之时，仍经常赶往辅大及中国大学旁听先生之课程。如此直至 1948 年春我离平南下结婚时为止，在此一段期间内，我从先生所获得的启发、勉励和教导是述说不尽的。

先生的才学和兴趣，方面甚广，无论是诗、词、曲、散文、小说、诗歌评论，甚至佛教禅学，先生都曾留下了值得人们重视的著作，足供后人之研读景仰。但作为一个曾经听过先生讲课有五年以上之久的学生而言，我以为先生平生最大之成就，实在还并不在其各方面之著述，而更在其对古典诗歌之教学讲授。因为先生在其他方面之成就，往往尚有踪迹及规范的限制，而唯有先生之讲课则是纯以感发为主，全任神行，一空依傍，是我平生所接触过的讲授诗歌最能得其神髓，而且也最富于启发性的一位非常难得的好教师。先生之讲课既是重在感发而不重在拘狭死板的解释说明，所以有时在一小时的教学中，往往竟然连一句诗也不讲，自表面看来也许有人会以为先生所讲者都是闲话，然而事实上先生所讲的却原来正是最具启迪性的诗歌中之精论妙义。昔禅宗说法有所谓“不立文字，见性成佛”之言，诗人论诗亦有所谓“不涉理路，不落言筌”之语。先生之说诗，其风格亦颇有类于是。所以凡是在书本中可以查考到的属于所谓记问之学的知识，先生一向都极少讲到，先生所讲授的乃是他自己以其博学、锐感、深思，以及其丰富的阅读和创作之经验所体会和掌握到的诗歌中真正的精华妙义之所在，并且更能将之用多种之譬解，做最为细致和最为深入的传达。除此以外，先生讲诗还有一个特色，就是先生常把学文与学道以及作诗与做人相并立论。先生一向都主张修辞当以立诚为本，以为不诚则无物。所以凡是从先生受业的学生往往不仅在学文作诗方面可以得到很大的启发，而且在立身为人方面也可以得到很大的激励。

凡是上过先生课的同学一定都会记得，每次先生步上讲台，常是先拈举一个他当时有所感发的话头，然后就此而引申发挥，有时层层深入，可以接连讲授好几小时甚至好几周而不止。举例来说，有一次先生来上课，步上讲台后便转身在黑板上写了三行字："自觉，觉人；自利，利他；自渡，渡人。"初看起来，这三句话好像与学诗并无重要之关系，而只是讲为人与学道之方，但先生却由此而引发了不少论诗的妙义。先生所首先阐明的，就是诗歌之主要作用，是在于使人感动，所以写诗之人便首先需要有推己及人与推己及物之心。先生以为必先具有民胞物与之同心，然后方能具有多情锐感之诗心。于是先生便又提出说，伟大的诗人必须有将小我化而为大我之精神，而自我扩大之途径或方法则有二端：一则是对广大的人世的关怀，另一则是对大自然的融入。于是先生遂又举引出杜甫《登楼》一诗之"花近高楼伤客心，万方多难此登临"为前者之代表，陶渊明《饮酒》诗中之"采菊东篱下，悠然见南山"为后者之代表；而先生由此遂又推论及杜甫、陆游和辛弃疾之比较，以及陶渊明与谢灵运及王维之比较；而由于论及诸诗人之风格意境的差别，遂又论及诗歌中之用字、遣词和造句与传达之效果的种种关系，甚且将中国文字之特色与西洋文字之特色做相互之比较，更由此而论及于诗歌中之所谓"锤炼"和"酝酿"的种种功夫，如此可以层层深入地带领同学们对于诗歌中最细微的差别做最深入的探讨，而且绝不凭借或袭取任何人云亦云之既有的成说，先生总是以他自己多年来亲自研读和创作之心得与体验，为同学们委婉深曲地做多方之譬说。昔元遗山论诗绝句曾有句云："奇外无奇更出奇，一波才动万波随。"先生在讲课时，其联想及引喻之丰富生动，就也正有类乎是。所以先生之讲课，真可说是飞扬变化、一片神行。先生自己曾经把自己之讲诗比作谈禅，写过两句诗说：“禅机说到无言处，空里游丝百尺长。”这种讲授方法，如果就一般浅识者而言，也许会以为没有世俗常法可以依循，未免难于把握，然而却正是这种深造自得、左右逢源之富于启发性的讲诗的方法，才使得跟随先生学诗的人学到了最可珍贵的评赏诗歌的妙理。而且当学生们学而有得以后，再一回顾先生所讲的话，便会发现先生对于诗歌之评析实在是根源深厚、脉络分明。就仍以前面所举过的三句话头而言，先生从此而发挥引申出来的内容，实在相当广泛，其中既有涉及于诗歌本质的本体论，也有涉及于诗歌创作之方法论，更有涉及于诗歌之品评的鉴赏论。因此谈到先生之教学，如果只如浅见者之以为其无途径可以依循，固然是一种错误，而如果只欣赏其当时讲课之生动活泼之情趣，或者也还不免有买椟还珠之憾。先生所讲的有关诗歌之精微妙理是要既有能入的深心体会，又有能出的通观妙解，才能真正有所证悟的。我自己既自惭愚拙，又加以本文体例及字数之限制，因此现在所写下来的实在仅是极粗浅、极概略的一点介绍而已。关于先生讲课之详细内容，我多年来曾保存有笔记多册，现已请先生之幼女顾之京君代为誊录整理，编入先生之遗集，可供读者研读参考之用。

至于就先生的著述而言，则先生所留下来的作品，方面甚广，我个人因本文篇幅及自己研习范围之限制，不能在此作全面的介绍和讨论，现在只就先生在古典诗歌之创作方面的成就略作简单之介绍。先生自二十余岁时即以词见称于师友之间，最早的一本词集《无病词》刊印于1927年，收词八十首，当时先生不过三十岁；其后一年（1928）又刊印《味辛词》一册，收词七十八首；又两年之后（1930），又刊印《荒原词》一册，收词八十四首。在《荒原词》之卷首，有先生之好友涿县卢宗藩先生所写的一篇序文，曾经叙述说先生“八年以来殆无一日不读词，又未尝十日不作，其用力可谓勤矣”。然而自《荒原词》刊出以后，先生却忽然对于写词感到了厌倦，于是遂转而致力于诗之写作。四年之后（1934），遂有《苦水诗存》及《留春词》之合刊本问世，卷首有先生之《自序》一篇，叙述平生学习为诗及为词之经过，自云“余之学为诗几早于学为词二十年，顾不常常作”，又云自1930年冬“以病忽厌词”，于是自1931年春“遂重学为诗”；先生自言其为诗之用力亦甚勤，云：“余作诗虽不如老杜之‘语不惊人死不休’，亦未尝率意而出，随手而写，去留殿最之际，亦未尝不审慎”，然而先生却自以为其诗之成就不及其词，并引其稚弟六吉之言，以为其所为诗“未能跳出前人窠臼”。先生自谓“少之时，最喜剑南”，其后“学义山、樊川，学山谷、简斋，惟其学，故未必即能似，即其似故又终非是也”。而先生之于词则自谓“并无温、韦如何写，欧、晏、苏、辛又如何写之意”，以为“作诗时则去此种境界尚远”。故于《苦水诗存》刊出以后，先生之诗作又逐渐减少，乃转而致力于戏曲，两年后（1936）遂刊出《苦水作剧三种》，共收《垂老禅僧再出家》《祝英台身化蝶》《马郎妇坐化金沙滩》杂剧三种及附录《飞将军百战不封侯》杂剧一种。先生既素以词名，故其剧作在当日并未引起广大读者之注意。然而先生在杂剧方面之成就，则实不在其词作之下。原来先生在发表此一剧集之前，对杂剧之写作亦曾有致力练习之过程。盖早在1933年间，先生即曾写有《馋秀才》之二折杂剧一种，其后于1941年始将此剧发表于《辛巳文录初集》之中，并附有跋文一篇，对写作之经过曾经有所叙述，自云此剧系1933年冬“开始练习剧作时所写”。其后自1942年开始，先生又致力于另一杂剧《游春记》之写作，此剧共分两本，每本四折外更于开端之处各加《楔子》，为先生所写之杂剧中最长之一种，迄1945年始正式完稿，刊为《苦水作剧第二集》。当先生之兴趣转入剧曲之写作时，曾一度欲停止词之写作，在其《留春词》之自序中，即曾写有

“后此即有作亦断断乎不为小词矣”之语。然而先生对词之写作则实在不仅未尝中辍，而且在风格及内容方面更曾有多次之拓展及转变。先是在1935年冬，先生于病中曾写有和《浣花》词五十四首，其后于1936年又陆续写有和《花间》词五十三首，和《阳春》词四十六首，统名之曰《积木词》(此一卷词未曾见有刊本问世，今所收存为我于1946年时自先生手稿所转抄者)；其后先生于1941年又曾刊有《霰集词》一册，收词六十六首，1944年又曾刊有《濡露词》及《倦驼庵词稿》合刊本一册，共收词三十二首；解放后，先生亦写有词作多首，曾陆续发表于天津之《新港》杂志及《天津日报》等报刊，总其名为《闻角词》，然未尝刊印成册。计先生平生虽然对于古典诗歌中诗、词、曲三种形式皆尝有所创作，然而实在以写词之时间为最久，所留之作品亦最多，曲次之，诗又次之。所以本文对先生古典诗歌创作方面之介绍，便将以先生之词作及剧作两种为主，而以诗作附于词作之后略作简单之介绍。

二、先生词作中之思想性和艺术性

关于先生的词作，我想分为思想性和艺术性两方面来加以讨论。先谈思想性方面。自1927年先生刊出其第一册词集《无病词》开始，至1960年先生逝世前发表之《闻角词》为止，前后计有三十余年之久，共写词有五百余首之多。在此极长之时间与极多之作品中，先生既曾经历北伐、抗战、沦陷、胜利以迄解放多次之世变，又曾经历由青年而中年而老年之人生各种不同之阶段，则其词作之思想性的内容，自然曾有多次之转变，如果自其变者而观之，则其感时触物、情意万殊，自非本文之所能遍举，而如果自其不变者而观之，则先生词作之思想性的内容，大约可以简单归纳为以下几点特色。

第一点，我们所要提出来的是先生之词作往往含有对时事之感怀及喻托。先生在其《荒原词》之卷末附有自题词集之绝句六首，其中一首有句云："禽鸣高树虫啼秋，时序感人不自由。少作也知堪毁弃，逝波谁与挽东流。"其所谓"感人"的"时序"和"东流"的"逝波"，所指的应该便是他自己早期词作中对当时世事有所感怀的用心和托意。先生之《无病词》刊于1927年，《味辛词》刊于1928年，《荒原词》刊于1930年，只要是对于中国近代史稍有了解的人，大概都可以想象到当日的中国是处于怎样的动乱之中。先生在当时对于革命之理想虽然尚未有明确之认识，然而其忧时念乱的爱国之感情却是经常流露于笔墨之中的。例如其《无病词》中的"中原却被夜深埋，那更秋风秋雨逐人来"（《南歌子》），"江南江北起烟尘，风力猛，笳声动，落日无言天入梦"（《天仙子》），以及"阑干倚遍，但心伤破碎河山"（《汉宫春》）诸作品中，其所表现的对于国事的悲慨是明白可见的；及至《味辛词》中，如其"湖边血痕点点，更血花比着暮霞红"（《八声甘州·哀济南》），以及"不道好山好水，胡马又嘶风，地下英灵在，旧恨还重"（《八声甘州·忽忆历下是稼轩故里因再赋》）诸作品中，所表现的则是对于当年所发生的济南惨案的悲哀愤激的感慨。及至抗战兴起以后，先生沦陷于当为日军所占领的北平，在这一时期中，先生曾写了不少以比兴为喻托而寄怀故国之思的作品，如其《霰集词》中之"漫写瑶笺寄远方"（《南乡子》）以及"渺渺予怀水一方"（《南乡子》）等句，所托喻的便都是对于故国的怀恋和思念；又如其"春风何日约重还，好将双翠袖，倚竹耐天寒"（《临江仙》），以及"蒹葭风起正苍苍，伊人知好在，留命待沧桑"（《临江仙》）等句，所托喻的则是对祖国之期待盼望的坚贞的心意。这种委婉托喻的作品，其内容用意虽也是对时事的感怀，然而却与早年的悲慨激愤的风格已经有了很大的不同。及至解放以后，先生之词的风格又发生了一次更大的转变，如其《闻角词》中的“乍云开雾敛，海滄滄，赤霞张，渐迤逦关河，雪山葱岭，共浴朝阳”一首《木兰花令》是为第一届全国人民代表大会而写作的；又如其“河流让路天低首，人力胜天凭战斗”一首《玉楼春》，则是为庆祝全国丰收而写作的。这些词中所表现的欢欣颂愿的情意，是先生以前的作品中极为少见的，不过其风格情调虽有不同，而其为关怀国事的有心用意之作，则是始终一致的。

第二点我们所要提出来的，则是先生在词作中往往表现出一种对于苦难之担荷及战斗的精神。一般说来先生在词作中虽也经常写有一些自叹衰病之语，这可能是因为先生的身体一向多病的缘故，而其实在精神方面先生却常是表现有一种积极的担荷及战斗之心志的，这从先生早期的作品，如其《无病词》中的“何似唤愁来，却共愁撕打”（《蓦山溪》）与《味辛词》中的“人间事，须人作，莫蹉跎”（《水调歌头》）等句，便都已经可以看到这种精神的流露。而到了《荒原词》中，这种精神和心志则表现得更为鲜明和强烈。如其《鹧鸪天》（说到天涯自可哀）一首之“拼将眼泪双双落，换取心花瓣瓣开”，《踏莎行》（万屋堆银）一首之“此身判却似冰凉，也教熨得阑干热”，《采桑子》（如今拈得新词句）一首之“心苗尚有根芽在，心血频浇，心火频烧，万朵红莲未是娇”，便都是极好的例证；而其《鹧鸪天》词之“说到人生剑已鸣。血花染得战袍腥。身经大小百余阵，羞说生前死后名。心未老，鬓犹青。尚堪鞍马事长征。秋宵月落银河暗，认取明星是将星”一首，则尤其是把这种担荷及战斗之心志表现得最为完整有力的一篇代表作。其后在沦陷时期中，先生则把这种担荷战斗的精神心志与比兴喻托相结合，用最委婉的辞语，表现了一种对故国怀思期待的最坚贞的情意，而在解放后所写的《闻角词》诸作中，则又将此种精神心志转为了奋发前进的鼓舞和歌颂。从外表看来，其内容情意虽然似乎曾经有多次的转变和不同，然而其实就精神方面而言之，先生之具有对苦难之担荷及战斗的精神心志，则也是始终一致的。

第三点我们要提出来的则是先生在词作中常表现有一种富于哲理之思致。一般说来，在中国古典诗歌之传统中，词之为体原来大多皆以抒情为主。间有用心托意之作，所写也不过是家国之思、穷通之慨，至于如西方文学中之以诗歌表现某种哲理之思致的作品则并不多见。至晚清之王国维氏，因其曾经涉猎西方之哲学，所以往往以西方之哲理入词，这是一种极可注意的新开拓。先生早年既曾入北大研读西方文学，又对王国维之《人间词》及《人间词话》极为推崇，故先生亦往往好以哲理入词。不过先生之以哲理入词也有与王国维相异之处：其一，就所选用之语汇及形象而言，王国维仍多沿用旧传统之词汇和形象，而先生则往往使用新颖的语汇和形象，此其差别之一；其次，再就内容情意而言，则王国维曾经受有西方叔本华厌世主义哲学之影响，故其词作中每多悲观忧郁之语，而先生则不为任何哲学家之说所局限，其所写者往往只是一种因景触物的偶然的富于哲理之思致，此其差别之二。举例而言，在先生词作中，如其《无病词》中之“为是黄昏灯上早，蓦然又觉斜阳好”（《蝶恋花》），“人生原是僧行脚，暮雨江关，晚照河山，底事徘徊歧路间”（《采桑子》）与《味辛词》中之“空悲眼界高，敢怨人间小，越不爱人间，越觉人生好”（《生查子》），“那堪入梦，比着醒梦犹难”（《庆清朝慢》）及《荒原词》中之“乍觉棉裘生暖意，阳春原在风沙里”（《鹊踏枝》），“山下是人间，山上青天未可攀”（《南乡子》）以及《留春词》中之“走平沙绿洲何处，只依稀空际现楼台”（《八声甘州》）与《濡露词》中之“流波止水两悠然，要与先生商去住”（《木兰花令》）和《倦驼庵词稿》中的“回看来路已茫茫，行行更入茫茫里”（《踏莎行》），这些词句便都蕴含对景触物所产生的一种哲理之思致，而此种思致既不局限于任何一家的哲学之说，而且更都结合着生动真切的景物之形象。除此之外，先生也常以人物之形象表现一种富于哲思之新情意，如其《荒原词》中的一首《木兰花慢·赠煤黑子》便曾写有一个煤黑子的形象，说："豪英，百炼苦修行，死去任无名。有衷心一颗，何曾灿烂，只会怦怦。堪憎，破衫裹住，似暗纱笼罩夜深灯。"又在《味辛词》中的一首《木兰花慢》（是何人弄笛）也曾写有一个深夜卖卜者的形象，说："想身外茫茫，行来踽踽，深巷迢迢。……有谁将命运，双肩担起，一手全操？"这些作品便都不仅表现了哲思，而且也选取了旧传统中所不常叙写的人物的形象。这种富于哲思的新意境，是先生词作中另一点可注意的特色。

除去以上三点思想性方面之特色以外，先生之词作在艺术性方面也有几点值得注意的特色。

首先是先生对词之写作具有创新之精神，足以自成一种风格。关于这一点，先生自己也曾有所叙述，例如在《苦水诗存》之《自叙》中，先生即曾自言其写词时"并无温、韦如何写，欧、晏、苏、辛又如何写之意"，又在其《无病词》中先生也曾有"自开新境界，何必似花间"（《临江仙》）之语。从这些话当然都可以看出先生在词之创作方面具有一种不肯蹈袭前人的开拓创新之精神。这种独立创新之精神，一方面与先生一向论诗之主张既然彼此相合，另一方面与先生学词之经过也有相当密切之关系。先从论诗之主张一方面来谈。先生讲课时一向主张创作时应当有独立创新之精神，经常在讲课中勉励同学说："丈夫自有冲天志，不向如来行处行。"而这种开创，先生又主张当以"立诚"为本，所以先生在词之创作中的开拓创新，便也全以一己真诚之表现为主。先生在其《味辛词》中，便曾写有一首《朝中措》，自叙其为词之甘苦说："先生觅句不寻常，一字一平章。只望保留面目，更非别有心肠。”这是先生之词所以能形成一己独立之风格的一项重要原因。再就先生学词之经历而言，先生在其《稼轩词说》之《自序》中曾叙述其早年学习诗词之经过，自谓其学诗自幼即承庭训，而学词则未曾有所师承，云：“吾年至十有五，……一日于架上得词谱一册读之，亦始知有所谓词。……二十岁时，始更自学为词，先君子未尝为词，吾又漫无师承，信吾意读之，亦信吾意写之而已。”这种信意读、写的态度，很可能是造成先生之词能自成一格的另一原因。不过更值得注意的是先生在随意读、写的经过中，原来对前代词人也曾有过广博的汲取继承，只不过先生在汲取之时并未曾落入任何一家的窠臼之中，所以才能依然保留其一己之面目。先生对其所曾经学习模仿过的一些前代词人也都曾在其词作中有所叙及。首先我们要提出来的一位前代词人是辛弃疾。早在先生第一本词集《无病词》中《蓦山溪》（填词觅句）一首之下，先生即曾自注云“述怀，戏效稼轩体”；其后在《濡露词》中更曾写有《破阵子》二首，对稼轩极致推崇仰慕之意，在第一首词中即写有“要识当年辛老子，千丈阴崖百丈溪，庚庚定自奇”之句，仍以为未能尽意，又在第二首中赞美辛词说：“落落真成奇特，悠悠漫说清狂。千丈阴崖凌太古，百尺孤桐荫大荒。偏宜来凤凰。”其崇仰之情可以概见。原来当先生写作这两首词时，盖正当先生撰著《稼轩词说》之际，先生在《词说》之《自序》中，曾叙述其一向对辛词之喜爱，说：“世间男女爱悦，一见钟情，或曰宿孽也。而小泉八云说英人恋爱诗，亦有前生之说。若吾于稼轩之词，其亦有所谓‘宿孽’与‘前生’者耶？自吾始知词家有稼轩其人以迄于今，几三十年矣，是之间研读时之认识数数变，习作之途径亦数数变。……而吾之所以喜稼轩者或有变，其喜稼轩则固无或变也。”从此亦可见先生对于辛词之推崇赏爱之既久且深矣。所以先生自己之为词亦颇受稼轩之影响。即以前面所举引之两首《破阵子》而言，其爽健飞扬之致，便颇近于稼轩之风格。除稼轩以外，先生在词作中所曾述及的前代词人还有以下几位：其一是朱敦儒，先生在早期之《味辛词》中之《定风波》（扰扰纷纷数十年）一首之小序中即曾有为朱敦儒词“下一转语”之言，其后在《荒原词》之《行香子》（不会参禅）一首之下亦曾自注云：“效樵歌体”；在先生晚年之《濡露词》中《清平乐》（人天欢喜）一首之下也曾自注云：“早起散策戏仿樵歌体”，在这些效樵歌体之作品中，如其“不会参禅，不想骖鸾”及其“先生今日清闲，轻衫短杖悠然”诸语，其真率疏放之致，便与朱敦儒晚年作品之风格颇有相近之处。其二，我们要提出来的则是欧阳修。先生对欧词似乎也有很深的喜爱，曾经先后在《荒原词》、《留春词》及《霰集词》中各写过五首至六首《定风波》词，均为效欧词《定风波》之“把酒花前”之作，共有十七首之多。在《荒原词》中的五首，前四首均以“把酒东篱”开端，末一首为总结，合为一组，全写对秋光之爱惜怅惘；在《留春词》中的六首，前五首均以“把酒高楼”开端，末一首为总结，合为一组，全写对残春之流连哀悼；在《霰集词》中的六首，前五首均以“把酒灯前”开端，末一首为总结，合为一组，全写对人生之悲慨感叹。这十七首词都写得低徊往复，一唱三叹，极能得六一词之神致。其三，我们要提出来的是晏殊，先生在《荒原词》中有三首《破阵子》词，第一首题为“南园看枫”，后二首题为“次日重游再赋”，全为模仿晏殊《珠玉词》风格之作，词中且曾引用大晏之词句云“珠玉词中好句，人生不饮何为”；其后在《留春词》中之《凤衔杯》（眼前风土又纷纷）一首，也曾有自注云“用珠玉词体”；更后在《濡露词》中之《浣溪沙》（一片西飞一片东）一首之前也曾有小序云“日读珠玉词及六一近体乐府，借其语成一阕”，可见先生对于晏殊也曾有过赏爱和模仿，不过一般而言，先生模仿大晏之作往往只是在字句方面用大晏之辞语，而在神致情韵方面则先生仍然自有一己之面目，与大晏之风格并不尽同。其四，我们要提出来的则是柳永。先生在《留春词》中之《凤衔杯》（见说人生真无价）一首之下，曾自注云“用乐章集体”，盖为仿效柳词之通俗平易之一种风格者。其五，我们要提出来的则是周邦彦。先生在《留春词》中收有《西河》（燕赵地）一首，自注云“用清真韵”。此词在形式音律方面虽然与清真相近似，然而在神致方面则先生之率真清健与清真之典雅含蕴之风格实在并不全同。除去以上诸前代词人先生曾在词作中明白叙及有意模仿拟作者外，还有极值得我们注意的一件事，就是在1936年1月至9月之间，先生曾陆续写有《积木词》三卷，全为与古人和韵之作，首卷和韦庄之《浣花词》，次卷和《花间集》中之温庭筠、皇甫松、顾夐、牛峤、和凝、孙光宪、魏承班、阎选、尹鹗、毛熙震诸人之作，三卷和冯延巳之《阳春词》。这些与古人和韵之词，对于先生词之风格曾产生过相当大的影响。原来先生早期词作受稼轩及樵歌之影响较大，偏于发扬显露而略少含蓄之情韵，经过此一阶段对晚唐五代词之拟作，对先生旧有之风格恰好产生了一种调节融汇之作用。这种作用，使先生之词于原有之率真清健之风格以外，又增加了一份深情远韵之美。又加之先生在填写《积木词》以后之次年，北平即因卢沟桥事变而沦陷于日人之手，先生既以家累之故不得不留居于沦陷区之北平，而其内心之抑郁悲慨之怀，遂皆假词之形式以抒写之。这些作品其后皆收入于1941年所刊印之《霰集词》中，其体式大率以短小之令词为主，至其内容则或者写低徊惆怅的故国怀思，或者写贞幽坚毅之期望等待，而其表现则大多形象丰融，寄托深至，既有清健之气，复饶情韵之美，是先生词作中的上品之作。如其《霰集词》中《鹧鸪天》之“不是新来怯凭栏”一首与《浣溪沙》之“又是人间落叶时”一首之写怅惘之怀思，以及《定风波》之“昨夕银钉一穗金”一首与《临江仙》之“岁月如流才几日”一首之写坚贞之期望，便都是这类作品中极佳的例证。至于先生在晚年所写的《闻角词》，则似乎又有返回于早年之率真豪健之意，不过其发扬开阔之气，与夫欢欣鼓舞之情，以及其作品中对于新生事物之歌颂赞美，则皆为早年词作中之所未有。综观先生词之风格，盖能于自辟蹊径之中兼融前代词人各家之长而又能随时代以俱进者。这是先生之词在艺术风格方面一项可重视的特色。先生在其《积木词》之卷末曾附有自题词集的六首绝句，其最后一首即曾云：“人间是今还是古，我词非古亦非今，短长何用付公论，得失从来关寸心。”这首诗就恰好说明了先生写词之融汇古今、自辟蹊径的态度和风格之特色。

其次，再就先生在艺术手法方面之表现而言，则我们大约可将之分别为用字、结构与意象三点来加以讨论。先谈用字方面之特色，先生既富于独立创新之精神，又对西方文学有相当之素养，是以先生之词作往往能结合雅俗中外之各种字汇做融汇之运用。例如其《无病词》中《蝶恋花》（昨夜宿酲浑未醒）一首中之“爱神烦恼诗神病”之句；《味辛词》中《清平乐》（晕头胀脑）四首中之“镇日穷忙忙不了”与“磨道驴儿来往绕”诸句；《荒原词》中《凤栖梧》（我梦君时君梦我）一首中之“别来可有新工作”，《踏莎行》（当日桃源）一首中之“乐园如不在人间，尘寰何处寻天国”诸句；《留春词》中《浣溪沙》（青女飞霜斗素蛾）一首中之“试把空虚装寂寞，更于矛盾觅调和”，《好女儿》（地可埋忧）一首中之“象牙塔里，十字街头”诸句，便都是这种对于雅俗中外之字汇加以融汇运用之最明显的例证。再就结构方面之特色而言，先生在句法及章法方面最喜用层转深入与反衬对比及重叠排偶之手法，以造成一种在艺术传达方面特别加强之效果，如其《无病词》中《好事近》（几日东风暖）一首中之“甚春深春浅”与“说春长春短”，《定风波》（口北黄风塞北沙）一首中之“归去，可怜归去也无家”，《采桑子》（一重山作天涯远）一首中之“君住山前，侬住山间，山里花开山外残”诸句；《味辛词》中《生查子》（身如入定僧）一首中之“越不爱人间，越觉人生好”，《减字木兰花》（狂风甚意）一首中之“老怕风多嫌雨少，雨少风多，无奈他何一任他”诸句；《荒原词》中《南乡子》（三十有三年）一首中之“山下是人间，山上青天未可攀”，及所附《弃余词》中《最高楼》（携手去）一首中之“相见了，相思依旧苦；离别后，离愁何日诉”诸句；《留春词》中《忆秦娥》（黄昏时）一首中之“人间无复新相知，人生只合长相思”，《踏莎行》（百战归来）一首中之“为君重爇少年心，为君重下青春泪”诸句；以及《霰集词》中《灼灼花》（不是昏昏睡）一首中之“纵相逢已是鬓星星，莫相逢无计”，《濡露词》中《鹧鸪天》（谁识先生老更狂）一首中之“今年都道秋光好，好似春光也断肠”，《倦驼庵词稿》中《踏莎行》（天黯如铅）一首中之“回看来路已茫茫，行行更入茫茫里”诸句，便都是这种层转深入与反衬对比及重叠排偶等艺术手法的明显运用。

其三，我们再就先生词作中所使用之形象而言，在中国诗歌之旧传统中，一般多将形象与情意之关系简单归纳为比兴两类，或者因情及物，或者由物生情，总之凡情意之叙写多以能结合形象可以予读者直接感受者为佳。先生之词，如我们在前文讨论其思想性内容时之所叙及，其作品中原来常包含有对于当时世事、个人心志及人生哲理多方面之含蕴，是其所作原多偏于有心用意之作，而凡此种种情意，先生往往多能用比兴之手法假形象以为表达，故其所作既在思想性方面有丰富之内容，同时在艺术性方面亦表现有丰美之形象。至于其形象之所取材则或者取象于大自然之景物，或者取象于人事界之事象，或者取象于想象中之幻象。至其表现，则或者用比的手法以为拟喻，或者用兴的手法取其感发，皆能随物赋形有极生动与极真切之表达。本文在此不暇做细密周至之分析，现在仅想就其形象与情意相感发、相结合之几种不同之方式及层次略作简单之介绍：其一是以写眼前大自然之景物形象为主却表现有一种感发之情趣者，如其《无病词》中《一萼红》（静无尘）一首对新荷之描写，“静无尘。乍湿云收雨，远树带斜曛。木槿飘零，紫薇开罢，半池秋水粼粼。西风里，金销翠贴，剩几朵、留与看花人。夜月欺风，朝阳羞露，仅够销魂”，《浣溪沙》咏马樱花一首之“一缕红丝一缕情，开时无力坠无声，如烟如梦不分明”，《味辛词》中《蝶恋花·独登北海白塔》一首之“我爱天边初二月，比着初三，弄影还清绝。一缕柔痕君莫说，眉弯纤细颜苍白”，《荒原词》中《清平乐》（故人好意）一首之“黄华好似前年，折来插向窗间。窗外一株红树，教他与我同看”，诸词中所写之形象皆为眼前大自然之景物，而莫不鲜明生动、情趣盎然，极富感发之力量。其二是所写虽亦为眼前之景物，然而其所传达者却不仅为一种感发之情趣，更且喻含有较深之情意及思致者，如其《无病词》中《踏莎行》一首之“岁暮情怀，天寒滋味，他乡又向尊前醉。路灯暗比野燐青，天风细碾黄尘碎”；《味辛词》中《汉宫春》一首之“底事悲秋，试倚楼闲眺，一院秋光。牵牛最无气力，引蔓偏长。疏花数朵，待开时、又怕朝阳。浑不似、葵心向日，一枝带露娇黄”；《荒原词》中《鹊踏枝》一首之“过了花期寒未退。不见春来，只见风沙起。乍觉棉裘添暖意，阳春原在风沙里”，诸词所写之形象，虽亦为大自然之景物，然而却都蕴含更深一层之情意和思致。如果将此一类词中之形象与前一类词中之形象相比较，则我们大概可以做如下之区分，即前一类形象仍以写物为主，其情趣亦不过为外物所偶然引发之感受及情趣而已；而后一类形象则已经不完全以物为主，而是心与物之一种交感的呈现，是心中早隐然有某一份情意及思致，不过偶然为物所触发遂不知不觉将此种情意融汇于物象之中，成为一种心物交感的流露。至于第三类则是全然以心中之情意思致为主，不必实在有外物形象之触发，而由心意自己创造一种形象以为表现者，如《霰集词》中《虞美人》一首之“去年祖饯咸阳道，斜日明衰草。今年相送大江边，霜打一林枫叶晓来寒。深情争供年年别，泪尽肠千结。明春合遣燕双飞，夹路万花如锦送君归”，便是全以形象喻写在沦陷区中对故国之怀思者；又如《霰集词》中《临江仙》词之“记向春宵融蜡，精心肖作伊人。灯前流盼欲相亲。玉肌凉有韵，宝靥笑生痕。可奈朱明烈日，炎炎销尽真真。也思重试貌前身。几番终不似，放手泪沾巾”一首，则是全以形象喻写一种对于理想之追求及幻灭之悲哀者；再如《味辛词》中《鹧鸪天》咏佳人的四首词，每首都以“绝代佳人”开端，则完全是以“佳人”之形象来发抒其“美人香草”之幽约悱恻之思者。像这些词中的形象，无论其所写者为“咸阳道”，为“大江边”，为“灯前”之“玉肌”“宝靥”，为“倚楼”“倚栏”之“绝代佳人”，都并非眼前实有之景象，而完全出于一种假想之象喻，是将抽象之情思转化为具体之形象来加以表现者。以上三类，虽是极概略的区分，但却分明代表了形象与情意相结合的几种最基本的方式和层次。先生对之皆有纯熟之运用。这种艺术的表现手法，正是使得先生之词虽以有心用意为主，然而却能不失之于枯窘，而往往能写得既活泼清新又富于深情远韵的重要原因。

三、先生前后二期诗作之简介

至于先生之诗作，则可以分别为前后二期言之。前期之作自以收入于《苦水诗存》中之八十四首为代表，后期之作则未曾加以收编，今所辑录，乃仅就先生当日在课堂中所偶然引举之作品，以及先生致友人及学生之书信中之所写录者抄存所得，约计共有一百首左右。先生自己对早期之诗作颇不满意，在其《苦水诗存》之《自叙》中，先生曾自云："余之不能诗，自知甚审，友人亦多以余诗不如词为言。"且曾引述其稚弟六吉之语，以为所作诗"未能跳出前人窠臼"。盖先生之词作无论在修辞及意境方面，皆极富于开拓创新之精神，充满活泼之生命感，而先生早期之诗作则往往不免有两种缺憾：或者过于用心着力有意模仿古人而少生动之气韵，或者虽有生动之气韵而又往往失之靡弱有近于词之处。如其《夜读山谷诗》一首七律之中二联"江南塞北同一月，万古千秋只此身。试遣泥牛入大海，从知野马是微尘"，即为有心模拟江西诗派之作品，可为前一类之代表；又如其《从今》一首七律之颈联"逝水迢迢悲去日，横空冉冉爱痴云"二句，清新婉丽，气韵生动，然而却不免稍嫌靡弱，可以为后一类之代表。据先生之《自叙》，其致力于诗之写作，亦复既勤且久，而其成就乃竟尔不及其词。先生尝自云其为词时"并无温、韦如何写，晏、欧、苏、辛又如何写"之意，而其为诗，则常不免有模拟古人之念横亘胸中。故先生又尝自谓"惟其学故未必即能似，即其似故又终非是也"。夫以先生在词作中所表现之开拓创新精神之健举发扬，何以方其为诗之时乃竟为古人之所羁缚，或者竟流入于词之风格而不能更有所振发突破？其所以然者，私意以为大约由于以下之两种因素：其一，盖由于学习之过程不同。据先生自言，其为诗乃全出于幼年时受其父金墀公之教导；而其为词则全出于一己之爱好及学习。据先生幼女顾之京君之叙述，知金墀公课子甚严，常将先生拘缚于书桌之前，不使嬉游，此种严苛之督导，或者曾使先生在学习中产生一种紧张之心理，此可能为先生之诗作常不免有拘缚着力之感之一因。其二，则可能由于才性长短之不同。盖诗与词之体式风格各异，诗较典重，词较活泼，以诗句入词，尚不失凝练之美，而以词句入诗，则常不免有靡弱之病。是故历代之能诗者往往亦可以兼长于词，而以词专擅者，则未必能兼长于诗。即以词中之巨擘辛弃疾而言，其所为诗亦复不及其词甚远。此盖由才性之禀赋不同，故其所长所短亦各有能有不能也。

然而先生在其后期之诗作中，则曾经以多年所积之学养，终于突破前所叙及之两种缺憾，而表现出相当可观之成就。如其《和陶渊明饮酒诗》之五古二十首，赠冯君培先生夫妇之五律四首，以及自 1944—1948 年间所写之七言律绝多首，便都各有其足以超越早期作品的专胜之处。综而言之，其后期作品之成就大约有以下几点之特色。其一，由于写作之修养日深，遂自拘谨生硬转而为脱略娴熟，如其《晚春杂诗》及《春夏之交得长句数章》的两组七言绝句，便都能于疏放中表现深蕴之致，极为老练纯熟。又如其赠冯君培先生夫妇之五言律诗四首，则更能于脱略娴熟之中寓托感怀时事之深意。此四诗盖写于 1947 年之秋，诗前有长序云："秋阴不散，霖雨间作，一日午后，往访可崑、君培伉俪于沙滩寓所，坐至黄昏，复蒙留饭，纵谈入夜，冒雨归来，感念实多。年来数数晤对，留饭亦不可胜计，而此次别来已一星期，仍未能去心，自亦不解其何因。今日小斋坐雨，乃纪之以诗，共得短句四韵四章，即呈可崑与君培。私意固非仅识一时之鸿爪而已，谅两君亦同此感。"诗中之句，如"途长叹才短，语罢觉灯明"，"云压疑天矮，雨疏闻地腥"及"人终怜故国，天岂丧斯文"诸联莫不属对娴熟、疏放自然。此种成就之达致，除因其长久写作之修养以外，盖更有对于赠诗之对象之一份故人知己之感，而且自其写诗之时代及诗前之长序所隐约喻示的含义观之，意者先生当日与冯先生夫妇之所"纵谈"者，或不免有涉及当时政局之语，故先生序中乃谓此四章诗，"固非仅识一时之鸿爪而已"。是以其诗句中亦往往于脱略娴熟之声吻中，别含感慨沉郁之意，这是先生后期诗作之可注意的成就之一。再则，先生阅世既久，思致日深，因之乃能将情感与思致及议论互相交融成为一体，如其和陶渊明饮酒诗二十首五古，便时时有精警之句，而又极为朴质自然，深得陶诗之意致。如其第五首之“显亦不在朝，隐亦不在山。拄杖街头过，目送行人还。所思长不见，默默亦何言”，第十首之“藐姑射之仙，绰约若有余。苟能得其意，此世良可居”，第十四首之“振衣千仞岗，出尘安足贵。谁与人间人，味兹人间味”，第十七首之“耻作鸟兽徒，甘落尘网中”，第十九首之“知足更励前，知止以不止”诸诗句，便都是这一类情思与议论交融、充满精警之意而又写得极为朴质自然的诗句的代表，这是先生后期诗作中第二点可注意的成就。三则，先生写作表达之力既已臻于极为纯熟之境，故其用心着力之处，已能变生硬为矫健，而尤以七言律诗中之两联对句，最能表现其健举之致，如其《开岁五日得诗四章》中之“高原出水始何日，深谷为陵非一时。故国旌旗长袅袅，小园岁月亦迟迟”与“重阳吹帽识风力，五月披裘非世情。云路还输远征雁，星光自照暗飞萤”诸句，便都能于七律常格之靡弱与江西派之生硬以外别具健举的笔力，是先生后期诗作中之另一点可注意的成就。是则吾人固不可因其早年在《苦水诗存》之《自叙》中有“诗不如词”之一语，因而便对先生之诗作遽尔加以忽视也。不过，如果以数量计之，则先生之诗作与先生之词作相较，大约尚不及其词作的二分之一，且方面亦不及词作之广，是以今兹介绍先生之创作，乃将词作置于诗作之前。至于先生在戏曲方面之创作，亦有极可重视之成就，此点当于下一节再加论介。

四、先生剧作中之象喻意味

先生共写有杂剧六种，即《馋秀才》《再出家》《马郎妇》《祝英台》《飞将军》与《游春记》。第一种《馋秀才》仅有两折，写于1933年，据先生跋文自言，此剧乃“开始练习剧作时所写”，其后编订剧集时，并未将此剧收入，因此我在本文所讨论者，便将只以两本剧集为主。如果就这两本剧集而言，我以为先生之最大的成就是使得中国旧传统之剧曲在内容方面有了一个崭新的突破，那就是使剧曲在搬演“娱人”的表面性能以外，平添了一种引人思索的哲理之象喻的意味。这种开拓，就先生而言，并非只是一种偶然的成就而已，而是有着深思熟虑之反省和用心的结果。本来就中国旧日之剧曲而言，元明两代之杂剧与传奇，其作者虽多，作品虽众，然而却因为受到当时历史及社会背景之种种限制，以致其文辞虽偶然亦有可观之处，然而其内容则大多以表演故事及取悦观众为主，极少如西洋戏曲之富于深刻高远之哲思者。王静安先生在其《静安文集续编》之“自序二”中，就曾提出说：“吾中国之文学最不振者莫戏曲若。元之杂剧，明之传奇，存于今日者，尚以百数，其中之文字虽有佳者，然其理想及结构，虽欲不谓至幼稚、至拙劣，不可得也。”王氏之所以有此看法，主要是因为王氏有见于西方文学中之戏剧方面之成就之伟大过人，相形之下便感到中国戏曲在内容方面之浅陋空乏，于是王氏便也曾一度有志于戏曲之创作。诸凡此意，王氏在其《文学小言》及《自序》诸文中皆曾屡屡言及，只可惜王氏虽然有从事戏曲创作之意愿，然而却并未能将之付诸实践，而王氏所未曾完成之意愿，却在先生之手中真正获得了完成。先生在其《游春记》杂剧之《自序》中，也曾致慨于中国旧日剧曲内容之无足取，说：“从事剧曲者，率皆庸凡、肤浅、狂妄、鄙悖。是以志存乎富贵利达者，其辞鄙；心系乎男女风情者，其辞淫；意萦乎祸福报应者，其辞腐；下焉者为牛鬼，为蛇神，为科诨，为笑乐，其辞泛滥而无归，下流而不返。”从先生对旧日剧曲之严格的批评来看，可知先生对自己所创作之剧曲，必然含有严格的要求和理想，这是我们所可以断言的。因此，下面我们便将对先生的两本剧集做一番较详细的探讨和介绍。

先生之第一本剧集《苦水作剧》三种及《附录》一种，共收有杂剧四本，为了便于以后之讨论起见，我们不得不在此先对此四本剧曲之内容略作简单之说明：第一本题目为“继缘和尚自还俗”正名为“垂老禅僧再出家”，故事内容主要写一和尚名继缘者，在大名府兴化寺出家，因有一乡亲名赵炭头者为梨园行之净色，携其妻子什样景卖艺至大明府，不幸染病卧床，继缘和尚常往看顾，并以钱米相资助。其后赵炭头病殁，临危之际，以其妻托于继缘和尚。及赵炭头殁后，继缘初不肯与什样景结为夫妇，但仍常往探问，以钱米相助，什样景责其救人不肯救彻，遂终于结为夫妇，并育有一男一女。其后二十年儿女俱已长成，什样景染病而殁，继缘和尚遂再度出家。第二本题目为“碧窗下喜共读，绿水边愁送别”，正名为“梁山伯墓生花，祝英台身化蝶”，内容写祝英台与梁山伯原有指腹为婚之约，其后梁生落魄，祝父悔婚，而英台则因曾与山伯共读，互生情愫，其后祝父迫英台改嫁，山伯病死，当英台被迫嫁往马家途中经山伯墓前见墓上有红花，英台亲往摘取，山伯墓爆裂，英台跃入墓中殉死，其后魂魄双双化为蝴蝶。第三本的题目为“柏林寺施舍肉身债”，正名为“马郎妇坐化金沙滩”。故事内容写延州人民不识大法，堕落迷网，有马郎妇者誓愿舍肉身为布施以度化众生，而当地诸长老以之为淫妇，迫逐之使去，马郎妇于临行前遂坐化于金沙滩上。第四本《附录》一种，题目为“困英豪弓矢空射虎，逞威势衣冠赛沐猴”，正名为“霸陵尉临阵先破胆，飞将军百战不封侯”，故事内容写汉武帝时将军李广罪免家居，时往南田山中射虎，一夕见巨石，以为虎也，射之，中而没羽，又曾醉归为霸陵尉所辱，虽多次与匈奴战而终身无功。先生在每本杂剧之后皆附有跋文，记叙故事之所出及写作之经过。除了《祝英台》剧之出于民间流行之故事及《飞将军》剧之出于《史记》之《李将军列传》较为众人所熟知以外，至于其他二剧，则《再出家》之故事盖出于宋洪迈《夷坚志》之《野和尚》条，《马郎妇》之故事则出于明梅禹之《青泥莲花记》。不过先生所采用者实在仅不过为故事之梗概而已，至于详细之关目情节则皆出于先生自己之创造，与原来之故事亦多有不尽相合者。本来元人杂剧之本事亦往往多取材于旧史及说部而加以增删和演绎。自其表面观之，则先生剧作之取材与元杂剧之取材实在极为相似，不过事实上其间却有一点绝大的不同之处，盖元剧之所写者无论其与原来之本事是否相同，总之其写作之目的多不过仅为搬演之际可以取悦于观众而已。而先生之所写则是并非仅为供搬演之戏剧，而更为供阅读之戏剧，其目的并不在于搬演一个故事，而是要借用搬演故事之剧曲，来表达出对于人生之某种理念或思想。这种写作态度，无疑曾受西方文学很大的影响。先生在其《游春记》一剧之序文中，便曾经赞美古希腊之《普罗米修斯》一剧（*Prometheus Bound*）说："其雄伟庄严，集千古而无对，而壮烈之外，加之以仁至义尽，真如静安先生所云'有释迦、基督担荷人类罪恶之意'。"从这一段话看来，则先生自己在剧作方面的理想，也就可以想象而知了。

在《苦水作剧三种》及《附录》一种之剧集中，如果就其内容用意言之，则其中最容易使人将其中之含义认识清楚的，实在是取材于《史记》的《飞将军》一剧，这本杂剧主要是借着"飞将军百战不封侯"的故事写一个失意的将军，虽有着杀敌的本领却一直未能得到杀敌之机会的命运之悲剧，我们现在就把其中最值得注意的曲子抄录下来一看。

第一折之［油葫芦］云：

得志的儿曹下眼看，分什么愚共贤，金章紫绶更貂蝉，马头一顶遮檐儿伞，乔躯老直走上金銮殿，没学识，没忌惮，老天你好容易生下个英雄汉，却怎生觑得不值半文钱。

第四折之［大石调六国朝］云：

粘天衰草，动地胡笳，积雪压穹庐，寒冰凝铁甲，虎瘦雄心在，听冬冬更鼓初挝，月上夜光寒，映缕缕将军白发。谁承望封侯万里，堪怜早六十年华，还说甚杀敌虏名王，空只是临风嘶战马。

前一支曲子写一些不学无术的人们都得到了高官显爵，而真正有杀敌本领的英雄却被投闲置散；第二支曲子写白发的将军虽然雄心未老而却壮志难酬。两支曲子都写得感慨悲壮，把这一本杂剧的主题和用意表现得十分有力量。

其次一本主题和用意也比较容易认识清楚的则是《祝英台身化蝶》一剧。本来这一个民间故事已经流传了很久，从元代之杂剧直到今日之电影及地方戏，都有根据这一个故事而改编的作品。一般说来，大家对此一故事所着重的主题约有两点：其一是强调生离死别的爱情之悲剧；其二是强调对于旧礼教之批判。前者赚人热泪；后者引人反抗。但私意以为先生所写的这本杂剧，其重点却似乎除去前二者之外还另有所在，那就是对于足以超越生死的精诚之心意的歌颂。在这本杂剧的第三折中，曾写到梁山伯死后托梦给祝英台说："如今我的墓上生了一株红花，是从墓中我的心上生出来的。"又说："姐姐，你记住，那花儿须是你自己摘，别人摘不下来的。"其后在第四折中写到祝英台在嫁往马家的路上经过梁山伯墓地的时候果然见到墓顶上赤艳艳地开着一朵红花，当时祝英台曾唱有一支曲子：

[甜水令]似这般三九严冬，寒云凝雾，坚冰铺野，林木也尽摧折，则那一朵红葩，朝阳吐艳，临风摇曳，除是俺那显神灵的兄弟英杰。

其后写到坟墓爆裂，祝英台在投身入墓之前又唱了一支曲子：

[离亭宴带歇指煞]呀，俺则见疏剌剌地狂风一阵飘枯叶，骨都都地黄尘四起飞残雪，浑一似呼通通地山崩地裂，还说甚冉冉地夕照影萧寒，漠漠地天边云黯淡，涓涓地山水流呜咽。则你那里苦哀哀地百年怨恨长，俺这里冷森森地三九冰霜冽，禁不住扑簌簌地腮边泪泻。只道你瑟瑟地青星堕碧宵，沉沉地黄壤瘗白玉，茫茫地沧海沉明月，从此便迢迢千秋无好春，悠悠万古如长夜，却原来皇皇地英灵未绝。马秀才你寂寂地锦帐且归休，梁山伯咱双双地黄泉去来也。

在这两支曲子中，所表现的都不是像一般电影或戏曲中只知赚人热泪的哀哭而已。先生所写的是一种精诚的心志之力量，是虽然在死后也能在墓顶上于三九严冬寒云凝雾中开出的赤艳的红花，是能够使得隔绝死生的无情的坟墓都为之爆裂的“皇皇地英灵未绝”。虽然这些奇迹并不一定合于科学上之“真实”，但这种精诚所至金石为开的坚贞的心意，却是千古以下都会使人受到感动和激励的。而先生全剧所要表现的就正是这种精神力量的一种象喻，这与一般只写一个悲剧故事，或者借此不幸之悲剧以表现对于旧礼教之批判的演故事或说教训的表现法是有着很大的不同的。

除去前两种杂剧以外，我以为先生之更易引起别人误会，更难使人了解其真正之主题和用意的，实在是《再出家》和《马郎妇》两本杂剧。因为前两种杂剧无论其真正之用心立意是否为读者所了解，至少从故事本身的外表情节来看，总还不失一种严肃的意味。而《再出家》一剧所写的一个既还了俗又结了婚的和尚，和《马郎妇》所写的一个以肉身布施的淫妇，若只从故事本身的外表情节来看，就更加显得荒诞不经了。然而我却以为这两本杂剧不仅就内容而言，较之前两种杂剧有更为深微之用意，即使就表达之艺术手法而言，较之前两种杂剧也有更可重视之成就。现在我们就先从表达之艺术手法方面来谈一谈。本来中国的小说和戏曲，一向大多是以写实为主的，而且经常带有某些说教的意味。可是先生的这两本杂剧，却是带有一种象征之意味的创作，以整个的故事传达一种喻示的含义，这种表达方式是近代西方小说家、剧作家甚至电影导演，都曾经尝试采用过的一种表达方式，自50年代后期的尤金·伊欧尼斯柯（Eugene Ionesco）到60年代的萨姆尔·贝克特（Samuel Beckett）和哈洛德·品特（Harold Pinter）诸位剧作家，他们所写的戏剧便都不仅是一个故事，而是借故事的外形以传达和喻示某种思想或心灵的理念和感受。我这样说，也许会有人不以为然，因为先生的这两本杂剧都是1936年冬天写定的，比西方那些剧作家写作这一类剧本的时间要早了十年以上，而且先生的剧作也并没有像西方那些剧本的极端荒谬的形式和意念，不过无论如何以剧作中之具体的人物情节来喻示某一种抽象的理念情意，这种表达方式则是极为相近的。而先生之所以能够突破了中国旧有的传统，竟然开创了一条与后起之西方剧作家相接近的途径，成为了一位在文学创作之发展中的先知先觉者，其早年研读西方文学所曾经受到的影响当然是不容忽视的。我们前面论及先生对戏剧创作之理想时，已曾引用过先生对于古希腊名剧《普罗米修斯》一剧之赞美的话，以为此一剧表现“有释迦、基督担荷人类罪恶之意”。而古希腊之名剧其含有丰富深微委曲之含义，足以令人思索玩味者，实不仅

《普罗米修斯》一剧为然，这正是何以王静安氏及先生都以为中国旧传统之剧作不如西方，而思有志于戏剧之创作的一个主要原因。所以先生之有意在其剧作中寄托一种深微高远的理想和意念，便也是极自然的一种情事。而除了受西洋之剧作的影响以外，我以为西方的近代小说，以及在西方影响下发展起来的“五四”时期前后的中国近代小说，也都曾给予先生很大的影响。先生喜欢在课堂上谈到鲁迅先生之《阿Q正传》和《狂人日记》等含义深刻的小说，这是凡曾上过先生课的学生都对之有极深刻印象的，而另外先生在课堂上还曾经谈到过一位旧俄作家的作品，大概就不是很多同学对之都留有印象的了。这位旧俄的作家名字叫作安特列夫（Andreyev），并不是一位很出名的作者，但他的小说却有一个很大的特色，就是常以小说中之人物情节作为一种抽象的感受或理念的喻示。鲁迅先生曾译有他的两篇短篇小说收入于《域外小说集》，一篇题目为《谩》，另一篇题目为《默》。前一篇喻示人生之虚伪，欲杀“谩”而“谩”不死，欲求“诚”而“诚”乃无存；后一篇喻示人生之隔绝寂寞，欲求知谅之不可得。我以为先生盖曾受有此一作家相当之影响，因为先生既对鲁迅先生极为景仰，并曾在课堂中提及此两篇小说，而且先生自己也更曾翻译过另一篇安特列夫之作品，题目为《大笑》，内容写一个带有惹人发笑之面具的人，虽然内心极为悲苦，却并无一人能察见其悲苦，而无论此人行至何处，所追随者皆为一片大笑之声。这当然是一篇喻示性的故事。先生此一篇译稿曾经发表在当时北平《益世报·语林》第八十八号（1946年1月2日）。从先生对戏曲和小说的这些态度和观点来看，先生在自己的剧作中之喻示有较为深刻的含义，这当然是一件极为可能的事。下面我们便将对先生之《再出家》与《马郎妇》二剧之含义略加探讨。

《再出家》一剧之含义，主要可能有以下几点，其一是佛家之所谓“透网金鳞”之禅理。先生在其《稼轩词说》中论及稼轩之《八声甘州》“故将军饮罢夜归来”一首词时，曾经举引过一则禅宗公案，云：“昔者奉先深禅师与明和尚同行脚，到淮河，见人牵网，有鱼从网透出。师曰：‘明兄！俊哉！一似个衲僧。’明曰：‘虽然如此，争如当初不撞入罗网好？’师曰：‘明兄，你欠悟在。’”深禅师之所以如此云云者，盖因未撞入网的鱼，对于网并没有必然能脱出的把握，唯有曾经撞入网而又能脱出的鱼，才真正达到了不被网所束缚的境界。未曾还俗以前的继缘和尚，就譬如一条未撞入过网内的鱼，所以终不免被网所缠缚，直至其垂老再度出家时，才真正脱出了网的束缚。这一则“透网金鳞”之公案，先生在课堂讲书时亦曾常常举引。所以先生在其所写的《再出家》一剧中之含有这种哲理的意味，该是极有可能的。其次，我以为先生在此剧中可能还寓有一种救人便须救彻的理想。在本剧的第三折写有什样景对继缘和尚所说的一大段宾白，云：“师兄，你知道慈悲为本，方便为门，可还知道杀人见血，救人救彻吗？你如今害得我上不着天，下不落地，哪里是你的慈悲方便？你出了钱米养活着我，让我来活受罪吗？昔日释迦牟尼，你不曾说来吗，在灵山修道的时节，割肉喂虎，刳肠饲鹰。师兄道行清高，难道学不得一星半点儿？如若不然，让我自己在这里冻杀饿杀，不干你事，从此后休来我面前打闪，搅得我魂梦不安。”这一大段宾白不仅在文字方面写得十分沉着有力，而且在用意方面还提出了一种无论是想要成佛或做人，都应该追求向往的最高理想，那就是不惜自己牺牲或玷污而却要救人救彻的精神。这种用意，先生在讲课时，也曾屡屡及之，而且常常把为人与为诗相并立论。例如先生有一次在讲到姜白石的词的时候，就曾经批评白石词的缺点是太爱修饰，外表看起来很高洁，然而却缺少深挚的感情。先生以为一个人过于自命高洁，白袜子，不肯踩泥，则此种人必不肯出力，不肯动情。先生所倡示的实在是一种不惜牺牲或玷污自己而入世救人的精神。如果将先生平日讲课的话与这一本杂剧参看，我们就更可以明白先生的《再出家》一剧，所写的绝不仅是一个故事而已，而是先生透过故事的形式所要传达的，他自己对于人生的某种理念。这一点认识是非常重要的。至于《马郎妇》一剧所写的以肉身施舍布人的故事，就也正是前一剧之宾白中所说的“割肉喂虎，刳肠饲鹰”之精神的故事化的表现。在《马郎妇》的第一折中，马郎妇一出场，就唱了三支曲子：

> [黄钟醉花阴]云幻波生但微哂，万人海，藏身市隐。你道俺恋红尘，哪知俺净土西方坐不得莲台稳。
>
> [喜迁莺]好教俺感怀悲愤。但行处扰扰纷纷，朝昏，去来车马，恰便似漠漠狂风送断云，无定准，都是些印沙泥的雁爪，沿苔壁的这蜗痕。
>
> [出队子]有谁知此心方寸？田难耕，草要耘，一分人力一分春。转眼西天白日曛，可怜这咫尺光阴百岁人。

在这三支曲中，第一支曲子所表现的实在就是我不入地狱谁入地狱的救世精神。第二支曲子则是写人心之纷扰痴愚。然而先生对人世所采取的却又绝不是完全否定消极的态度，所以下面第三支曲子先生所写的就是在心灵之修养持守方面，所当做的努力。而更可注意的其实是第四折马郎妇所唱的另一支曲子中所蕴含的一种抱有救世之慈悲的深愿，然而却不能为世人所了解和接受的深刻的悲哀：

> [醋葫芦·幺篇之二]俺常准备着肉饲虎肠喂鹰，走长街吆喝着卖魂灵，您当俺不是爷娘血肉生，俺生前，无谁来相亲敬，俺死后将这臭皮囊直丢下万人坑。

又结尾一支曲子中的最后两句：“我请那释迦佛来作证，则被着恶名儿直跳下地狱最深层。”像这些曲文可以说对本剧所蕴含的意旨都有着明白的提示。因此我们说先生的剧作中有着严肃深刻的取义，这是足可以为证的。

至于先生的第二本剧集《游春记》，其内容则取材于《聊斋》中之《连琐》一则故事。据先生在《自序》中所云，此剧之着笔盖始于卅一年一月间，而其完稿则在卅四年之二月中。《自序》又云：“初意拟为悲剧，剧名即为《秋坟唱》，既迟迟未能卒业，暇时以此意告知友人，或谓然，或谓不然。询谋既未能佥同，私意亦游移不定。今岁始决以团圆收场。《游春》之名，于以确立。”当先生撰写此剧之时，也正是我从先生受业之时，记得先生当日也曾与同学们谈及此剧将以悲剧或喜剧结尾之问题，而且也曾在课堂中论及西方悲剧中之人物性格，其所曾讨论者，先生已大半写之于《游春记》之《自序》中。先生为“悲剧”及“喜剧”所下之定义与西方并不尽同。依先生之意，以为“悲剧中人物性格，可分两种：其一为命运所转，又其一则与命运相搏”。对所谓“与命运相搏”者，先生又曾加以诠释，曰：“遇有阻难，思有以通之；遇有魔障，思有以排之。……通之而阻难且加剧焉，排之而魔障且益炽焉，于是乎以死继之，迄不肯苟安偷生，委曲求全。……窃意必如是焉，乃成乎悲剧之醇乎醇者矣。”持此一标准以求，先生以为西方莎士比亚之剧“若韩姆莱特，若利耳王，其显例已”。而在中国之元明杂剧及传奇中，则根本缺少此类之悲剧。先生曾引王静安先生《宋元戏曲考》之言曰：“明以后传奇，无非喜剧，而元则有悲剧在其中。”然依先生之见，则以为“即以元剧论之，若《梧桐雨》，若《汉宫秋》，世所共认为悲剧也，顾明皇与元帝皆被动而非主动，乃为命运所转，而非与之相搏。若《赵氏孤儿》剧中之程婴与公孙杵臼，庶几乎似之。然统观全剧，结之以大报仇”，凡此类戏剧，严格地说起来，盖皆不合于先生为悲剧所下之定义。在先生的标准下，元明诸剧作中可以说并无理想之悲剧。至于所谓“喜剧”者，则先生以为静安先生所说的明以后传奇中之喜剧，实在不得称之为“喜剧”，而“当谓之‘团圆剧’始得耳”，而“团圆剧”则是被先生平时常目为“堕人志气、坏人心术者也”。盖以一般团圆剧之所写者，多不过为功名成就，亲事和谐，斯不过为人情物欲之满足而已，故先生以为此种戏剧多属浅薄庸俗，全无高远之理想志意可言。那么先生所理想之喜剧又该是怎样的呢？先生在《自序》中对此虽然并无详细之阐释，而却有一段简短的说明，云：“今之为此《游春记》也，其自视也则又何如？则应之曰：‘人既有此生，则思所以遂之，遂之之方多端，而最要者曰力。其表现之于戏剧也，亦曰表现此力则已耳。其在作家，又惟心力体力精湛充实，始能表现之。悲剧、喜剧，初无两致。’”如果从这一段简短的提示以及《游春记》一剧本身之故事来看，我们可以推测先生理想中的“喜剧”与其所谓“堕人志气、坏人心术”的“团圆剧”必然有很大的不同，而最主要的分别，则在于先生之所理想中的“喜剧”是要表现有一种为求遂其生而须付出追求之艰辛的“力”的作品。假如从这一种衡量的标准来看，我们便会发现先生的《游春记》之所以选取《聊斋志异》中之《连琐》一则故事作为素材，而决定以“喜剧”为结尾，其中是有着深刻之取意的。

首先从故事之取材而言，我以为先生之所以选取了《聊斋》中之《连琐》一则故事作为素材的缘故，主要盖取其由死而复生的一点象征的用意，这当然与把此一故事只看作僵尸复活之迷信的事件有着绝大的不同，先生只是借用此一则故事来表现一种可以起死人而肉白骨的精神和感情的伟力，同时也表现一种求遂其生的强烈的意志和愿望。在本剧第一本的第一折中，正末杨于畏出场所唱的第一支曲子《仙吕点绛唇》中所描写的虽然是“黄叶凄凄，又是悲风起”的秋天的肃杀悲凉的景色，可是紧接着的第二支曲子《混江龙》，杨于畏所唱的却是："任岁月难留如逝水，尽摧残不尽是生机"的对坚强的生意的歌颂，同时还唱出了他自己的"则平生有多少相思意，相伴着花开花落，春去春归"的缠绵执着的感情。到了第二折中，写连琐的鬼魂出现，则象征了一个多情美好的生命被幽闭于隔绝凄冷之世界中的悲哀寂寞的心情，也曾经透过杨于畏的口吻唱出了下面一支充满同情之感的曲子：

[十二月]可怜他腰肢瘦损，肺腑难申。空剩下一身的窈窕，融解作四野氤氲。则他那无边的怨苦，直引起半世的酸辛。

到了第三折，则写出了对于爱情和生命之追求寻觅中的徘徊和迷惘，如杨于畏所唱的下面一支曲子：

[川拨棹]情暗伤，他争知人见访？俺则见风冷云黄，水远山长，树映着朝阳，叶带着余霜，起伏着陀岗，上下着牛羊。我耐无聊，徘徊半晌。则夜来的吟诗，真个也，梦想？

到了第四折则由正旦连琐作为主角，于是就更为直接地唱出了她自己的多情而被幽闭的凄怨，如下面一支曲子：

[紫花儿序]一夜夜清眸炯炯，绣履轻轻，翠袖盈盈。行来荒野，立尽残更。无情。有情呵，幽闭在泉台下待怎生！

然后就接写连琐之鬼魂被杨于畏的诚挚之情所感动，于是而前来与之相会，曾经唱了几支曲子，表现出对于感情的诚挚力量的感动，例如下面的一支曲子：

> [调笑令]月明，淡云横。想昨夜三更那后生，立荒园不管风霜劲。把新诗霎时酬定。则他那聪明更兼心志诚，热肠儿敢解冻融冰。

以上是本剧的第一本，一共四折，只写到连琐的鬼魂与杨于畏相见为止。

到了第二本开始，故事的背景就已经由前一本之凄寒的秋日转变为风雪凛冽的严冬。如果说前一本之秋日的背景象喻了虽然在凋零肃杀之中也难以被摧毁的生机，那么第二本第一折之严冬的背景则更可以说是有着两层的提示和暗喻，其一是因季节之改变所暗示出来的杨于畏与连琐之间的感情的增长和坚定；其二是因严寒的凛冽才更可显示出对于生机之追寻有着不畏风雪的坚强执着的精神。所以在第二本的第一折，连琐一上场所念的定场诗的末二句就是“常爱义山诗句好，不辞风雪为阳乌”，表现了虽然在严冬中但坚决要追求光明和温暖的坚强的心意。到了第二本的第二折，则季节已经自严冬转为风光明媚的春天，而连琐的幽魂也已经洋溢着满怀生意。所以在这一折中，连琐一上场所唱的定场诗的末两句就是“幽绪满怀蚕作茧，生机一片水生涛”。但若只是连琐心中有了这一片生机却仍嫌未足，正如古今中外所有的神话或宗教中所喻示的一样，凡一切再生的救赎，都需要有一种牺牲的血祭，因此连琐便向杨于畏提出了要以一滴活人的鲜血滴入脐中的要求。当这一幕庄严的仪式完成以后，正末杨于畏在下场时念了一首下场诗，说：“带月荷锄汗未消，南山曾记豆生苗。谁知深夜明灯下，一朵心花仗血浇。”这首诗用陶渊明写躬耕之辛苦的诗句“带月荷锄归”来喻写对于心田中之心花的浇灌，正可见出凡属一切收获皆须付出汗血之代价的严肃的意义。到了第三折是对连琐之起死回生的正面的叙写，在这一折中，先生用了北曲中一套著名的套曲［九转货郎儿］，是先生的用力之作，其中有几支曲子写得笔酣墨饱，非常出色，例如：

> ［九转货郎儿］也是俺的至心宁耐，也亏俺的痴心不改，感动得巫娥飞下楚阳台，我破家私将春光买，我下功夫将好花栽。也有个万紫千红一夜开。

> ［四转］且莫道人生如梦，说不尽至心爱宠，将一幅画图儿叫真真，叫得哑了喉咙，也有个幽灵感动，悲欢相共。恰便是向荒田中，沙漠里，将情苗种。也有个一夜东风装点春容。人道是三山难遣风相送，凡人休作神仙梦。你看俺恰便是挂起了帆篷，东指云海蓬莱有路通。

> ［八转］俺这里凝看不瞬，他那里星眸闭紧。告巫阳好和俺赋招魂。且将这安息漫焚，漫焚。悄无声，气氤氲，我静待青春归来讯。则见他挪娇身也么哥，沈香津也么哥，亸下鬓云，慢转秋波，动着樱唇。渐渐地娇红晕粉，晕粉，两朵明霞弄腮痕，超越地添风韵。听微呻也么哥，看轻颦也么哥，这一番亲到瑶台逢玉真。

这里所引的三支曲子，前两支写经过艰苦的寻求和期待以后，终于可以如愿得偿地欢欣和兴奋；第三支则写亲眼得见自己所期待已久的美好之生命的复活。先生将之写得极为细腻生动，而所有的描写其实都带有超越于现实之上的一种象喻的含义。这种用心，是读者所绝不应该对之忽略的。

以上第一本四折和第二本之前三折，剧中的故事情节与《聊斋》中之《连琐》一则的故事大抵可以说相差不远。到了第二本的第四折所写的杨于畏与复活以后之连琐并马游春的故事，则不是《聊斋》之所原有，而是全出于先生自己之想象和创造了。如果我们想到先生在《自序》中所曾提到的最初写此剧时对于以悲剧或喜剧结尾的慎重考虑，我们就会知道先生之所以决定以喜剧结尾，并且增出此一折《聊斋》中所本来没有的“游春”的情节，更把全剧定名为《游春记》，这其间必然有先生一种深微的用意。我以为先生此一折所要写的，实在应该是理想中一种美满之人世的象喻。而且更可注意的是先生在其所写的“游春”之中，还特别安排了“登山观海”的叙写，也就是说先生所理想中的美满的人世，不仅应有如春日的欣荣，而且更应该有一种如同“登山观海”之高远的鄣向和志意。关于这种象喻的意义，先生在这一折的剧曲中，也有足够的叙写和暗示。例如当剧中写到杨于畏与连琐来到海滨观海的时候，他们二人曾经有几句宾白，先是“(末云）娘子，你觑兀的不是大海当前也”。“(旦云）相公，你听林籁涛声，宫商并作，好悦耳也。”于是下面正旦连琐就接唱了几支曲子：

> [耍孩儿]自然海上连成奏，多谢你个捣弹妙手，相伴着长林虚籁正清幽，珊珊佩玉鸣璆。说什么翠盘金缕霓裳舞，月夜春风燕子楼，到此间齐低首。听不尽宫音与商音同作，看不尽云影和日影交流。

在这支曲子中对于海的赞美，当然也就象喻着对于一种高远雄壮的美好的境界的向往。后来写到海上日落，正旦连琐又唱了一支曲子：

[一煞]遥空晚渐低，绮霞明未收，将海天尘世一起来庄严就，将遍人间绛蕊融成色，合天下黄金铸一个球。潮音里响一片钧天奏。比月夜更十分渊穆，比春朝加一倍温柔。

在这一支曲子中，其歌颂和象喻的意味，比前一支曲子就更为明显了。我以为在中国文学史上，无论是在任何一种文学形式的创作中，如此富于反省自觉地苦心经营，使用象喻的手法写出一种至圆满、至美好之理想人世之境界者，实当以先生此剧为第一篇作品，这一种成就和用心是非常值得我们尊敬和重视的。

最后我还要提出一点小小的补充说明，就是在此一剧中，先生曾经为杨于畏安排了一个净扮的书童抱琴，时常做一些插科打诨的说唱和动作。这是剧作中常有的一种调剂，不必有若何深意。至于在下卷第一折前面的楔子中先生又安排了杨于畏的四个学友来书斋中作闹之事，则一来因《聊斋》的故事中也有关于这些情事的记叙，而且这种安排也暗示了在对于美好之事物的追寻过程中，也往往可能会遇到一些对美好之事物不知珍重爱惜、而竟以焚琴煮鹤之恶作剧为乐的人物。如此则此一楔子中之玩闹的恶作剧，便也隐然有一层象喻之意味了。

五、尾言

如我在前文所言，我聆听羡季先生讲授古典诗歌，前后曾有将近六年之久，我所得之于先生的教导、启发和勉励，都是述说不尽的。当1948年春，我将要离平南下结婚时，先生曾经写了一首七言律诗送给我，诗云：“食荼已久渐芳甘，世味如禅澈底参。廿载上堂如梦呓，几人传法现优昙。分明已见鹏起北，衰朽敢言吾道南。此际泠然御风去，日明云暗过江潭。”先生又曾给我写过一封信，说：“不佞之望于足下者，在于不佞法外，别有开发，能自建树，成为南岳下之马祖，而不愿足下成为孔门之曾参也。”先生对我的这些期望勉励之言，从一开始就使我在感激之余充满惶愧，深恐能力薄弱，难副先生之望。何况我在南下结婚以后不久，便因时局之变化，而辗转经由南京、上海，去了台湾。抵台后，所邮运之书籍既全部在途中失落无存，而次年当我生了第一个孩子以后不久，外子又因思想问题被捕入狱。我在精神与生活的双重艰苦重担之下，曾经抛弃笔墨、不事研读、写作者，盖有数年之久。于时每一念及先生当日期勉之言，辄悲感不能自已。其后生事渐定，始稍稍从事读、写之工作，而又继之以飘零流转，先由台湾转赴美国，继又转至加拿大，一身萍寄，半世艰辛，多年来在不安定之环境中，其所以支持我以极大之毅力继续研读、写作者，便因为先生当日对我之教诲期勉，常使我有唯恐辜恩的惶惧。因此虽自知愚拙，但在为学、做人、教书、写作各方面，常不敢不竭尽一己之心力以自黾勉。而三十年来我的一个最大的愿望，便是想有一日得重谒先生于故都，能把自己在半生艰苦中所研读的一点成绩，呈缴于先生座前，倘得一蒙先生之印可，则庶几亦可以略报师恩于万一也。因此当 1974 年，我第一次回国探亲时，一到北京，我便向亲友探问先生的近况，始知先生早已于 1960 年在天津病逝，而其著作则已在身后之动乱中全部散失。当时中心之怅悼，殆非言语可喻。遂发愿欲搜集、整理先生之遗作。数年来多方访求，幸赖诸师友同门之协助，又有先生之幼女现在河北大学中文系任教之顾之京君，担任全部整理、抄写之工作，更有上海古籍出版社，热心学术，愿意接受出版此书之任务，行见先生之德业辉光一向不为人知者，即将彰显于世。作为先生的一个学生，谨将自己对先生一点浮浅的认识，简单叙写如上。昔孔门之弟子，对孔子之赞述，曾有“仰之弥高，钻之弥坚，瞻之在前，忽焉在后”之语。先生之学术文章，固非浅薄愚拙如我之所能尽。而且我之草写本文，本来原系应先生幼女顾之京君之嘱，所写的一篇对先生之教学与创作的简介，其后又经改写，以之附于先生遗集之末，不过为了纪念先生当日之教导期勉，聊以表示自己对先生的一份追怀悼念之情而已。

受业弟子叶嘉莹谨识
一九八一年六月初稿
一九八二年四月改写
一九八二年八月定稿

【京按】1981年初，我第一次应报刊之邀写父亲的传记文字，当时即曾奉函致远在加拿大的嘉莹教授请求指教。没有想到，至6月份，我收到了嘉莹教授自温哥华空邮过来的大封函件，竟是她手写的长约两万字的鸿文——《纪念我的老师清河顾随羡季先生——谈羡季先生对古典诗歌之教学与创作》。之后，她又两次修改补充而成今日读者所见长达三万字之华章。1984年，由她筹划编订之《顾随文集》交上海古籍出版社出版时，我想以此文作为该书之序，而嘉莹教授以虔敬的尊师之心，坚持不肯将自己的文章置于老师遗作之前，只允许加上“《顾随文集》代跋”几个字置于书后。

《荒原词》序*

卢宗藩

羡季取其近两年中所为词，命名曰“荒原”，又最录其所删旧稿如干首，命名曰“弃余”，合为一册，将继其“无病”、“味辛”两集而付印，且属宗藩为序。余自维既不能词，又不能文，将何以序也。虽然，吾两人订交且十年，羡季视余若长兄，余虽未敢即弟视之，然友朋中知羡季宜莫余若者矣，是则不可以无一言。

以余所知，八年以来，羡季殆无一日不读词，又未尝十日不作，其用力可谓勤矣。人之读《无病词》者，曰是学少游、清真；读《味辛词》者，曰是学樵歌、稼轩。不知人之读是集者，又将谓其何所学也。而余则谓：“无病”如天际微阴，薄云未雨；“味辛”如山雨欲来，万木号风；及夫“荒原”，则雰飙之后，又有渐趋晴明之势。余之所能言者，如斯而已。抑更有进者，八年中，作者每有所作，辄先以示余。余受而读之，觉其或愀然以悲，或悠然以思，或倏然意远，或磅礴郁积而不能自已。作者固一任感情之冲动而不加以遏止约束，

---

* 卢宗藩，字伯屏。

而极其所至亦未必无与古人暗合之处。要其初，本无心于规规之摹拟，盖假词之形式而表现其胸中所欲言。当其下笔，不自知为填词，其心目中庸讵复有古人？惟其忘词，故词益工；惟其无古人，而后或与古人合也。然而羡季今兹病矣，故是集卷末诸词，虽不能自掩其崛强奔放之本色，要亦渐趋于平淡萧疏之途。

余不知此集出版后，作者尚作词否耶？余又不知作者此后如有所作，即循此途以进否耶？羡季尝语余曰：自来作家，年龄既老大，则其作品亦逐渐趋于硬化，而衰老，而干枯。宗藩每取昔之“无病”与今之“荒原”比并而观之，深惧夫羡季之作品亦将硬化也。郑板桥自序其词谓“人亦何能逃气数”，《荒原词》之作者殆亦难逃此气数也夫？

十九年秋日涿县卢宗藩序于旧京宣外之直隶新馆

评顾随《无病词》《味辛词》*

吴 宓

顾随君《味辛词》一卷，本副刊第四十七期镜君已为文评之[1]，并录其中最佳之作《八声甘州》（哀济南）二阕。按顾君所为词，尚有《无病词》一卷（分上中下）刊于民国十六年夏，《味辛词》一卷（分上下）则刊于民国十七年夏，各印五百册，非卖品，欲得之者只有函请顾君寄赠。闻其第三集现正编辑整理，不日即付刊。是顾君每年可出词集一卷，爱读者正可拭目以俟之也。顾君词之佳处，镜君评《味辛词》文中已言之明确，兹更就文学创造之原理及吾所视为在今日中国创作诗词唯一之正途以论顾君之词。简括言之：文学创作之事綦难，而诗词为尤甚。大率格律稳练者，每伤情薄而事空；情真而事实者，又往往于格律缺乏研究与训练。若夫斟酌于二者之间，得中道之至美，以新材料入旧格律，合浪漫之感情与古典之艺术，此乃唯一之

---

* 原载天津《大公报·文学副刊》第七十三期（1929年6月3日），署名“余生”。

[1] “镜君”即赵万里，其作《评顾随〈味辛词〉》见于《大公报·文学副刊》第四十七期（1928年11月26日）。

正途，而亦至难极罕之事。顾君遵此途以行而所作大有成功，吾人虽不欲赞许称道之不可得也。吾于六七年前撰《论今日文学创造之正法》一文，于在今中国欲创作新旧各体文学其道何由，颇有所指陈，自谓所言大体不误。该篇之意，今不覆述，唯就顾君之词为例，评论阐发之如下。

一、顾君作词之途径与方法。见于《无病词》二十二页上《临江仙》云："自开新境界，何必似《花间》。"又《味辛词》十七页《朝中措》云："先生觅句不寻常。一字一平章。只望保留面目，更非别有心肠。"大凡文学创作之第一要件，须作者视此事极为重大，不惜费时费力牺牲一切以赴之，而终视已所作出者为不满意，欲更求有进；断不可出以轻心，苟且急遽成篇，贪一时之虚誉，甚或骄盈自满，则必归于失败无疑。今国中之从事创造者，盈千累万，多犯轻率油滑之病。所谓新派，以诗词各体格律繁难作成匪易也，则倡为解放之说，欲举中国旧文学之种种格律规矩而悉行铲除之破坏之，不知此实大背文学公例。盖（一）文学作品之美，在形式与材料并佳，二者融合为一体而相助相成。（二）凡文学之形式体制，必有所因袭，逐渐蜕变而来，征之任何国家时代之文学史，昭昭可见。（三）形式体制格律之可贵，即在其强迫作者精心苦思，而不至率尔成章，敷衍了事。（参阅《国闻周报》第五卷第二十三期拙译《韦拉里论诗中韵律之功用》篇）故若全弃形式，或铲除旧日文学中之体制与格律，而从事于极端狂放自由之创作，则所成者，皆毫无一读之价值而徒沾沾自喜之劣下作品耳，新派失败之机既伏于此。而所谓旧派老辈作家，知格律体制形式之要，且曾经长久之练习研究，所作悉能合拍按律叶韵谐声，然亦以天才缺乏与不肯苦心精思之结果，其材料意旨则陈陈相因，其字句辞藻则互相抄袭，千篇一律，曾何足贵？遭人攻诋，理固宜然。是故新旧二派，其行事方向相反，而同犯油滑轻率之病。新派以破除格律恣意乱写而油滑轻率；旧派以但知步武格律剿袭模仿而亦油滑轻率，其失相等。（以上乃就大多数作者而言，新旧派中各有能手真才，非敢一概抹杀。）以若所谓，新派固不能创造精美之文学，旧派亦终难保存昔日工细之格律形式体制，唯一希望，即在如顾君之所致力者，知词中格律等之不可废不必改，故一切遵依之，而苦心精思，语必己出，戛戛独造，先经过模仿之阶级，深通格律，终乃底于创造，表现真正之自我，材料新奇而艺术工美，诚可贵矣。

二、新派之失，在不肯模仿，便思创造，故唾弃旧格律。旧派之失，在仅能模仿，不能创造，故缺乏新材料。欲救其弊而归于正途，只有镕铸新材料以入旧格律之一法。此说在中国近世倡自黄公度（见所作《人境庐诗草》自序，此序于光绪十五年作于伦敦使署），其实此乃古今中外文学创作之万有公例唯一方法。凡真正之批评家莫不知之，凡伟大之创作家莫不行之。以词而论，中国近世名家辈出，如王鹏运、郑文焯、文廷式、况周颐、朱祖谋诸氏，所作均能突过前人，卓然有成。其词中所表示者，亦身世之观感，不可谓非新材料，但非民国十七八年时之情景事物，又仅能代表遗老而不能代表此外各种人之思想感情经验。即硕果仅存之朱古微氏，吾人读其词既多，亦觉有意已尽而词常重复之感。故不得不望之于后起之少年词人，如顾君者。其于词之体制格律，既已研究精熟，运用灵活，又舍梦窗、清真而学苏、辛，取体适宜于清新劲健之作，亦属卓见。而同时则处处入以新材料，其所表示者，乃今年此日顾君自己之思想感情经验，亦今年此日凡与顾君地位智识相同之人之思想感情经验。合此二美，故读顾君之词，只觉其真挚深切、浑脱流利，语语若自我心中爬剔而出者也。

三、以新材料入旧格律，则格律不得不有相当之变化，但其变化要必出于自然而非由外铄。旧派词家或嫌顾君之句调神理过于自由（句法有时似曲），然感觉现代之种种事象及心情之人，则谓顾君所变化之程度实未为太过。总之，此事之分寸、之难决定，必须合乎中道。而所谓中道者又非一成不变，须临事审机，善为裁量，视结果以为断。大率一篇之中，所铸入之新奇之材料愈多，则其格律较可变化自由，反是则格律愈当精严整练，必使读者但觉其浑然一体、美妙无穷，不见有斧凿胶粘之迹、矜心作意之态，而后此篇格律材料二者之分配取择方为适宜也。凡真正之艺术家，皆明白认识自己所据以创作之原理，但绝非为证明或宣扬此原理之故从事而创作。故即镕铸新材料入旧格律之说，虽系确切不易，若入于俗子庸夫之手，以此为号召宣传，炫式矜夸，则亦徒滋流弊。观于顾君之作，亦当知所取法矣。

四、顾君词中所镕铸之新材料，析而言之，约有数种：（一）曰爱国伤时之心。集中最佳之《八声甘州》（哀济南）两首，属于此类，又于《无病词》第四页下《贺新凉》（青岛樱花）亦同。其下半阕云：

> 花如解恨花应语。是伊谁、东瀛取种，移栽中土。故国华魂飞不到，一片异乡情绪。便待得、嬉春游侣。十里红霞迷望眼，更香车宝马樱花路。谁会得，此心苦。

读顾君词，似觉其为江南人，然闻其籍隶山东德州[1]，而居济南与青岛甚久。（《无病词·上》当系居青岛所作，《无病词·中》则来往于济南青岛之间，《无病词·下》则已至天津矣。）《无病词》十八页下《百字令》云“四载明湖，三年东海”唯然。故顾君对于日人之霸占山东及济南惨案，感痛特较他人为深，而铸之于词亦最工。济案发生

[1] 实为河北清河。

时，顾君已在天津，故其《八声甘州》二阕（十七年五月），为遥念济南之作。近二三年为中国战祸最烈之时，故顾君词中亦多悲干戈之重叠、哀民生之疾苦，如《味辛词》十四页上《永遇乐》云：

少岁无愁，爱将愁字，说又重说。近日闻人，言愁不觉，先自扪吾舌。沙场炮火，深沟弹雨，愁也怎生愁得。试翘首、战云滚滚，江南直到江北。……万丈银河，可能倒挽，静洗平原血。……浑无寐、披衣坐听，声声画角。

又如《味辛词》十三页下《庆清朝慢》云：

梦又还醒，醒还又梦，如环往复无端。哪堪入梦，比着醒梦尤难。待到梦时又怕，者番未必胜前番。无人会，有人会了，有甚相干。　　试听街头乞丐，正饥熬夜永，冷怨宵寒。号呼惨苦，堪怜无个人怜。不是世情落寞，乞人怜处得人嫌。君休矣，不如归去，一枕高眠。

又如《味辛词》十五页上《木兰花慢》云：

又沉沉醉也，却独下，酒家楼。忽一阵风来，惊沙扑面，冷澈棉裘。街头。路灯焰小，正青磷数点乍成球。渐见幢幢暗影，似闻鬼语啁啾。　　心忧。欲去又迟留。春夜冷于秋。恨如许悲凉，全非人世，直是荒丘。悠悠。上天下地，有不知我者问何求。我问红桥春水，谁教无语东流。

其妙处在深刻真挚，绝非彼空言叫嚣自诩爱民救世之伪人道主义者所能道出。确是我辈智识阶级、生活及感想皆较彼军人乞丐贫民为优胜为丰裕为精细者之实在心理。其哀矜之情，出乎真诚，不求人知，不敢自喜，虽乏实行救济之力，而对于社会之道德责任心，固极强也。因忆黄节先生（晦闻）民国十五年《十一月初二雪夜归作寄俞伯敭》，念及是晨“过法部前街，路旁一妇两雏哭声甚哀，未及下车给予银钱，归后思之，歉然于怀”，诗云：

> 醉归今日得平安，便卸狐裘近火盘。一雪趣行卿独急，九街严逻夜逾寒。灯前未至伤饥冻，道侧犹闻有哭叹。将意入诗庸足补，痛哭全国付群残。

附录吾友人某君民国十六年七月十六日《过打磨厂见人力车夫倒毙于途多人围观》诗云：

> 凄然道左一尸横，暑热缠身尚急征。坏灭无常伤造化，勤学终匮叹民生。能甘事畜完天职，未能猖狂窃世名。贵贱贤愚同荡析，阎浮界外倘清平。

顾君词之佳处，即在其意思重叠，一句一转，愈入愈深，以其感情皆自然流露，故词句能戛戛独造，不蹈因袭，此乃忠于自己，忠于艺术者之所为也。

顾君词中所铸入之新材料，（二）曰生活劳忙之苦。闻友言顾君现任天津（河北天纬路）河北省立第一女子师范学校国文教员，夫每星期授课二十小时以上，改卷数十百本，薪金积欠半年，校中风潮迭起，平日应付周旋于校中当局同事之间，又常遇无理取闹有意为难之学生，凡此皆身为教员者所同受所恒经之苦痛，谅顾君亦难幸免。按近世之生活日益机械化、功利化，使人劳忙困迫，不获喘息。即在美国，为教员者，已患工作之繁重，无暇深思冥想，成为粹美之人文学者。司教育者又追求所谓教授之效率，以一定之方式，驱策教员，使皆疲于奔命，急见成绩，而学生初未受益。若在中国，加以战乱之频仍，经济之困迫，一切生活位置之不安定，为教员者苦更不可胜言。尤可憾者，教育为智识阶级最大之出路，欲长期努力于学问而洁身自好之士，舍充任教员殆无他途，然此辈志行既高洁，感觉复灵敏，故其所受之痛苦，更比他种职业中人及仅因饭碗问题而为教员者为深且钜。痛苦如此，欲不借诗词文章以发泄之，得乎？老辈讲道德者，每责人以学养，谓汝虽有苦痛，亦当克除，而不当表示。此言吾殊不赞成，以为不近人情，盖老辈所度者乃闲适优游之生活，今日我侪境遇之困迫，生活之繁忙，感情之复杂，断非吾父吾师所可知所能解也。虽然，表示痛苦感情之法，又须以精练之艺术出之，皆不可流于油滑率易。盖表现自我固为诗词创作之唯一要事，但所表现之自我，不当为（1）粗浅暴厉，骄妄空虚，毫无学识修养，临事纵性任情，类似动物原人之自我而应为。（2）深思明辨，广读博览，富情依德，笃志力行，具有绝大学问，绝大智慧，绝大经验，锻炼成才，能实现理想之自我。如仅有第（1）种自我，而不图上进于第（2）种自我，则其创作之诗词，亦难为崇伟之杰作。易言之，吾之主张如下：凡作诗词等，首当表现自我，出以真诚，但此自我必须有价值，故欲为伟大之创作者，应先勉为伟大之人物。所谓伟大之人物，非以地位职业财产名誉言，乃以知识感情道德经验胸襟气度言，天爵之所尊，非人爵之所贵也。天爵真，人爵伪，天爵永久长在，人爵顷刻即亡，天爵中有合理之平等，人爵则迷乱颠倒，生于偶然之机会。古今东西伟大之文学艺术作者，皆贵于天爵而贱于人爵者也。惟然，故若辈之痛苦乃较常人为甚，其宣泄苦痛之需要亦较常人为急。但其在文学中作品中宣泄痛苦之方法与态度，则与平常之作者异，所异者何在？细读屈原、但丁、杜甫、弥尔顿等之所作而可知也。今试观顾君所以表示今日中国身任教员者生活痛苦之方法与态度为如何，《无病词》十三页《行香子》四阕（三十初度自寿）表示最为完整明显。其第三阕云：

近来生活，力尽声嘶。问几人怜，几人恨，几人知。少岁吟诗，中岁填词。把牢骚、徒做谈资。

《无病词》十五页《木兰花慢》云：

文章。有如爝火，只人生、到此慢凄凉。君看孤星一个，尚摇万丈光芒。

《无病词》二十二页上《青玉案》云：

闷无人理，愁无人管，病了无人问。

同页下《临江仙》云：

脑海时时翻滚，心苗日日干枯。昔年故我变今吾。莫言今已老，不老便何如。

《无病词》二十三页上《绮罗香》云：

万斛闲愁，掮起掉头而走。挣暂时、眼下安生，经多少、不堪回首。

同页下《水调歌头》云：

为问先生何事，连日登台说法，意气转飞扬。尝遍人生苦，有泪且深藏。

《味辛词》十一页上《蝶恋花》（丁卯除夕）云：

半卷新词重点检。对影凄然，写罢从头看。爆竹向晨犹不断，声声打得心头颤。

《味辛词》十七页下《鹧鸪天》云：

新苦恼，旧心情。廿年湖海一书生。只缘我是无家客，却被人呼面壁僧。

孤寂劳忙，情景如绘。又顾君《味辛词》十五页下《清平乐》四阕云：

晕头涨脑。忘却天昏晓。镇日穷忙忙不了。哪有工夫烦恼。闲言闲事闲情。而今一笔勾清。领取忙中真趣，这般就是人生。

眠迟起早。都把愁忘了。磨道驴儿来往绕。哪有工夫烦恼。我今不恨人生。自家料理调停。难道无花无酒，不教我过清明。

鸦鸣鹊噪。妙处谁知道。听说疲牛还吃草。哪有工夫烦恼。天公真没天良。催人两鬓成霜。愁里翻身坐起，我能享乐穷忙。

天公弄巧。捉弄闲人老。近日忙多闲苦少。真没工夫烦恼。任他春夜凄清。新填数首词成。唤起天公听我，仰天大笑三声。

此真今时文人为教员者之真生活真感情，写来自然深刻。吾友某君亦有《感怀诗》二首（民国十七年）云：

落叶堆阶绿转丹，秋阴黯黯渐催寒。无跟岂意情为累，有志徒伤力已殚。劳喘真同牛马走，枝栖未比鷦鹩安。投身便向清池了，得失盈亏等量看。

剥蕉幻梦层层尽，饮酖心情惘惘非。愁极竟无人可语，理深终使愿长违。文章适性绝闲日，罗网牵身阻道机。锻羽韬光惊老近，哀歌空自苑芳菲。

以其所写之生活情景与顾君甚相似，故录之以为比较。顾君《味辛词》二十一页上《风入松》云：

中年如此无聊赖，是堪怜、还是堪嫌。索性吐丝作茧，一生直似春蚕。

吾人读此，顿忆王国维先生（静安）以蚕喻己身并喻一般人生之诗，其词旨至为悲苦。该诗已录登本副刊第二十二期《王静安先生与晚清思想界》文中，今不重录。王先生词中有句云："坐觉亡何消白日，更缘随例弄丹铅。"盖王先生少时心境已甚销沉悲苦，歿后人始有知之者。王先生之词，不但意境高超，自然浑成，且深含人生哲理，是真能以新材料入旧格律者之好榜样，造诣复绝，而数近世词人者多不及王先生，殆以其词名为考据之学所掩乎？今当王先生自沉于颐和园二周年之期，吾人因读顾君词，不禁又哀悼王先生矣。

综上所录，顾君表示一己生活及感情之词，虽非崇伟，然皆深至真切，殊可称也。

顾君词中所铸入之新材料，（三）曰浪漫之情趣。所谓浪漫者，非仅儿女艳情，举凡奇伟之思想，仁侠之行事，超乎平凡，迥异庸俗，而绝去功利自私之见者，皆属于浪漫之范围。中国旧日之文学中缺乏近世西洋文学中之所谓浪漫特质，然中国古人以身殉道之义，及历代慷慨激昂忠孝节烈之行，悉是浪漫。如仅以饮酒狎妓为浪漫，渺乎小矣。西洋近世之浪漫主义，其要素凡二：一曰尊崇女性，以所爱之女子为理想之寄托。二曰崇拜自然，以一己为自然之友而人类之敌。前者起源于基督教之崇祀圣母马利亚及中世之骑士歌者，后者起源于文艺复兴以来之极端个人主义与18世纪卢梭等之返乎自然之说。自西洋文学传入中国，此二浪漫要素乃影响中国文学。近世中国诗人之具浪漫性者，前有龚定安，后有苏曼殊，并为人所称赞。然真能以西洋文学中之浪漫情趣注入中国文学中而成奇伟之创造之业者，在今尚未有见。其故因旧派老辈作者不知西洋此种情趣，新派作者知之，而完全破坏旧文学中之形式体制格律，虽有此材料，亦不克善用之也。近年尝见年少之旧派诗人中，颇有以浪漫情趣合乎严整工细之艺术者，斯诚一好现象。今观顾君之词，格律既工，而甚多浪漫之新情趣，举一二例。《无病词》三页《蝶恋花》（寄其夫人）云：

> 仆仆风尘何所有。遍体鳞伤，直把心伤透。衣上泪痕新叠旧。愁深酒浅年年瘦。　归去劳君为补救。一一伤痕，整理安排就。更要闲时舒玉手。熨平三缕眉心皱。

又《味辛词》十八页下《意难忘》（纪梦）云：

回首生哀。恁分襟意绪，卧病形骸。依依花落尽，点点缀苍苔。多少事，没安排。便地角天涯。记那时，残阳冉冉，正下楼台。 清眠梦见君来。似春阳乍暖，照进空斋。嫣然才一笑，蓦地万花开。春甚处，费疑猜。敢尽在双腮。梦又醒，窗前漠漠，只见尘埃。

斯皆如烹调，味浓且美而不着痕迹者。《无病词》四页上《钗头凤》云“隔邻女卸残妆未”，吾人遂忆法国 Alfred de Musset 之 *Le Rideau de ma Voisine* 诗（写片刻之幻梦也）。李思纯君尝译此诗云：

邻女之窗帷，徐徐自揭起。吾心痴构思，揭帷何意旨。殆于片刻间，招风取凉美。

吾相对开窗，突突心跳久。女殆欲知吾，是否相期候。

惜哉此痴念，如梦仅片时。邻女未窥窗，蠢婿相伴居。窗帷小揭起，狡狯风为之。

盖中国诗词而入以浪漫之情趣，则所成者甚似西洋诗之译成中文者矣。

顾君词中之所铸入之新材料，（四）曰现代人之心理。西洋之浪漫时代早已过去，浪漫之情趣在中国文学中虽为新奇，在西洋文学中则已成陈腐。西洋现代智识阶级人士之心理，大都枯索悲苦，理智太过澄明，感情无所发泄，缺乏信仰而偏于怀疑，无复热诚而徒工嘲讽。思想复杂，矛盾突出，见闻繁多，迷离惝怳，想象力既湮沉，意志亦僵萎，心中极知某人之可爱而卒不能爱之，久已决定某事之当行而终不能行之。摧挫疑沮，销歇颓废，此种精神之苦痛，比之浪漫人物之绝望失恋者实远过之。斯乃衰世之特征，亦人生之绝境，稍读西洋现代文学作品及评论者，皆当知之。唯是此种不幸之精神、悲凉之心理，业已传入中国，岂缘今日世界密迩、一切流布迅速乎，抑人心自然之机，感于此，发于彼，不期然而偶合乎。顾君词中表现此种心理之处甚多，是亦可称。彼新派之百千作者，破除格律，恣意表现，其所表现者尚不外浪漫之情趣，而遵依保存中国文学旧体制旧格律之顾君，其词中乃能写出真正现代人之心理及精神，在顾君固足以自豪，而亦可证明真正之文学创造，贵得新材料者，不必先以破坏旧格律为能事也。

上文所举《味辛词》十四页上之《永遇乐》及十三页下之《庆清朝慢》，皆表示现代人之心理者，梦者幻象（Illusion），醒者解脱（Disillusion）也。此外（1）如《味辛词》四页《浣溪沙》第三、四首，则言归乡之无聊、故土之荒凉，而古人所谓思乡怀旧之情，今人不能有也。（2）如《味辛词》六页上《水调歌头》，则谓人世终难如意，愁事长存，而所谓天国乌托邦黄金世界之梦想，今人不能有也。十三页上《定风波》与此意同。（3）如《味辛词》六页下《贺新凉》，则谓文章著作之名、古来穷苦潦倒文人所恃以为唯一之慰藉者，今人不能有也。（4）如《味辛词》八页上《踏莎行》，则谓英雄之心肠事业，今人不能有也。（5）如《味辛词》八页下《念奴娇》，则谓古来诗人伤春惜花之美丽之幻想，今人不能有也。（6）如《味辛词》十三页下《摸鱼儿》，则谓今人看事过于清楚明白，感情枯塞，彼理想家之希望与浪漫者之奇梦，今人均不能有也。吾友某君《南游杂诗》第三十首云“曾经恨海苦为人，阅历多时悟本真。世态物情观了了，更从何地可安身”。亦即此意。（7）如《味辛词》十六页上《最高楼》，则谓文人以发表思想宣示感情，求得同心而自获安慰者，今人不能有也。（8）如《味辛词》十七页上《壶中天慢》“我误清明天误我，都自无凭无据”，则谓世事多属偶然，毫无定规，犹哈代小说中之人生观，古人信天命、得安乐，今人则不能也。以上皆合于所谓现代人之心理者。

以上论顾君词中所铸入之新材料，共有四种，以下论顾君词之格律。

顾君词学稼轩，渊明明显，其于格律，所造甚深，而能加以变化，吾人所特注意者二事：（一）者选辞用字、简单而真朴（Simple diction），不加雕饰，而能曲折达意，和谐传情，有时且近于白话，如《味辛词》三页上《玉楼春》云：

恰如花并不曾开，越发教人生寂寞。

又如《味辛词》十七页上《壶中天慢》云：

旁人笑我，说书生、无分小楼听雨。又说江南听雨好，楼在花深深处。我只摇头，凭阑却看，镇日风吹土。长杨垂穗，看他还似花否。　　忘了今日清明，午眠醒后，闷绕回廊步。我误清明天误我，都自无凭无据。如此人生，者般人世，却要人担负。打窗撼屋，一天风势如虎。

又如《味辛词》二十页上《浣溪沙》云：

已没半星儿雨意，更无一点子风丝。这般耐到几何时。

如此自然浑成，洒脱流利，固不嫌其为白话，而彼以作无韵律之白话诗自豪者，所作能及此百千分之一乎。（二）者顾君词中常加入现代流行之新名词。夫新名词非不可用，但须融化过来，能具融化之力量本领，则用之愈多愈佳，否则毋宁避去不用为宜。顾君所用新名词，如《无病词》三页上《蝶恋花》之“补救”，同页下《采桑子》之“颓废”，九页上《蝶恋花》之“单调”，十三页上《行香子》之“不作超人，莫怕沉沦”，十四页下《蝶恋花》之“爱神烦恼诗神病”，二十二页下《临江仙》之“脑海”与“新苗”，以及《味辛词》一页下之“死神”等，似皆能融化过来者，可为引用新名词之佳例也。

以上所举各条，求为吾人立说之例证，不必即为顾君集中之佳作与名句，读者勿以选本视之。如（1）《无病词》十九页上《鹧鸪天》，写天津之景况云：

> 黄云都带金银气，白雨还浮酒肉腥。

乃极有力量之佳句，吾侪常居天津者，感受当最深也。吾友某君《南游杂诗》第二十二首写上海之景况云：

> 更拓洋场竞侈华，真成狗马送生涯。（注云是日申园赛狗）此中但觉非人境，妖窟迷楼拟未差。

可为比较。又如（2）《味辛词》二十一页下《浣溪沙》云：

> 人在动中心寂寞，山于静处意缠绵。

以及（3）《无病词》十四页上《鹧鸪天》云：

> 相思谁道催人老，使我情怀更少年。

皆佳句也。如（4）《无病词》二十一页上《天仙子》，则全首皆佳，兹不录。

以《无病词》与《味辛词》相比较，则（一）《无病词》中较多浪漫之感情，《味辛词》中较多上文所言现代人之心理。（二）《无病词》之较多个人之心情与柔靡之嗟叹，《味辛词》中较多国家之大事与雄壮之悲歌。（三）《味辛词》中《八声甘州》（哀济南）诸作，《无病词》中未见有其比者。（四）《无病词》中造句遣词，尚露痕迹（Self-conscious），不如《味辛词》较为圆融自然。且据吴芳吉君之说谓上等诗人为宇宙之创造者，中等诗人为他人之同情者，下等诗人为自我之写照者。准是，则民国十七年出版之《味辛词》，较之民国十六年出版之《无病词》，实胜过之。凡为艺术家者，宜悬一至高之鹄的，绝对之标准，不必与他人争名，只当以我之近作与我之昔作比较，以觇我之创造精力及技术为增为减、为进步为退步。由此以谈，顾君自视其作词之成绩，当可欣然于心而有纯粹难名之乐。不日第三集出版，吾人尤望于其中得读更胜过《味辛词》中之作也。顾君勉之哉。

《积木词》序*

俞平伯

春来无日不风。一日风又大作，天地玄黄，室中飞尘漠漠若无居人。忽有来款扉者，声甚急，启视之，则吾友顾君羡季也，以其新著《积木词》属序于余。羡季与余有同砚之谊，著有《无病》、《荒原》、《留春》词草，足以卓尔名家，其蜚声艺囿者非一日矣。仆不文，于倚声一道惭无所知，偶陈詹言，以为世笑，何足以序羡季之词，而羡季之词宁以吾序重耶。故羡季之问序于余，似小失之，而余忝颜受之不辞者，亦僭也。虽然，语不云乎："风雨如晦，鸡鸣不已。既见君子，云何不喜。"又曰："逃空虚者，闻人足音跫然而喜矣。"畴昔之情既与之相若，则聊叙吾怀云耳。若夫羡季之词则所谓不托飞驰之势而芬烈自永于后者，后吾而览之者咸当自得之，固将无待于予言矣。序曰：

河曲之水，其源可以滥觞，及其东流而到海，则俨然挟怀山襄陵之势与偕。何哉？始纤而将毕者巨也。词之兴，托地甚卑，小道而

---

* 原载《词学季刊》1936 年第 3 卷第 2 号。

已，积渐可观。及其致也，则亦一归之于温柔敦厚，遂骎骎乎与诗教比隆，方将夺诗人之席而与君代兴。向之幽微灵秀宛折缠绵之境，诗所不能骤致者，无不可假词以达之，如驾轻车而就熟路然。善夫张惠言之叙《词选》曰："其缘情造端，兴于微言以相感动，极命风谣里巷男女哀乐，以道贤人君子幽约怨悱不能自言之情，低徊要眇以喻其致。"常州派固多头巾气，唯此一语，实已洞达词心，非同河汉。斯怀也，为人心之所同，固长存于天壤之间耳，使其不言也，则亦漂泊而已，湮没而已。夫漂泊可也，漂泊而湮没亦可也，其长存于天壤之间者自若。虽然，使其以不言为无奈而以言之为幸存，则亦人之情也已。未免有情，谁能此遣。温其如玉，其貌然也，风流可怀，是谓词想。然则如何言之耶？斯怀也，里巷男女之所不能言，贤人君子亦不能言也。使里巷男女言之，则亦普通之歌谣而已；使贤人君子言之，则亦普通之文章而已，其奈此风流缱绻无奈之情何。假借之，然后可也。或假贤人君子之笔，以宣里巷男女之情；或假里巷男女之口，以写贤人君子之心，其归一也。于是乎有词曲，而词尤婉于曲。夫假借之道何？不假借可乎？曰可。夫情，有径而致者，有曲而致者。径而致者，不烦曲而致；曲而致者，径或不必遂致，致或不必尽也。

夫《花间》者，结集于五代之际，如泉始达，如花初胎，盖善以曲喻情而为词家不祧之祖。欧阳一序，最为分明，所谓"南朝宫体，北里倡风"，已道破词之本质，而"诗客曲子词"一语又为《花间》及其支流之定评。夫曰曲子词者，当不甚高，而出于诗客之手当亦不甚卑，不高不卑，自然当行，其成为一代之著作，千古之文章，亦一大因缘也。由是而南唐，而北宋，而南宋，其支流日益繁，其疆宇日益扩，别起附庸，蔚为大国。然莫为之先，虽美勿彰，先河后海，则《花间》复矣。尝于《花间》得两种观照——实则凡词皆然，不独《花间》然，特在此两种区别尤为显著耳。或深思之，或浅尝之。不浅尝不得其真，不深思不得其美。真者，其本来之固然；美者，其引申假借之或然也。夫浅尝而得其固然，斯无间然矣；若深思而求其或然，则正是俗语所谓钻到牛角尖里去，吾未见其如何而有合也。作者亦有此意否？若固有之，虽洞极深微，穷探奥窔，亦无所谓深求也。若本无而责以有，深则深矣，奈实非何。季文子“三思而后行”，子闻之曰：“再，斯可矣。”三思且由不可，况乃过之。然必谓文辞之意穷于作者之意中，又安得为知类通方乎。赤水玄珠得之象罔。文章之出于意匠惨淡经营中者固系常情，而其若有神助者，亦非例外也。迷离惝怳之间，颠倒梦想之例，或向晚支颐，或挑灯拥髻；其逸兴之遄飞也，其文如之，则如野云孤飞矣，其深情之摇荡也，其文又如之，则如绿波之摇荡矣。亦有意乎？亦无意乎？安见其可浅尝而不可深思乎？又安见其浅尝之之得多于深思之之得乎？安见其浅尝则是而深思者非乎？彼谓一意者一词，一词者一意，如花相对，如叶相当，凡志之所之，笔皆可往，而笔之所宜，意辄与会；此盖已擅定意尽于文，而文章之意尽于想也，不特为事之所无，并非理之所有，貌似明清实难通晓，近世妄人之见，大抵类是。狂言信口，羡季其恕之。

及读自序之文，有曰：“顾醉时所说乃醒时之言，无心之语亦往往为真心之声。”知其于疾徐甘苦之诣，居之安而资之深，将有左右逢源之乐矣，则于吾言也，殆有苔岑之雅，而曰于我心有戚戚焉乎。今兹之作，得《浣花词》之全，更杂和《花间》，其用力之劬与夫匠心之巧，异日披卷重寻，作者固当忆其遇，而读者能不思其人乎。若夫微婉善讽，触类兴怀，方之原作，亦鲜惭德，虽复深自□抑而曰：“但求其似词，焉敢望其似《浣花》。”窃有说焉。夫似是者实非，似词则足矣，似《浣花》胡为耶？当曰相当于《浣花》可耳。然吾逆知羡季于斯言也必不之许，以其方谦让未遑也。其昔年所作，善以新意境入旧格律，而《积木》新词则合意境格律为一体，固缘述作有殊，而真积力久，宜其然耳。其发扬蹈厉，少日之豪情，夫亦稍稍衰矣。中年哀乐，端赖丝竹以陶之。今之词客，已无复西园羽盖之欢，南国莲舟之宠，宁如《花间》耶。荒斋暝写，灯明未央，故纸秃毫，亦吾人之丝竹矣。以“积木”名词者，据序文言，亦婴娩之戏耳，此殆作者深自□抑之又一面，然吾观积木之形，后来者居上，其亦有意否乎？亦曾想及否乎？羡季近方治南北曲，会将深通近代乐府之原委，其业方兴而未有艾，则吾之放言高论也，亦为日方长而机会方多，故乐为之序。

丙子闰三月既望，俞平伯序于北平之清华园。

关于羡季的词*

——我对于《味辛词》《荒原词》二集的体会

卢季韶

一

羡季的词有《无病》《味辛》《荒原》《再青》[1]四集，都是我亲眼看见编印、分赠诸师友的，并且从初稿到编订成书，早已数不清我曾读了多少遍。所以关于他的词，我应该写写我的体会和我对于他这个作者的内心的认识。因为我们是四十年的老友，在一城一地时常是天天聚首、漫谈、大笑、骂人；不在一城一地时，也常有书札往还，彼此相知较深，当然有责任写写。

然而最好还是不写，因为一、原集四册俱在，你读了自有你的体会和认识，不需我来赘辞；二、即使我写了，也未必写到他的词和人的扼要处——他的"心花"的正中心处——不如你自读，自家欣赏体会为好。

---

* 卢宗濩，字季韶，又作继韶，卢伯屏之四弟。

[1] "再青"，印行时改名"留春"。

但是我也想到，我究竟对羡季其人，对羡季之词还是曾有所见，也略有所知的，我如果写写我的体会认识，也许对于未曾见他的读者可能有点助益，所以我还是应该写；并且既是老朋友嘛，也义不容辞。但这又不免“姑妄言之”之谈，请勿认真重视我的所讲，为要，为要！

二

古今诗人（羡季这样的词人也就是诗人，在中国古今诗人之中自有他的席位）在创作时采用的方法很多，很灵活，最常见的是：

一、用日常语言直叙所见、所感、所思，如：

陶诗：“采菊东篱下，悠然见南山。”（《饮酒》）

太白诗：“秦王扫六合，虎视何雄哉！挥剑决浮云，诸侯尽西来。”（《古风》）“君不见黄河之水天上来，奔流到海不复回。”（《将进酒》）“飞流直下三千尺，疑是银河落九天。”（《望庐山瀑布》）

工部诗：“剑外忽传收蓟北，初闻涕泪满衣裳。却看妻子愁何在，漫卷诗书喜欲狂。”（《闻官军收河南河北》）

稼轩词：“却将万字平戎策，换得东家种树书。”（《鹧鸪天》[壮岁旌旗]）“千年田换八百主，一人口插几张匙？”（《最高楼》[吾衰矣]）

二、用象征的表现方法，这也是极为普遍采用的方法，如：

太白诗：“浮云游子意，落日故人情。”（《送友人》）“绝代有佳人，幽居在空谷。”（《佳人》）

杜诗：“风尘为客日，江海送君情。”（《送元二适江左》）“飘飘何所似，天地一沙鸥。”（《旅夜书怀》）“飘然时危一老翁，十年厌见旌旗红。”（《冬狩行》）

蒋捷词："壮年听雨客舟中，江阔云低断雁叫西风。"（《虞美人·听雨》）

从方法方面讲，象征的表述方法可以提出千条万条，而从创作方面讲，无论任何方法，都是相互融合、相互渗透，互相激发、互为波澜，绝不能割裂孤立地看待、体会。诗歌之中五言绝句、七言古风也好，或二十字左右的小令、百字以上的长调也好，不管长短，它总是一个整体。句句行行，既是总体的一个部分，联络贯通起来，又是完整的整体。它不同于一部机器，拆卸下来就是几十几百个以至千万个独立的个体（零件）。如果对于诗词也拆开只取一句，往往是不知所云了。

三

我还想再说明一点，我且以为是十分必需的。羡季生于1897年，于1920年毕业于北大英文系，所以他是专学英国文、深通英国文学的。1919年的五四运动，对于他当然有一定的影响。他少年时代由于家学和自修，对于中国旧文学下过较深的功夫；"五四"以后，由于鲁迅的影响，读了不少十月革命前托尔斯泰等几个大作家的名著和东欧被压迫民族的小说，以至高尔基及十月革命以后的苏联文艺伟大的作品，所以我们可以说，在文艺的道路上，羡季所受东西方古今文学的启迪、熏陶是相当深厚的。在1920年后，从我认识他的时期起，我知道他曾写小说、散文，后来才渐渐走上专门写词的路。还有，从1920年起直到他逝世，这四十年的时间内，他平时和师友往还的书札也颇不少，这虽不是有意的创作，却表达出他的平生，生活、思想、艺术发展的明暗曲折的经历和所达到的造诣，而且也是委婉、精湛的散文——我希望将来都能搜集起来编印成册，传之后世。

我想我们读羡季的词时，不可忽略的一点是：他写的是旧形式的词，但是他的思想感情的境界则又远远超跃于旧文人的精神境界。若忽略了这一点，不了解这一点，则对于理解和欣赏他的词的全部素质和精神，可能会发生一些“误差”——受了不应有的约束或限制。

四

羡季之词，这四集主要是在二三十年代所写，抗日战争前后也常写诗词，大约较少一些。抗日战争期间，他因小孩幼小未离开北京，但也只在燕京、辅仁任教，没有沾过敌伪学校的边。我则流亡到陕西，任课于西北大学，相隔数千里，仍是时通音问，函牍也常附来新写之词，亦即“新词共欣赏”之意也。

对于他这四集的名称，我也有一点体会。说“体会”，自然不免主观臆测的看法了。

既曰“无病”，又何来“呻吟”？又何来“味辛”？如曰“有病”，则又何“病”？我只提此三问，却无回答，因为一回答便落入迹象，也赋予了定型，便非原词的灵空之境了。

“无病”之后是“味辛”。无“辛”又何“味”之可言？那么，有“辛”又是何“辛”？于此，作者未尝明言，我亦不敢妄加推断。总之，尽在“味辛”中，随君欣赏，请恕我不打“妄语”。

无病么？有病么？味辛也可，味甘也可，皆是个人的自家心境，既是“心境”，是还未跳出“个人圈子”之外。然而个人的思想、感情，亦即个人心境，似不一定必受时间、空间之限制，因此今日（20世纪80年代）的读者可以理解古人之诗（如三百篇），亚洲读者可以欣赏欧洲、印度作家之诗（如莎士比亚、泰戈尔）。

“荒原”、“再青”二集则有所不同了。一方面它们是抒写个人心境的创作；另一方面也关心到创作当时个人心境所处的自然环境或社会环境，自然，个人心境离不开自然环境和社会环境，而着重点则在以环境衬托心境。既以自然环境或社会环境为重点，则重点已转移到对于自然和社会的认识或批评或希望了，既然这两个又不能也不应截然分为二类，因为它们原是相联系、相会通的。倘若一定要说明这是某境、那又是某境，认为是具体实境，遽予落实，那就变成了“社会学”或“心理学”，而不是“文艺”的欣赏或评论了。文艺欣赏总是读者各有所见、各有所会、见仁见智、深浅有别；各赏所获，不是蛮好么？

总之，这四卷词自有转变，后作已非前作，情调不同，思想实质也不同；然而又有重复、有联系，又自有统一。一个作家的感情、思想以至所有的创作，有主干、有分支，有变化、有分歧，甚至有矛盾，而又是一个整体，整体之内，各部分可合可分，又不可以强分强合，但又始终是一个整体，这个整体包含着分歧、矛盾、统一……一个人的脑子不过拳头大小，而其中的变化繁杂却比全人类社会的复杂毫不逊色！

五

古今诗人多言愁。太白有“与尔同销万古愁”之句。易安居士又有“只恐双溪舴艋舟，载不动，许多愁”之句。贺方回则有“试问闲愁都几许，一川烟草，满城风絮，梅子黄时雨”之句，为人所传颂。在诗人心中，“愁”真是既长久又沉重，且是浩浩荡荡，无处不充满了“愁”的。还有，后代诗人也常谈到“绝代佳人”。“佳人”所指，有虚，有实，是真有其人，或是“理想”，既无法指实，又引人去寻索不已，其微妙的作用也就在此吧。

羡季词中言愁之句也不少，现在且不摘引论述。但在《味辛词》

开卷几页，却多次讲到“游子”，如：

身是行人却送行。(《南乡子》)
送行都是行人。(《十拍子》)
已判同作游离子，好认他乡是故乡。(《鹧鸪天》)

“行人”是离家在外的“旅客”，“客中”、“家居”，其景况是有很大不同的。“旅客”是何“处境”呢？

耳畔数声珍重，城头一片黄尘；漠漠秋空无去雁，淡淡西山横断云。(《卜算子》)

这里通过高空辽阔之境表达了别情寂寞之深之广。又：

不是他乡胜故乡，故乡景物太荒凉，篱边空看菊花黄。
春夏秋冬尘漠漠，东西南北路茫茫，无山无水有残阳。(《浣溪沙》)

于此，别离之境，其荒残寂寞之感，已写到了何程度呢？

在这样的情怀重压之下，如何前进，继续生活下去呢？现实的生活不能不有所转变，但这转变能否即时就是一百八十度的决然转变？又究竟是情怀随着生活转变呢？可还是生活随着情怀转变呢？这恐怕也是交互反复的转变，不能简单呆板地划一吧。于此，可能也会因读者的理解、体会的不同而又有所区别了。

在1920年前后，正是旧军阀混战的时候，所以羡季词中有这样的反映：

……沙场炮火，深沟弹雨，愁也怎生愁得。试翘首、战云滚滚，江南直到江北。……万丈银河，可能倒挽，净洗平原血。家山自好，韶华未晚，君莫蹉跎悲切。……（《永遇乐》）

又：

……欲寻屠狗卖浆游，荒山平野余衰草。　逐鹿中原，化蛇当道。鱼龙扰攘何时了。自家不肯作英雄，从今莫恨英雄少。（《踏莎行》）

又：

神州事，须英雄作，谁是英雄。（《八声甘州》）

旧谚有一句："人不能一条道儿走到黑。"这话太平常了，却又十分真实；又说："穷则变，变则通。"其意义是和前一句相通的。一个困难的或十分烦苦的处境，不能让它长时间困扰你而不跳出去；一个愁烦苦闷的情怀，也不能由它长久地压在心上不断地折磨你，自然要打碎它、摔（甩）掉它。

羡季于此也依自然规律而转变了，不谈（或少谈）自己的心境，而写到时代和社会的情景。"战云滚滚"、"化蛇当道"，有谁来倒挽银河，"净洗平原血"以救生民涂炭呢？"英雄"，就是一个英雄嘛，他可能是一个人，然而又可能是一个"象征"，这个转变从狭小之"我"转到"众生"，广大的"群众"、"人民"，这不是一个小转变吧?!自然，若以为羡季当时已是马列主义革命家，那也不对，因不全符合当时他的思想实际，但同时也不能判断说他的思想中一点革命种子的萌芽也没有，这同样也不符合他的思想实际。且再加两条具体的证明，以证他在转变：

> 人间事，须人作，莫蹉跎。（《水调歌头》）
>
> 说到文章还气馁，算个中事业词人小。（《贺新凉》）

六

从曹子建到太白、工部、放翁、稼轩，许多大诗人，安于、满足于写几首诗以了此一生的有几个？没有一个！空怀壮志，往往含恨以终者，并不是少数人。

诗人情绪、心境之变化只经一夜而突然变了的，可能只是少数，大多数是经过一段渐变的、反复的过程，旧的才步步消歇、飞散，新的渐渐发生、发展，以至壮大。羡季前三四部词集之有转变，也是如此。若因为是四卷，且四卷却又有所不同，因而生硬地断定每卷一变，中间有过三次变化，这就不免“缘木求鱼”，反而背离了文艺创作活动的真情真境了。

《荒原词》中有这样的句子：

> 水边点点光明灭，恰似春灯。恰似繁星。恰似游魂自在行。细思三十年间事，如此凄清。一个流萤。自放微光暗处明。（《采桑子》）

又：

> 落落眼中吾土，漫漫脚下荒坡。登临还见旧山河。秋高溪水

瘦，人少夕阳多。(《临江仙·游圆明园》)

乱山衰草下牛羊。教人争不恨，故国太荒凉。(《临江仙·游圆明园》)

这几行不是把空阔荒凉写尽了吗？岂止荒凉？人在这样的境地之中，其精神上的寂寞也同样达到了极点。于是我不禁想到清代黄仲则的诗："悄立市桥人不识，一星如月看多时。""荒坡"，还可能是"山野"，"市桥"则必定是"尘寰"，这人世间的"孤寂"实在远甚于在"荒坡"上。

我们再读一阕《鹊踏枝》：

不见春来，只见风沙起。乍觉棉裘生暖意，阳春原在风沙里。

他发现了"风沙"中的阳春，这发现不是一个小发现，尤其不是容易发现的；这是人生道路上的转折点，是从阴暗崎岖的谷底小路走到光明开阔的阳关大道上来了！这时作者的思想境界如何呢？

心苗尚有根芽在，心血频浇。心火频烧。万朵红莲未是娇。(《采桑子》)

又：

年华有尽，人生无价。待明晨早起上高楼，看江山如画。(《小桃红》)

以前的词句中是“漠漠黄尘”、“断云一片”，如今则换为“看江山如画”，“万朵红莲未是娇”了，再进一步则是：

心未老，鬓犹青。尚堪鞍马事长征。秋空月落银河黯，认取明星是将星。(《鹧鸪天》)

“将星”是什么呢？是否可以理解为他个人生活的标的或前途呢？如此就明确肯定了新的目标，新的路程了。这是荒原的结束。并且进一步写出：

隔长林、夜灯一点，蓦向人暂有暂还无。鞭摇动、马长嘶了，踏过平芜。(《八声甘州》)

于是摔开荒郊废墟，跃过田野，去寻求华丽光明的世界了。

七

历来诗人在自己的诗词创作中常有“自况”之作，也就是以一首（阕）或几首（阕）来描绘表现自己的神形风度之作，这和画家也常有自画像一样，羡季也是如此。散见在各首（阕）中的单句很多，如羡季的“归云闪出满天星”(《山花子》)，这里不作专论，所以不再多引。有的人一首（阕）诗词，或四（六、八）首（阕）成为一组诗（词），从几个方面写出“自况”。羡季的词中我提出三阕：

第一阕，《木兰花慢·赠煤黑子》，且录其下片：

豪英。百炼苦修行。死去任无名。有衷心一颗，何曾灿烂，只会怦怦。堪憎。破衫裹住，似暗纱笼罩夜深灯。我便为君倾倒，从今敢怨飘零。

另一首《贺新郎》：

……踽踽行来举头见，一队明驼迤逦。爱他有些儿画意。曲项高峰肉蹄软，想来从大漠风沙里。一步步，几千里。　庞然卧息长街内。又木然、似眠似醒，非悲非喜。偶一摇头铎铃响，声落虚空无际。有谁识、此君心理。万里长城曾见否，问凋零破败今余几。驼不语，蹶然起。

二三百年来北京近郊和近郊各县农民在冬季农闲之际（约当阴历年前三个月），常引着一队驴骡或骆驼去西山门头沟、周口店一带煤矿上贩运煤块煤末卖给北京和各郊县的城市居民作为过冬取暖的燃料，这些贩运煤炭的农民因为手持的、肩扛的、怀抱的、口袋装的，都是煤炭，于是搞成了头目耳鼻满脸两手都成了黑的，在旧时的北京，便称之为“煤黑子”，这是一个颇欠礼貌的称呼。羡季对于他们不仅全无嘲鄙之意，却更体会到他们心灵境界的淳朴洁白，且引以自况了。特别是“衷心一颗”以下四句，若作为客观的画像似有些不大妥当，若作为作者“自况”来体会，就蕴蓄很深了。

骆驼又称“沙漠舟”，原是蒙古生产，所以“想来从大漠风沙里”这句既切合骆驼实际来路的历程，却又不当加以文字的拘限，“大漠风沙”这样的自然境地也可比作人世社会的荒凉冷漠的情况。“凋零破败”问的是长城，这是历史上古中国北方边境的国防线，则问的也是旧时代三座大山的摧残破坏之下还有多少遗留下来的东西？——这是那时所有的有心人共同关注的问题，所以这阕词对于凡是认识羡季而又对文艺有一定兴趣的人，对于羡季这个人的精神体貌的印象和由“明驼”和“煤黑子”引起的印象大约可能有一线相通吧？

又，《贺新郎》——自然一阕词的上片、下片常是密切相连的一个整体，绝不容轻易加以割裂，但是我们为了说明某一问题或某一情况，暂时地把注意力集中到哪几句上来，也是可以的吧。对于这一阕《贺新郎》，我们且看下片：

> 我如引火烧枯苇。想霎时、飞烟万丈，烈红十里。众鸟纷纷飞散去，火舌直腾空际。制造得、无边欢喜。……

这究竟是一种什么境界呢？这个境界所表现的精神、心思（希望和倾向）又是什么呢？一个“如”字，只是假设之词，却写来十分轻松、灵动，而最后接着来的是“制造得、无边欢喜”。是谁欢喜？且又是无边的？这一点，羡季这个作者未予明言，另外一些读者也未见有所阐述，那么，我也就不敢贸然来臆测了。

八

最后，我想再谈一点羡季对于他自己的诗词创作所表示的看法。《山花子》：

> 往事织成连夜梦，归云闪出满天星。

《荒原词》的扉页就以红色字体印着这行。为什么呢？我以为这两句直可看作羡季自己对他的四集全部词的“总的评述”。——当然，这时第四集《再青》尚未编辑付印，我这看法虽不科学（因为没有实物为根据），但从感情上说，我还以为是合理的。

又，还看《贺新郎》的下片：

> ……唤天公、重燃灵焰，再添生力。心上伤痕知多少，开落心花狼藉。看心血、涓涓流溢。试把君尝，君应说，甚春蜂酿得花成蜜。同一笑，莫悲泣。

心已受了多处的创伤，“心血”也在多处流溢，而滴滴心血凝成了无数心花，娇红艳丽，每花的花心献出一珠珠花蜜，这是什么蜂酿造得如此香甜的蜜呵？这香甜是从伤残苦痛中升华得来的，我想：很多读者是能理解到此的！

可惜的是从抗日军兴，我流亡到陕南，约二三十年，我手头只有《味辛》《荒原》二集，没有《无病》和《再青》，又，廿余年邮寄来的词亦未集中整理，所以我只能就这两集谈谈我的体会，这真正是无首无尾只拿到中间一段，远不是他的词的全部或整体。从整体说，《再青》词之后到抗日军兴，时间虽不过几年，但毕竟是一段时间，这几年也总可有几十首词，加上抗战八年、解放战争三年、建国之后约十年，在这二十年稍多的时间内，羡季也不断有新词写出，都未及整理印行，这个缺欠我希望他的朋友（自然也包括我自己）及门高足和他的女儿们，能完成编印他的全部遗著的工作。因为这是20世纪20—60年代中国文艺园地中的一丛艳丽的繁花。

1984年7月9日写毕

【京按】卢季韶与他的长兄卢伯屏是父亲情逾手足的挚友。对于伯屏，父亲称他“屏兄”，甚至直呼“哥哥”，父亲北大毕业初登教坛，就结识了伯屏，同胞情谊二十年，直至伯屏辞世。季韶排行第四，父亲呼他为“季弟”、“四弟”，我们姊妹称他“卢四叔”，或直呼“四叔”。父亲与季韶交游四十年，自1921年因屏兄的介绍而相识、相交，直至1960年辞世。

父亲与屏兄季弟三人，共处的时日并不很多，雁信鱼书成为他们友情往来的主要方式。四十年中，父亲给屏兄季弟的信札约五百通，数十万字。令人不能料想的是这五百通书信，在屏兄季弟手中历经沦陷、抗日、反右、“文革”，竟奇迹般完完全全地保存了下来。卢四叔在谢世前两年，将全部信札粘贴、手订成册，让儿子自西安带到北京。现在这些书信已成为《顾随全集》（十卷本）中的一卷。

父亲与卢四叔同是北大毕业，他们一起读书、研文、探讨人生……两人还合作翻译了两万余字的小泉八云的英文诗讲义。卢大爷是学教育的，并不长于诗词，但他为父亲的词集作序、题签。

自1937年抗战军兴，卢氏兄弟奔赴大后方，兄弟三人再难相聚。1939年卢大爷病故。

1952年初，父亲重病之时，卢四叔专程自西安来京探视，兄弟挚友，几番长谈、畅谈，卢四叔走后，父亲的病躯竟一天天好了起来。1960年父亲谢世之前，卢四叔再次自西安到津探视，与羡季兄作最后的诀别。

20世纪80年代初，我第一次应邀为父亲草拟简传。动乱十年的冲击之后，手头资料一无所有，脑际一片空白，只好向卢四叔求救。卢四叔先是寄来手写的我父亲的生平履历情况，1984年又寄来手写的这一篇评述羡季词的长文。

先生之风　山高水长*

——读《顾随文集》

张中行

读者诸君想必都知道，这题目是借用范仲淹《严先生祠堂记》的最后一句。借用就不免将就。应该表明我的本意：先生指顾随先生，用不着说；风可以指作风，可以指文风，这里指文风，虽然文风也是作风的一种；就文风而言，山高指已定的成就，是就我的感知说，水长指未定的影响，是就我的希望说。这最后一部分的山高水长，意思还可以说得具体些，是成就很高，学步或进一步发扬光大之，虽然理当如此，却是不容易。

古人说，名者，实之宾也。意思是有名者必有实，所谓名下定无虚士；有实者必有名，所谓乃脱颖而出。其实则不尽然。纵目看古今，可以发现，有不少人是名过其实；还可以推想，必有不少人是实过其名，甚至有实而无名。如顾随先生就是实过其名。这样说，是因为，有不少亲近古典文学甚至研究的人也不知道，“五四”以后还有这样一位；而相反，某些人，即以诗词曲而论，只浅尝而大讲多印，

* 原载《读书》1989年第11期。

却给人一种既专又精的印象。是非颠倒是世间的常事，不计较也罢。

因为顾先生是实过其名，关于名，限于最具体的经历，这里要补说几句。顾随（1897—1960），字羡季，别号有苦水、述堂等，书斋名倦驼庵，河北省清河县人。在本县上小学，永年县上中学。先入天津北洋大学，后转入北京大学，学英文，1920年毕业。一生进过学校面对学生、回家面对稿纸的生活。先教中学，在河北、山东等地；后教大学，始于燕京大学，终于天津河北大学[1]，中间较长时期在北京，有师范大学、北平大学、中法大学、中国大学、辅仁大学、北京大学等处。在大学主要讲诗词曲，因为有才，博学，文方面的，几乎无所不能，无所不精。举例说，佛家的禅，一般读书人总是畏或歧视而远之的，他却也读，并有很深的造诣；书法学乃师沈尹默，圆劲流丽，几乎可以乱真。为人朴厚，热情，健谈，教学有法，据我所知，受大教益的弟子不少，其中如加拿大籍华人叶嘉莹女士，与缪钺合著《灵谿词说》，红学家周汝昌先生著《诗词赏会》，都能抒己见，间或发前人之所未发，这本领有些就是从顾先生那里学来的。

以下可以转为说著作。上面说顾先生有才，恕我狂妄，他作古多年之后还说他兼有名士气。名士气的表现之一是可在乎应在乎而不在乎。他笔下出东西不少，出于口中的更多，可是除了自印几种诗词曲著作以及发表于报刊的一些零篇论文之外，大概自己都不留存。留存的一些，作古六年之后，“文革”的风暴起来，仍因属于“反动学术权威”而被清算，自然又失落不少。80年代初期，评价旧学之风有变，也是借了叶嘉莹女士外援的光，印全集以期嘉惠后学并纪念死者的梦想终于成为现实。集作品显然有困难。克服困难的办法只能是

---

[1] 原作“始于天津河北女子师范学院，终于天津河北大学前身的天津师范学院”，曾经作者首肯作如上修改。

众力成城加不求全责备。在这方面，除顾先生幼女顾之京以外，叶嘉莹女士和周汝昌先生都尽了不少力，如附录的《驼庵诗话》（兼论词），语简练而理精深，就是根据叶嘉莹女士的八册听课笔记整理的。我应该多尽力而尽力很少，只据所编佛学期刊《世间解》，集为谈禅的《揣籥录》。这样东拼西凑，只得五十余万言，印为一册，大概只能算作拾零吧？内容分上下两编，上编讲学，下编自作。讲学部分分为六组：第一组讲词，主要为苏辛词；第二组讲诗，主要讲曹操、李白和杜甫；第三组讲曲，主要讲关汉卿；第四组讲小说，主要讲《小五义》《说岳全传》和鲁迅；第五组讲《文心雕龙·夸饰》篇；第六组讲佛学，主要是禅和佛典文学。下编包括三部分，词选、诗选和杂剧选。以下还有附录的《驼庵诗话》，以及叶嘉莹女士的长篇评介《纪念我的老师清河顾随羡季先生》。

书由上海古籍出版社排印，于1986年出版，我得到一册。查扉页的题记，是顾先生三女之惠寄来，6月收到的。翻看一下，虽然知道遗漏不少，但慰情聊胜无，还是既安慰又高兴。两三年来，我忙于其他杂务，没有机会再看。又是6月，三年之后的，一时得闲，需要读点什么，想到这本书。拿出来，择要看了一遍，所得和感触都不少。觉得应该写点什么。不是为死者，因为拙作《负暄琐话》有《顾羡季》一篇，已经把纪念的意思说了。写是为生者，用现在通行的话说，是他的文风有教育意义。这教育意义限定我写必须大题小作。大作就不能不谈他作的诗词曲（指杂剧）以及对诗词曲或说文学作品的看法。这不合适。先说作品，原因之小者是难讲。难至少有两种：一是牵涉的面会太广，以词作而论，如谈造诣和风格特点，也许就不能不提及沈尹默和俞平伯；二是“诗无达诂”，难于说清楚。原因之大者是时至今日，对这些还有兴趣的已经很少，没有人愿意听，当然以不讲为是。再说看法，这触及文学作品的各个方面，包括古今，太多，还是小节；大节是太深，比如诗词表伤感的情意究竟好不好，李飘逸、杜沉着能不能分高下，等等问题，都是看似实有、伸手又抓不住的，至少在这里，还是以躲开为是。那么，还有什么可说的呢？不多，但有用，至少是能够启发我们想到一些流行的文病，所以有教育意义。我想到的有三个方面：一是读书能够深入体会，不在表面滑；二是敢于并惯于说己见，不随波逐流，人云亦云；三是行文敢于并惯于以本来面目见人，没有八股气、讲章气、刺绣气和烟雾气。以下依次举例以明之。

一、关于读书能够深入体会。为了避免头绪纷繁，这里所谓书限于我国古籍。读古籍，正确理解不容易，深入理解更不容易。障碍有文字的，某符号表某义，古今常常不同，因而以今度古就常常会失误。障碍还有义理的，如“道可道，非常道”，常道指什么？不常的道指什么？很麻烦。更麻烦的障碍也许是意境的，“池塘生春草”，都说好，何以好？难言也。难言而还得言，这就需要心里和笔下（或口中）有大功夫。在这方面，我很佩服顾先生，他体会得深，而且说得出来。以苏、辛词为例，他选讲了三十六首，辛词《水龙吟》是这样讲的（为了读者能见庐山真面目，只好照抄）：

水龙吟

登建康赏心亭

楚天千里清秋，水随天去秋无际。遥岑远目，献愁供恨，玉簪螺髻。落日楼头，断鸿声里，江南游子。把吴钩看了，阑干拍遍，无人会，登临意。　　休说鲈鱼堪脍。尽西风、季鹰归未？求田问舍，怕应羞见，刘郎才气。可惜流年，忧愁风雨，树犹如此。倩何人唤取，红巾翠袖，揾英雄泪？

千古骚人志士，定是登高远望不得。登了望了，总不免泄露消息，光芒四射。不见阮嗣宗口不臧否人物，一登广武原，便说："时无英雄，遂使竖子成名。"陈伯玉不乐居职，壮年乞归，亦像煞恬退。一登幽州台，便写出"念天地之悠悠，独怆然而涕下"。况此眼界极高、心肠极热之山东老兵乎哉？

此《水龙吟》一章，各家词选录稼轩词者，都不曾漏去。读者太半喜他"落日楼头"以下七个短句，二十七个字，一气转折，沉郁顿挫，长人意气。但试问此"登临意"究是何意？此意又从何而来？倘若于此含糊下去，则此七句二十七字便成无根之木、无源之水，与彼大言欺世之流，又有何区别？何不向开端两句会去？此正与阮嗣宗登广武原、陈伯玉登幽州台一样气概、一样心胸也。而且"千里清秋"，"水随天去"，浩浩荡荡，苍苍茫茫，一时小我，混合自然，却又抵拄枝梧，格格不入，莫只作开扩心胸看去。李义山诗曰："花明柳暗绕天愁，上尽层楼更上楼，欲问孤鸿向何处？不知身世自悠悠。"与稼轩此词，虽然花开两朵，正是水出一源。此处参透，下面"意"字自然会得。好笑学语之流，操觚握笔，动即曰无人知，没人晓，只是你自己胸中没分晓。试问有甚底可知可晓？即使有人知得晓得了，又有甚么要紧？偏偏要说无人知，没人晓，真乃痴人说梦也。前片中"遥岑"三句，大是败阙。后片中用张翰事，用刘先主事，用桓温语，意只是说，欲归又归不得，不归亦是空度流年。但总不能浑融无迹。到结尾处"红巾翠袖，揾英雄泪"，更是忒煞作态。若说责备贤者，苦水词说并非《春秋》，若说小德出入，正好放过。

通篇不及词句的释意，这是意在为上智说法。话都是评论，或说自己的体会。说开头两句为一首的主宰，好，理由与王国维《人间词话》推崇“菡萏香销翠叶残，西风愁起绿波间”是一路。其次是“落日楼头”以下七个短句，“一气转折，沉郁顿挫，长人意气”，可是这终归是由开头两句生发出来。所以最值得赞叹的还是开头两句，因为意境深而高，有阮籍登广武原、陈子昂登幽州台，物我混一的胸襟和气概。也同于王国维，顾先生论词特别喜欢早期的，李后主、冯延巳、二晏、欧阳修等，意境幽渺而语言平易自然，所以说“遥岑远目”三句不好，因为有拼凑用力的痕迹。辛弃疾填词喜欢用典，顾先生也不喜欢，因为，除了与平易自然不一路以外，还有借古人事表今意，总难得圆融无迹。

一般选本很少有这样的讲法，是都错了吗？当然不是，理由还是人各有见加诗无达诂。我想说的只是，专就解古典文学作品而言，近年有一种风气，曰解析，或赏析，甚至曰辞典，办法都是，重复句意之外，随着说几句修辞性质的好好好。话不少，都是在浮面上滑来滑去。读者所得呢，轻则看了等于不看，中则胶柱鼓瑟，重则把缺点也看成优点。总之是应该发人深省反而堵塞了思路，或者说，应该导向阳关大道反而引入死胡同。我有时甚至想，如果还想走上阳关大道，即主要靠自己的眼力深入体会，最好是不看，至少是少看解析、赏析一类书。要多看顾先生这样的。其中也许有不少或很多偏见，但他有见，不是在浮面上滑，就能够启发读者深思。思的结果也许是觉得顾先生的所见并不都可取，甚至都不可取，这也好，因为可以证明自己已经有了靠自力走上阳关大道的能力。

二、关于说己见，不随波逐流，人云亦云。只由《驼庵诗话》中抄一些例：

(1) 文学上变态固可怕，但白痴更可怕，这种人便毫无心肝，不要说思想，根本便没感觉。欣赏《田家乐》者盖皆此种人。

(2) 在黄（山谷）诗中很少看出人情味，其诗仅表现技巧，而内容浅薄。

(3) 曹子建有觉而无情思。《美女篇》虽亦写情思而情不真、思不深。

(4) 而陶有的诗其“崛”不下于老杜，如“且共欢此饮，吾驾不可回”(《饮酒》第九首)。然此仍为平凡之伟大，念来有劲。常人多仅了解“悠然见南山”，非真了解。

(5) 太白自然，有时不免油滑；老杜有力，有时失之拙笨。各有长短，短处便由长处来。

(6) 长吉幻想极丰富，可惜二十七岁卒。其幻想不能与屈原比，盖乃空中楼阁，内中空洞。

(7) 或以为苏、辛豪放，六一婉约，非也。词原不可分豪放、婉约，即使可分，六一也绝非婉约一派。

(8) 放翁诚实，看到就写，感到就写，想到就写，故其诗最多，方面最广，不单调。初读觉得清新，但不禁咀嚼，久读则淡而无味。

(9) 中国咏梅名句是“疏影横斜水清浅，暗香浮动月黄昏”(林逋《山园小梅》)。此二句甚有名而实不甚高。此二句似鬼非人，太清太高了便不是人，不是仙便是鬼，人是有血有肉有力有气的。

(10) 纳兰词只是不失赤子之心，此外更无什么东西。

所说多与常见有距离，有的甚至像是唱反调。谁对谁错？难定，也可以不管，因为这里想着重说的，不是“结论”的对错，而是“方法”的对错。方法有截然不同的两种：一种，依传统或随时风，人云亦云，是言己之所“闻”；另一种，不管来源如何，都要用自己的思辨能力衡量一下，然后言己之所“信”。就个别说，所闻也许是对的，所信也许是错的；但就长远和总体说，都言己之所闻，结果必是停滞和僵化。所以应该推重己见，提倡说己见。不幸这很不容易。举我自己感触比较深的二事为例。其一是关于古典诗文的评价的。很长时期以来，不少人，提到文，脑子里回旋的只是《古文观止》，甚至更收缩，只是《古文辞类纂》，限于八家。这种观点最明显地表现在各种选本上，翻来覆去总是那么几篇。其中有些，如出于韩文公的，思想浅薄，装腔弄势，以所谓气吓人，就很坏。为什么还选？追根问底，自己不思索，人云亦云而已。其二是关于议论的表白方式的。常见的办法是，或大举，是引经据典，某某权威如何如何说，所以必是颠扑不破云云；或不大举，只是照本宣科，鹦鹉学舌，也就像是可以颠扑不破。真是颠扑不破吗？如果总是引经据典和照本宣科，这个问题就永远不能解决。所以，再说一遍，就不能不推重己见，提倡说己见。在这方面，顾先生是值得效法的，虽然他的己见，我们未必都同意。

三、关于笔下以本来面目见人。法国哲学家笛卡儿说过，读好书像是跟高尚的古人谈话。这是一种面谈的境界，以之为标准，有些作品，如嵇康《与山巨源绝交书》之类，是上好的，因为不只情意真实恳切，而且如见作者其人。可惜中古以下，文网日密，文人的矜持气日增，执笔为文，把自己的录相也全盘献与读者的越来越少了。顾先生是罕见的例外。举《揣龠录》第五章《不是不是》的开头为例：

> 中秋重九俱已来临，而又过去，天地肃杀，草木黄落，已是淮南子所谓“长年悲”的时候了。文人诗人，遮些日来，饮酒，持螯，赏菊，登高，插茱萸，看红叶……正在闲里偷忙，静中取闹。遮都不干苦水底事。苦水却别有一套，则是每年此

时的照例文章，其名曰伤风，作烧，头重，骨疼，而又加之以咳嗽。其实年年如此，毫不新鲜，今年满可以不须如此，然而仍然必得如此。有趣自然不见得。痛苦么？一个人如果常常生病，便不免习而安焉，是一位外国文人的话：病久了，药的滋味也觉得是可留恋的了。何况古德曾谓“病中正好着力”乎？

有一位大师，大约亦是伤风之余，上堂却说：“维摩病，说尽道理；山僧病，咳嗽不已。说尽道理，咳嗽不已；咳嗽不已，说尽道理。”苦水如今素咳嗽行乎咳嗽，一并无言可说，无理可申，只管咳嗽不已。然而昨夜中行道兄亲自送到《世间解》第四期，而且叮嘱说：“《揣籥录》的第五篇也该着手了。”苦水应之曰：“唯，唯。”遮唯唯并不是敷衍语，应酬语，却是佛家底不打诳语。自交了第四篇的卷子，我便已拟定了第五篇的题目，即是现在写在篇前的四个大字：不是不是。

这样的开头，有人会觉得，正是下笔千言，离题万里。对应之道大概是删吧？其时我忝为主编，却不这样看，而是觉得，读这样的文稿，不只见其文，而且见其人。什么样的人？或哭或笑的人，推心置腹的人。这就使文中的情意增加了重量。报刊上常见的宏论绝大多数就不然，而是有文无人，虽然声势浩大，却常常苦于情意像是不真，死气沉沉，因而读了会感到没意思。现在想，那时候所谓意思主要指兴趣；其实，笔下以本来面目见人，如果看作一种写作态度，其意义就不只是读来有兴趣。无妨大而言之，这态度的表现是怎么想就怎么说，积极的好处且不管，消极的，就可以正说之前瞻前顾后，因而想和说各行其是的文风。这文风还可以分化为四种气，或单干，或合流，即一篇中兼而有之。以下分说这四种气，一种是八股气，即用空话、大话、假话以宣扬既定的什么理。这种气源远流长，所以量最大，也就较难发觉，因而最值得警惕。另一种是讲章气。也是讲理，却未必是八股的理。特点在讲法，正襟危坐，隔几句就来个“必须指出”或“应该牢记”，表现为唯我独正确的样子。也可能是独正确，但是，就不能变道貌岸然为谈笑风生吗？再一种是刺绣气。最多地见于所谓美的散文中，形容词语很多，话曲曲折折，表现为扭扭捏捏，有颜色而无筋骨。这是文笔制造的一种境，现实中是没有的，所以不真实，并不可取。还有一种是烟雾气。办法是把不常用的术语、意义不鲜明具体的词语，先求多多益善，然后嵌在既冗长又不平顺的句子里，结果就使读者见文字之形而不能轻易地把捉其意义（也许竟至没有明确的意义）。据我所知，这种文风是近年来兴起的，有些人不只爱好，而且有理论，曰朦胧。依我国的传统，诗，尤其词，有些，其情意是难于把握的，但那是情意，不是语言。用刀而求其不能割，这想法总是有问题的。所以，就说是偏见吧，我还是爱读顾先生那样的，有一说一，有二说二，而且把面容和内心都献出来，让你看。

三个方面说完，结尾要照应开头，又想到山高水长。山高了，水也许不能长吧？真是逝者如斯夫！

【京按】父亲与张中行的交识缘于佛学月刊《世间解》，他们的交识促成了《揣龠录》的产生。这一段交往，张中行先生在《负暄琐话·顾羡季》一文有记述：“四十年代后期，我主编一种佛学月刊，筹备时期，觉得稿源相当困难，同学李君告诉我，说顾随先生喜欢谈禅，可以找他试试。……顾先生身材较高，秀而雅，虽然年已半百，却一点没有老练世故的样子。我说明来意，他客气接待。……关于写稿的事，他谦虚，却完全照请求的答应下来。这之后连续一年多，他写了十二章，成为谈禅的大著《揣籥录》。”关于父亲的文稿，张中行先生文中也有描述：“这其间，顾先生常常生病，可是他的稀有的诚笃使他不能放下笔，每期总是如期交稿。稿用红格纸，毛笔写，二王风格的小楷，连标点也一笔不苟。十二章，六七万字，一次笔误也没有发现。”

清河顾随先生临帖四种跋*

滕茂椿

天津古籍书店影印出版之顾随先生碑帖临本四种——《黄庭经》《善才寺文荡律师塔碑铭》《道因法师碑》《张黑女碑》，系先生40年代初抗日战争期间作品。

先生方盛年，已为知名学者，工外文，更长中国多种文学创作与研究。以家累困居沦陷区北平，甘于清贫，仅执教于私立燕京、辅仁、中国等大学，潜心教书育人，不遗余力。三校相距甚远，每周分别到校授课，辛劳可知。余于1938年秋始入燕京大学学经济，慕名先后选修先生诗、词课，亟钦先生道德文章。迨太平洋战争起，燕京大学为日寇封闭，先生授课时数减少，生计日绌，而出处自律，不渝初衷。余时卜居地安门外福祥寺，与先生居停相望，因得时时就教。相见则必畅谈今古，借以忘忧。先生有诗词新制或书法得意之作，辄获先睹。几日不访先生，先生亦偶到寒斋小坐。过从既密，知先生课余临帖自娱，乃其池课，绝少间断，用功亟勤。

* 《顾随临帖四种》，1992年6月天津市古籍书店影印出版。

先生尝谓余曰："吾早年临苏黄，难于精进，后从吴兴沈尹默先生游，服膺其用笔理论与实践，并悟'腕力遒时字始工'之奥诀，乃取晋唐诸大家行楷碑帖悉心揣摩，日日临读，于褚河南、小欧阳尤多致力焉。"先生嗣以精研佛教文学，每观赏唐人所写经卷，并留意章草，书法境界因之益高，渐成一己风格。先生曾戏成一绝句云："学晋未能复学唐，当年曾记写苏黄；而今始会苏黄笔，也有些儿出二王。"盖甘苦之纪实也。

先生向不以善书自许，亦不肯轻易为人作条幅、楹联。一如前述，先生志在教育人才，故治学至勤，书艺特其余事。然为文属草，乃至书翰札记，类皆认真书写，真草字形靡不规范有法度，结体亦力求淳美；池课则更一丝不苟，气贯神完。顾其作品每于出示二三学子后辄随手弃置或为友人门生携去。兹四临本中之三本，即先生由碾儿胡同移居南官坊口时，弃置废纸堆中而为余发现，携归寒斋者。五十年来，历经丧乱，尚留全璧，抑有"神灵"呵护耶！

先生于书法艺术实有深湛研究与会心处，对书体源流亦有独到见解与引论。所惜晚年体弱多病，又苦教学事冗，未遑多所发挥。先生尝谓临池首宜讲求用笔，点画务实，注意平直，则结构工稳，而又须灵活飞动，熟中有生，学古而有个性，庶不至失于邯郸学步也。先生《倦驼庵诗稿》有论书绝句："笔精墨妙说山阴，千古风流直到今。异代萧条时序改，今人难会古人心。"又云："此事何堪中世用，天然爱好是生成。自心没个悟入处，枉向如来行处行。"三复斯言，或有资师承者深造之参考也！更有进者，深究先生书法艺术，实不应游离于先生创作暨教学诸艺术之外。明乎此，恐将亦有助于试作顾学（"GUOLOGY"）[1]之探微。

---

[1] 详见黄宗江《顾学（GUOLOGY）琐忆》。

1990年9月2日，白头弟子为先生捐馆三十周年举办纪念会，余亦应先生女公子之惠、之京相邀参加公祭，得见先生临《同州圣教序》影印本之原件收藏者史树青及叙记者周汝昌两学长，谈次益感遗墨深为世重。亦复念：余年逾古稀矣，恩师手泽，藏珍于家，曷若公之乎世，庶于今人临池之步入正轨，定有裨益。适天津古籍书店编辑部热心于弘扬祖国文化艺术，除已将先生临《同州圣教序》影印出版外，并愿筹印此四种临本，以广流传。余也无似，忝列门墙，得附骥尾，幸何如之！故为叙其缘由如上。

今所记叙，初稿曾经穆崇栻学兄为修订并提出补充意见，又经顾之京师妹提宝贵意见，复得卢文卿同窗热情鼓励及建议，参照同门卓见，已做修改，附此致谢。

公元1991年7月受业滕茂椿谨识

《苏辛词说》小引*

周汝昌

先师羡季先生平生著述极富，而东坡、稼轩两《词说》具有很浓厚的独创特色与重要的代表意义。我是先生写作《词说》之前后尝预闻首尾并且首先得见稿本的二三门弟子中的一个，又曾承先生欣然首肯，许我为《词说》撰一序言。此愿久存怀抱，固然种种人事沧桑，未遑早就，但事关赏析之深微，义涉文章之精要，言说至难，落笔匪易，也是一个原因。今日回首前情，四十年往，先生墓门迢递，小生学殖荒芜，此刻敷楮搦管，不觉百端交集。其不能成文，盖已自知矣。

先生一身兼为诗人、词人、剧曲家、文家、书家、文艺鉴赏家、哲人、学者，——尤其出色当行、为他人所难与伦比的，又是一位传道授业、最善于讲堂说“法”的教授艺术大师。凡是听过先生的讲课的，很少不是惊叹倾倒，欢喜服膺，而且永难忘掉的。我常想，能集如许诸家众长于一身的，在那许多同时先后的名家巨擘中，也不易多觏；倘由先生这样的讲授大师撰写艺林赏析的文章著作，大约可以

* 原载《读书》1983 年第 12 期。《苏辛词说》系《东坡词说》与《稼轩词说》的合称。

说是世间最能予人以教益、启沃、享受、回味的宝贵“精神营养品”了，——因为先生在世时，方便使用的录音、录相之机都还不似如今这样人人可有，以致先生的笑貌音容、欬唾珠玉，随风散尽，未能留下一丝痕迹，所以仍须就先生的遗文残简而求其绝人之丰采，不朽之精神。循此义而言，《苏辛词说》就不妨看作先生的讲授艺术的自家撰为文字的一种“正而生变”的表现形式，弥足珍贵。

先生一生致力最多的是长短句的研究与创作，“苦水词人”是大家对先生的衷心敬慕的称号；但先生自言：“我实是一个‘杂家’。”旧的社会，使先生这样的人为了衣食生计而奔波不停，心力交瘁，他将自己的小书斋取名为“倦驼庵”，也许可以使我们从中体会出一些“境界”——那负重致远的千里明驼，加上了一个倦字为之形容，这是何等的“历史语言”啊！由于时代的原因，先生于无书不读之间，也颇曾留意佛学典籍与禅宗语录。凡是真正知道先生的，都不会承认他的思想中受有佛家的消极影响。正好相反，先生常举的，却是“透网金鳞”，是“丈夫自有冲天志，不向如来行处行”，其精神是奋斗不息、精进无止的。他阅读佛经禅录的结果，是从另一个方面丰富了他的文学体验，加深了他的艺术修养。他写《词说》，行文参用语录之体，自然与此不无关系。但采此文体，并非是为了“标新立异”或文人习气喜欢掉弄笔墨。今日读者对于这些事情，已然比较陌生得多了，便也需要稍稍解释一下了。

说采语录体而行文是否是为图一个“标新立异”，自然是从晚近的眼光标准来讲话的。语录语录，原本就是指唐代的“不通于文”的僧徒直录其师辈的口语而言，正是当时最普通的俗语白话的记录。到得宋代，理学家们也喜采此体，盛行于时，于是“语录”竟也变成了一种“文体”之名了。为什么语录盛行呢？说它在讲学传道上具有其优越性，大概是不算大错吧。那么羡季先生讲说宋词而参采语录之体，其非无故，便已晓然。还应当看到，先生的《词说》，也并非就是一味模仿唐沙门、宋诸子，而是取其所长，更加创造——也就是一种大大艺术化了的“语录文体”。这些事物，今天的读者恐怕会感到十分新奇，甚至觉得“阴阳怪气”，其妙莫名了。假如是这样，就会妨碍他很好地领会先生的苦心匠意，那将是一大损失和憾事。故此不惜辞费，先就此一义，略加申解。

然而，上述云云，又不可只当作一个“文体问题”来理会。这并非是一个单纯的形式体裁的事情。它的实质是一个如何表达思想感情、道理见解的艺术问题。盖禅宗——语录的艺术大师们的流派——是中原华夏之高僧大德将西土原始佛法大大加以民族化了的一门极其独特的学问，它对我们的文学艺术，发生了极其巨大深远的影响。不理解这一层关系，那中国文艺全史就是不好讲的了。写意画的兴起和发展，诗歌理论和创作中的神韵、境界的探索和捕捉，都和禅宗精神有千丝万缕的牵连。禅家论学，讲究破除一切形式的障碍阻阂，而“直指本源”。它的意思是必须最直截了当地把握事物的最本质的精神，而不要为任何陈言俗见（传统的、久惯的、习以为然的“定了型”的观念见解）所缚所蔽。因此禅宗最反对烧香念佛，繁文缛节，形式表面，而极端强调对任何权威都不可迷信，不惜呵佛骂祖，打倒偶像（将木佛劈了作柴烧！），反对缀脚跟，拾牙慧，具有空前的勇敢大胆、自具心眼、创造精进的新精神。不理解这个十分重要的一面，一听见说是禅宗属于“佛法”，便一股脑儿用一个什么标签了事，那也会对我们的百世千年的民族文化精神的真面全貌造成理解上的许多失误。读先生的《词说》，更要细心体味他行文说理的独特的词语和方式，以及采用禅家“话头”、“公案”的深刻而热切的存心用意，才不致像《水浒传》里的黑旋风李逵，听了罗真人的一席话言，全“不晓得他说些甚底”。那岂不有负先生的一片热情，满怀期望。

我国文艺传统上，对作家作品的平章赏析，本亦有我们自己的独特的方式，这又完全是中华民族的，而不应也不能是与西方的一模一样；加上禅家说法传道的尤为独特的方式，就成为了一种濬发灵源、溉沃智府的高超的艺术和学问。其最主要的精神是诱导启示，使学人能够自寻蹊径，独辟门庭，而最忌硬套死搬，灌食填鸭，人云亦云，照猫画虎。以是之故，先生的《词说》里是找不见什么时代、家世、生平、典故、训诂……这些“笺注性”的死知识的——这些都不难从工具书上查他一个梗概。先生所说的，全是以一位诗人的细心敏感，去做一位学者的知人论世，而在这样的相得益彰的基础上，极扼要地极精彩地抉示出了文学艺术的缘由体性，评骘了名家巨匠的得失高低，——而这一切，只为供与学人参考借镜，促其精思深会，而迥异乎“唯我最正确最高明”、“天下之美尽在于斯”的那种自居自炫和人莫予毒的心理态度。

先生的讲说之法，绝不陈米糟糠，油盐酱醋，流水开账，以为“美备”；也绝不同于较短量长，有意翻案，以耸动世人耳目为能事；他只是指头一月，颊上三毫，将那最要害、最吃紧的关节脉络，予以提撕，加之勾勒，使作者与讲者的精神意度，识解胸襟，都一一呈现于目前，跃然于纸上，—— 一切都是活的。他不像那些钝汉，专门将活龙打做死蛇来弄。须知，凡属文学艺术，当其成功出色，无不是虎卧龙跳、鸢飞鱼跃样的具有生命的东西，而不善讲授的，却把作死东西来看待，只讲一串作者何年生、何年卒、何处人氏、何等官职，以至释字义、注故实、分段落、标重点如此等等，总之是一大堆死的“知识”而已，究其实际，于学子的智府灵源，何所裨益？又何怪他们手倦抛书、当堂昏睡乎？——然而，正是习惯于那种引困的讲说之法的，总以为那才是天经地义，乍一见先生的《词说》，无论文体语调，还是方法方式，都会使他吃惊不小；“离经叛道”“野狐参禅”

“左道旁门”，以及其他疑辞贬语，也许就不免啧啧之言了。比如，有人看了《词说》，会诧异诘问：为何不见一句是讲思想性与艺术性？他却不能懂得：先生字字句句，都在讲那真正的思想性和艺术性，只不过这一切都是中华民族的文艺概念、美学观点，并且也是中华的表现法讲说法，而非照搬舶来之界说与词句罢了。当然，讲我们中华民族的文艺特色，除却人们常用的思想性与艺术性而外，是否就没有了别的可讲——或者一讲了别的就是“错误”的了？这正是一个问题。读《词说》而引起认真严肃地思考的学人，定会想上一想，并试行研寻解答这些课题。对这一点，我是深信而不疑的。

《词说》正文，篇篇珠玉，精义名言，络绎奔会，给读者以极大的启迪与享受。然而两篇《自序》，同样十分之重要，这都是先生数十年覃思渊索的结晶之作，最堪宝贵。就我个人的感觉，从行文的角度来说，《东坡词说》卷尾的《自序》笔致又与“说辛”卷端的《自序》不同。后者绵密有余，而不无缓曲之患；前者则雄深雅健，老笔益见纷披矣，盖得力于汉魏六朝高文名手者为多。我还想试为拈出的是先生写到《东坡词说》之时，思致更为深沉，心情益觉严重，哲思多于感触，笔墨倍形超脱，已经是逐步地摆脱了开始写“说辛”时的那一种心境和文境了。两部《词说》，本系姊妹为篇，同时相继，一气呵成，而其异同，有如是者。说辛精警，说苏深婉。精警则令人振奋而激动，深婉则令人叹喟而感怀。苏辛之不同科，于此亦可概见，而顾世之评者犹然“苏辛豪放”，众口一词，混然不别，先生言之之切，亦已晓然。破俗说，纠误解，原非《词说》之主体，而举此一端，亦足见先生借禅家之宗旨，提倡自具心眼，自行体会，于学文之人为何等重要了。

凡了解历史、尊重历史的，都会承认，王静安的《人间词话》是一部词学理论史上的重要著作，而且影响深远，又不限于词之一门，实是涉及我国广义的诗学理论与文艺评论鉴赏的一部具有世界声誉的著作。先生之于王氏《词话》，研索甚深，获益匪鲜，也是可以看出的事实。但先生的《词说》，其意义与价值，超过于静安之《词话》，我在四十年前初读《词说》时，即如此估量。估量是否得实，岂敢自定。以余所见，先生之《词说》，视静安之《词话》，其所包容触发，无论自高度、广度而言，抑或自深度、精度而论，皆超越远甚。先生之论词，自吾华汉文之形音义说起，而迄于高致之生焉。所谓高致，先生自谓可包神韵与境界而有之。窃尝与先生书札往还，商略斯事，以为神韵者何耶，盖人之精神不死者为神，人之意致无尽者为韵，故诗词文章，首须具有生命，而后济以修养——韵者即高度文化修养之表现于外者也，神者则其不可磨灭而蕴于内者也。至于境界者又何谓耶？盖凡时与空之交会，辄一境生焉，而人处其间，适逢其会，而有所感受，感而写之，是即所谓境界。先生尔时，深致赞许，以为能言人所未能言。及今视之，境界为客观之事，人之所感乃主观之事，境固有自性，不以人为转移，然文学艺术，并非单纯反映客观如镜面与相机也。必其人之所感，表于文字，而览者因其所感而又感焉，此或谓之共振共鸣，互为激越，互为补充也。循是以言，其有感之人，品格气质，学识胸襟，必有浅有深，有高有下，——由是而文艺作品之浅深高下分焉。徒言境界，则浅深高下皆境界也，有境界果即佳作乎？殊未可必。况静安自言：有写境，有造境。其所谓写境，略近乎今之曰“反映”云者。若夫造境，余常论温飞卿之《菩萨蛮》，率不同于实境之反映，而大抵词人以精美华贵之物象而自创之境也；境既可造，必其所造之境亦随造者心性之浅深高下而大有不同。是以太史公之论屈大夫也，椽笔大书：“其志洁，故其称物芳。”然则“楚骚”之境界，盖因屈子之高致而始有矣。志洁、物芳，二者之间，具有辩证法的关系，是以读者又每即词中之物芳，而定知词人之志洁。

此则先生所以标高致之意，可略识焉。盖高致者何？吾中华民族之高度才情、高度文化、高度修养之一种表现是也。先生举高致为对词人词作之第一而最后之要求，而不徒取境界一词，根由在此。昔者龚定庵戏拈“柳绿桃红三月天，太夫人移步出堂前”以为笑枋。夫此二句，岂果一毫境界亦无可言者乎，实又不可谓之绝无。然则其病安在？曰：苦无高致耳。无高致，纵然字句极工，乃不得为诗为词，于此可见矣。东坡尝笑“认桃无绿叶，辨杏有青枝”，而云：“诗老不知梅格在，谓言绿叶与青枝！”而“疏影横斜水清浅，暗香浮动月黄昏”之句，传为咏梅绝唱者，岂不亦即系乎高致之有无哉。是以先生于论词之极则，而标以高致。即此而察，先生所会，已突过王氏。此外胜义，岂易尽举。至若先生之《词说》，商略旧问题固然已多，而提揭新课目，更为不少。即《词说》以窥先生之文学思想，艺术精神，可以勒为专著，咀其英华，漱其芳润，滋荣艺圃，沾溉文林，必有取之逢源，用之无匮之乐矣。

但四十年来，国内学人，知先生《词说》者尚少，其意义与价值毕竟如何，当然有待于公论。唯是四十年前之历史环境，与今大异，先生此作，又未能广泛流布，其一时不获知者，原不足异；今者行将付梓[1]，固是深可庆幸之盛事。然而词坛宗匠，半已凋零，后起来哲，能否快读先生之《词说》而领其苦心，识其旨趣？又觉不无私虑。实感如此，无须讳饰；但念江河万古之流，文章千秋之业，如先生之所说，与吾中华民族文化精神无有一合，虽我一人爱奉之，维护之，又有何济；如先生之所说，实与吾中华民族文化精神甚合甚切，则民族文化精神长存，即先生之《词说》亦必随之而不可没，而我又何虑乎？

---

[1] “词说”1948 年连载于《天津民国日报》，此言“付梓”指将收入上海古籍出版社之《顾随文集》。

回忆先师撰作《词说》之时，吾辈皆居平津沦陷区，亡国之痛，切肤割心，先生之词句有云：“南浦送君才几日？东家窥玉已三年。嫌他新月似眉弯！”先生之诗句又曰：“秋风瑟瑟拂高枝，白袷单寒又一时。炒栗香中夕阳里，不知谁是李和儿？”（李和儿宋汴京炒栗驰名，金陷汴都，李流落燕山［今北京也］，尝流涕语宋之使金者：我东京李和儿是也。）爱国之丹心，隐耀于宫徵之间，此情谁复知者？尔时吾辈书生，救亡无力，方自深惭，顾犹以研文论艺相为煦沫，盖以为中华民族文化精神不死，则吾中华民族岂得亡乎？嗟嗟，此意之于《词说》，又谁复知者！

吾为先师《词说》作序，岂曰能之，践四十年前之旧约也。文已冗长，而于先生之精诣，曾无毫发之发挥，而可为学人之津渡者。抚膺自问，有负先生之所望，为愧何如！然迫于俗事，吾所欲言正多，而又不得不暂止于此。他日或有第二序，以报先生，兼以印证今昔识解进退，可也。

癸亥端午佳节　受业周汝昌谨述于北京东城

【京按】《〈苏辛词说〉小引》是汝昌先生记述忆念老师的第一篇文字。1983 年 6 月 18 日挂号寄我时，信中谦言：“开会期间，不顾疲乏，勉将词说序赶出，……拖延甚久，文亦未佳，抱愧如何！”至次日晚又想到“稿中实有缺漏”，于是立即补写两页，再次挂号寄我。在原稿不在手边的情况下，信中言明要我将之“楔入”某段某句之后，并附纸要我再替他改动文中一处用词之不妥及两处引文之误书，足见汝昌先生尊师敬业之诚笃，亦见汝昌先生思维之精准明细。

顾随先生临同州《圣教序》跋*

史树青

唐太宗为玄奘大师所撰《三藏圣教序》除怀仁集王书刻石以外，尚有两种刻石，雁塔本与同州本是也，两本皆以为褚遂良书。上述三本刻石在中国书法史上均为经典之作，占有重要地位。

羡季先生书法初学欧阳询，继学褚遂良，先生在本册中跋谓："以岁月考之，'同州'本实非河南笔，其结体虽大致与'雁塔'本相同，间亦小异；其用笔亦时时类小欧阳，不尽是褚法也。"但过去有人认为同州本刻于褚遂良卒后五年，乃据雁塔本手迹重刻，刻工甚精，而两刻各有独到之处，以同州本为较优，故孙承泽《庚子销夏记》列同州本于雁塔本之前，并谓"两本字迹不同者，摹手有异耳"。或谓褚遂良曾书《圣教序》正副两本，刻于雁塔者为第一本，刻于同州者为第二本。盖第二本原未刻石，褚逝后，人们不忍弃而不用，故刻石于同州。

---

* 《顾随先生临同州圣教序》，1990 年 3 月天津市古籍书店影印出版。书前有史树青序，至 2003 年又为此跋，刊于《中国书画》2003 年第 4 期。

先生书学，临帖读碑，功力甚深，几十年中，未尝间断。其笔力腕力，轻重得宜，挥洒自如，深得古人书法三昧。

此册为先生所临同州本圣教序，余昔年得之琉璃厂集粹山房，先生跋称为1938年所书，知先生曾以欧、褚书学，列为日课，非世传尽学沈尹默先生也。1943年，以寒斋所藏尹默先生早年书联求先生跋语，先生为题七绝一首："腕力劲遒无不宜，出唐入晋竟谁知。腾空挂角无踪迹，此是灵蛾破茧时。"从诗中可以看出先生视尹默书法是从晋、唐人出。"出唐入晋"、"灵蛾破茧"全是先生平日学书、作书之体会。此诗虽是题尹默先生书，不啻为先生论书、创作之自白。因知学书从唐人入手，上追下连，实为精辟之论。

1946年，余游沈阳，得唐人写经残纸数种，寄赠先生，恰经文中有一"随"字，先生以遒美书法，欢快复函称："'随'字，小女辈皆谓与苦水平时署名笔意相似，亦可谓小小巧合也。"又先生函中欲求得日本毛笔，盖日本笔多狼毫所制，尖硬挺拔，善于书写。凡此种种，皆可见先生书学功力之深，堪称后学之楷模。

【京按】父亲有两种作品由弟子史树青筹划印行，一在生前——词集《濡露词》，一在身后——影印《顾随先生临同州圣教序》。1990年纪念父亲逝世三十周年，纪念会上，史树青学长作为主席在开会中第一次提出顾随先生还是一位"教育家"，"为国家培养了一批在文史研究方面的专门人才"，"受到学生们的崇敬和爱戴"。

我与恩师顾随先生的“缘”*

杨敏如

八十年前，我十二三岁的时候，念初中，在天津一个教会学校，叫中西女中，我在中西女中念了十二年，从初小一年级一直念到高三。初二的时候念一种课叫几何，老师是一个男青年，在我们那个学校不是外国人教书就是女老师多，男老师很少。这个男青年老师他教我几何，我不懂什么叫几何，考试的时候，先画图，然后写“已知”、“求证”，这就该“证”了，这角等于那角，那角等于那角，所以这个角就等于那角，这就是最动脑子的地方，是我最不会的地方。但是我这个老师说过，考试我只要写得整齐，图画得好，已知、求证都有了，就有及格分。所以已知也写了，求证也好了，图也画好了，我就打住了，就看老师干吗。这个老师棒极了，看样子就是二十多岁，他在黑板上写上题目以后，就拿着粉笔在黑板那儿画画儿，画兰花、画

* 本文系据作者在顾随诗词学术研讨会（2009 年 11 月 7 日·北京）上的发言录音整理，收入《顾随研究》（叶嘉莹、张清华编，南开大学出版社 2011 年 3 月出版）时题为《回忆恩师顾随》，此题为编者所加。

树，都好极了，我就仔细看，他还写了这么几句，叫“少岁吟诗，中岁填词。把牢骚、徒作谈资。镇常自语，待得何时。可唤愁来，鞭愁死，葬愁尸”，我说这叫什么呢，那时我没见过词，背过《唐诗三百首》，也背过《诗经》，家里有教我哥哥的老师，我跟着念过，但是我没有见过长短句，我也不好好做几何，反正也不会。我就仔细看了几何老师写的这几句，就会了，到现在不忘，脑子里就是这几句，我喜欢“可唤愁来，鞭愁死，葬愁尸”，我当时不懂愁，我觉得愁都是具体的，把它“唤”来，而且“鞭”死，而且很顺溜。长短句，我觉得这一定是这个老师做的，这个老师太棒了，我就在欢喜赞叹中交卷了，底下就没有写，刚及格。

一直到十几年后，我中学毕业，考燕京大学，我想考什么系呢，就考一个国文系。文学院的院长说你家里有私塾吗？我说没有。他说你是中西毕业的，你知道在大学里头念国文系，可不是白话文，我心里想那有什么关系，文言文难道我没看过很多吗？因为我家里没有爸爸，我爸爸在我三岁的时候就死了，我什么书都看过，我和我哥哥我们都自学。我们家是书香门第，就是我们自己造了一个书香门第，没有书柜，我们自己买书看，我看的书也挺多。我说文言文有什么稀奇，我知道大学没有白话，这个人怎么这么说话呢。后来这个人很早就走了，因为证明他的文凭是假的，就走了。我进了国文系，进了国文系第一年，国文系的主任郭绍虞教我大学国文，外语系的主任教我大一英文，我英文得了九分，九分就相当高了，国文先生只给我七分，因为那个老师郭绍虞先生的苏州话我听不懂。

我们在学校里一年级念完到二年级，可以转系，我就跟系主任说，我要转系，他说为什么？我说因为我英文得九分，我国文才得七分，我还是英文比国文强，我干脆念外语系吧。他说那你进来的时候为什么不念外语系？我说我进来的时候我觉得我一个中国人怎么会外语还比中文好，应该中文比英文好才对，我为了这个就念了国文系。他说这个思想没有了吗？我说还有，他说还有就不许你转，你那个思想是对的，你就应该念国文。郭先生很会说话，对我好极了。而且他说我告诉你，中文系很少像你这样英文好的，我们要一个，你不许走，我们学校可以主修什么，副修什么，只要你把这两系的主要课修完了，你将来毕业出去，也可以教中文，也可以教英文。就这样我就学下来。

到了二年级，不得了了，顾先生的词课，我们燕京大学选课的时候自己写，都往中文系跑，因为中文系有个单子在那儿摆着，凡听顾随先生课的限四十人，那屋子里四十人就不少了，结果大家就抢，骑车的、跑路的往这儿来，赶快签名，慢了就签不上。当然我是中文系，我老早就写上了，顾先生的教课在北京很有名的。当时在清华大学是俞平伯先生讲诗词，北大是孙人和先生，每位的弟子都说我的老师好，当然我也不例外。顾先生的课讲得多么好，我也就不说了，大家都知道，我就跟着迷了一样。顾先生讲课有时候就像王国维说的一样，就进了“无我之境”，怎么是“无我之境”的？就是顾先生讲着讲着，就迷醉在作品里了，学生一听，也都迷醉在作品里头，我们大家都迷在作品里头，这是“无我之境”——没有先生学生了，就是我们大家伙儿一样，都融为一体了。可也是“有我之境”，因为就看见顾先生本人的形象在你面前。我说这个话是我自己深深的体会。

听顾先生的课，四十个人满了不说，那些外系的学生都到别处找一个椅子来，把边上都坐满了，这是聪明的；再慢一点的人，就没有地方搁椅子了，就搁在过道上，那门永远是开着的，不能关。顾先生一个礼拜讲一次课，就这么迷人，大家也不知道为什么，不知道其所以然，大家就是迷上这个课了，就是喜欢得不得了。我当然也是很迷的，于是我就跑到系里头，图书馆里头去找他的词集，找到一本叫

《无病词》，结果就翻，一下子就看见我会背的那半首是他做的，我这缘可大了，而且我找到了，我不知道多高兴。我一算顾先生那时候才刚三十岁，很年轻的时候，大概在天津教中学，或者是怎么样，写的“三十初度”，他“三十初度”，是1926年。总而言之，我才十几岁看到那首词就是顾先生的词。第一次读《无病词》，我觉得有很多特色，觉得没有那么多典故，不像古代人的词，就像现代人的词。都是写自己的愁苦、悲哀，而这个悲哀很多都是写到国家，顾先生一定是一个非常爱国的人。我找到了我所熟悉的那首词，是《行香子》，写得很好，写到自己怎么累，说自己胡须有点白了、头发也有点白了，我不大会背了，意思就是有谁知道上起课来是怎么样的历尽深思，累极了，当老师很辛苦，就这么点印象，别的也没有。我就觉得这个词是给我们当代人作的，跟古人的词不一样，说自己心里的话很真实，很有感情，是教书的老师。所以我就初步认识了顾先生，我就非常崇拜他。别的人崇拜，我也崇拜。我后来看到叶嘉莹先生还有一些讲义、笔记，我才惭愧了，上课我连表都不敢看，我怕看表一会儿就过完了，我就两个眼睛瞪着他，他也累，我也累，但不觉得累，就觉得是最高的享受，一种精神上的享受。一个人把自己的内心都交给你，你想想我们小孩二十来岁，为赋新词强说愁，也不懂什么叫愁，他把这些东西都教给你，是平等的，不是“教不严师之惰”那种很庄严的，没有那个劲。他就像跟你聊天一样，就说这首词，让你也爱这个词，也爱这个人。这个人的心血都教给了你。

而且特别使我感动的是我还没有念完，平津就沦陷了。我在天津待了半年没去，过了半年，学校说我们开学了，你们来吧。我回去了，还是原来的学校，还是未名湖，还是那么好看，可是都苍老了，老师也老了，才半年不见，老师就老了。顾先生一直身体不好，到了冬天的时候，他到我们这儿来上课，他得过西直门，拿出“良民证”

要搜身，经过这些屈辱，才到我们那儿去，这样的一个老先生，从中间的休息室楼梯下来，大风天进到课堂里，课堂里鸦雀无声，脱下皮袍子，他带着一个椅垫子，因为他坐骨神经疼，然后把书拿出来，用那样哑的声音跟我们谈话，说的话都是双关。我们那时候在燕京的生活，好多外人不知道，说是桃红柳绿，醉生梦死，这些人还讲词呢。我们讲的是词吗？我们老师讲的是词吗？我们老师讲的是他的心，讲得真难过。我们都说双关语。听顾先生课的人更多了，学生们更严肃，学生们更爱听了。我们作的词，老师把我们的卷子都改了、批了，搁在讲桌上。我就坐在第一排，因为他老夸我，在我们交的词里面他也说我好，问我作没作过词，我说没作过，我读过唐诗，我会背唐诗，可是我没敢作过，我一首都没有作过；我家里有一个哥哥是比较天才的，那个老师就顾他了，他们两个人一唱一和，没我的事，认为女孩子背几首唐诗可以了，我也没要求作，我也不懂。那时候我有一个男朋友了，他送我一个"纳兰词"，我就会读纳兰词，老师不知道，老师给我的批语说，你作的词有纳兰的味，我那个美呀，我说他怎么知道我有"纳兰词"？我美得不得了。

我也学老师，作什么词最后总有一个光明的尾巴，总有乐观的地方。因为我看老师的词多么愁苦，总是有一个希望在前，我就学这个。我也没有什么典故，我看老师都没有典故，我就如释重负，因为没有学问，也没有典故，就是写我自己。我那时候也有一点点恋爱，当然老师不知道。我不敢跟老师说话，我一说就不好意思，我跟老师没话，我从来不会跟他说点私事的话，没有。这件事我没告诉他，我十二岁就看见他的词，我也不敢说，不敢随便说。但是我崇拜他崇拜得要命，就是希望到礼拜四，一到礼拜四，就有顾先生的课，同学都逗我，说今天对杨敏如说什么她都是快乐的，因为她要听顾先生课了，老师就那么让人着迷。

但是后来我就不一样了，燕京是教会学校，真理就是信基督教，我们神学院的院长也会中文，他给我们讲杜甫与宗教，杜甫我是跟神学院老师学的，我这个词儿用得不好，就叫“玻璃神”，这个人也跟我说话。后来我就离开了基督教，我不再信基督教了，我要上内地去了，我就琢磨着上内地，可是没有机会去，我不能自己去，我的家庭环境只能我跟我母亲一块去，在那种苦难的环境下不能，得找机会。后来毕业了，郭绍虞先生就像一个老爸爸一样，他知道我不会做汉奸的事，他说你考研究生，我说我没有学问怎么考研究生？他说我叫你考你就考得上，我连这个也不懂。我也没敢回家，就在念书，后来还真考上了。后来有一个人在燕京的报纸上看到我作的词了，就说你们谁把这个杨敏如叫来。我一见他，他叫张尔田，是很有名的人物，他说他不教书，他住在他弟弟家，他弟弟叫张东荪，也是我们的哲学教授。我见到他以后，他第一先夸我的门第，这也是我不爱听的。第二，就说不要跟顾先生学词了，越学越坏，你跟我学周邦彦，你把他的词好好读会了，读会了我们俩来讨论，你走吧。他俨然就是我的导师了。

后来顾先生跟我说，你愿意跟他学也行，不愿意跟他学也行，你有你的自由。不过我告诉你，你还是顾派，你愿意跟张先生学，我不反对，你还是顾派，但是你去淘换淘换他的那点本事也不坏，人总要“博”，你不能说他的那一派你一点都不听。顾先生就这么教我，可是我都不言语。等我寒假有机会了，我就要上内地了，先向郭绍虞辞行，我说我走了，他赞成我走。我就把这个学校都逛了一遍，我去过的地方，我作词的地方，我玩的地方，都看了一遍，然后就到顾先生家去。大着胆，没去过顾先生家，弓弦胡同里边，问好了就去。连我作论文时都没敢跟顾先生说话，他对我的论文不置可否，给我一个坏分“B”，我都没敢问为什么，结果我自己后来悟到了，我说的就是顾先生说的，他怎么给你好分？你没有自己的见解，你还叫人给你好分啊，从此以后，我不敢提我的论文，我更不敢看他。这次我下决心去了。去了之后，他还没想到。他在屋子里写字，我第一次到顾先生家，好像也看到一些师妹，都不认识，也没见到师母。后来我跟他讲我怎么想的，为什么不做基督徒了，为什么走，甚至我有男朋友，到延安了，都告诉他了。我自己也不知道为什么愿意告诉这个人，我觉得我跟顾先生不陌生，我知道他，他也知道我，我看过他的作品；他看过我写的词，而且都说过、都评过。我看他写的字，最后的两句是“一双金屈戌，十二玉阑干”，都流泪了，是写他的感慨。我说顾先生这首词给我吧，我说你还能送我一本书吗？他说我的书都没有了，我这有一本皮上写的是给我女儿的，你拿去吧，做纪念吧。他快乐极了，就一直说，你去的好，你走的好，能走的都走，走吧，走吧。最后离开顾先生家的时候，还给我一个感觉，就是我们抗战胜利后就再见。我说顾先生请留步吧，他一直送我到外头，是在课堂上没有的那种兴奋；我也满怀着顾先生的一句词——“佳期纵后是佳期”（抗战胜利是佳期，一定会来到的），与先生分别了。这一分别就十几年。

这十几年，我在内地的南开中学从教英文到教国文，教国文我脑子里想的都是顾先生，我也没有总结什么，我就照着顾先生的意思讲，我觉得我做不到像顾先生那样，完全燃烧自己，但是我也全心全意教。没有人告诉我怎么教，注释是头一步的事，暑假就把它都弄好，别说白字，注释都写得很清楚。但是你不能够依注讲解，连《牡丹亭》的杜小姐都不肯依注讲解，讲那个有什么意思，要讲自己的体会。我很努力地备课，多多少少学到点顾先生的皮毛，已经被学生欢迎得不得了。学生到现在我们还来往，我九十多岁，他们都八十岁上下了，也有已经走了的，他们老爱说，“一日为师终身为母”。我说别说这话，多难听，怎么“终身为母”啊，我能跟你母亲比啊，我说我们别说这个，古代的话有的对，有的就不对，“天下无不是的父母”，那话对吗？“各人自扫门前雪，休管他人瓦上霜”，这个也不对，不对的别学，对的才学，别老叫我“恩师”、“恩师”的。

我现在有一拨朋友都是八十多岁的人，就是当年南开中学的学生，他们都做了专家了，做了院士了，他们的孩子说，你还会背《九歌》呀？你怎么会背《九歌》？你哪儿学来的？他们回答我们学校有个杨老师教我背的，我都会。南开中学对国文也是很重视的，学理科的也有我的学生。多多少少学了点教书的本领，这也是跟顾先生学的。

我回到北方以后第一件事就是要看望在沦陷区受过磨难，后来又大病一场的顾先生。我在天津教书，没有机会来，一直到了20世纪50年代，我才看到顾先生。第一次跟同学来，来了忽然说顾先生不在家，看到好几个师妹，我也不认识，她们说顾先生回到北大玩去了，我们就知道顾先生是身体好了，好了才能到北大玩去，虽然没见，也放心了，再有机会再来吧，我又回天津了。

后来我在天津师院，就是顾之京现在做教授的这个地方，我是老师，我的系主任是王振华，她派我代表天津师院去北京请顾先生到天津来。王振华在中学时代受了顾先生课的影响，听鲁迅的东西，她一辈子跟她先生李何林都是研究鲁迅的。而且李何林在1949年帮了顾先生一个大忙，那时顾先生在辅仁大学，他病了，不能上课，李何林跟教育部说，你们知道不知道这个人有病了？怎么还要扣人家的钱？这种教会学校留下来的坏毛病，怎么能坚持呢？对顾先生怎么能减他的工资呢？他有家累，还有病，怎么能这样对他？这样教育部才恍然大悟，给顾先生把钱补上。顾先生跟王振华和李何林是好朋友。这次到北京，见到顾先生，他给我看了信，说他的同学、好朋友冯至给他找了一份工作，到社会科学院研究古典文学去；还说他已经和冯至一起讲了一次杜甫了，又把讲稿给我看。我看了心里打鼓，说王振华叫我来请顾先生的，到天津来，这么好的有学问的老师到天津来了，房子有房子，工资有工资，你来吧。现在我来了，知道顾先生要到社会科学院去了。可顾先生他说不，你等着，我告诉你，我不能没有学生，我不去做研究工作，天天看不见学生，我得看年轻人，不能没有学生。我当时很感动，我就脱口而出，我说先生，我才教了几年书，就认为教书是最好最好的职业了，我也不能没有学生。不是说教书给自己多高的工资，我们在抗战期间，教书的钱最少最少，银行的钱多极了，可是我愿意苦一点，愿意教书，因为跟学生一块长进。因为有年轻人，你从来不觉得自己老。而且总觉得你的学问不够，你拿什么教人家，就得用心。于是你也用心，他也用心，两方面相学相长，我说这种生活可好了。我说老师你不能离开学生，我也不能离开学生。他说你容我几天，我要开家庭会议，因为我没有家里人帮助我，我一个人不能生活，所以你等着我。我过了几天又去了，他高兴极了，他真就答应了，我居然完成了我的任务，回去了，兴高采烈地。顾先生到天津后，我把先生迎到我们家，他第一次看见我的老头，还开玩笑，当然他不记得他的名字，就说“student in law”——这完全比照“mather in law”（婆母）而来的。

我经过这些年的教学，我也得到先生教给我的怎么样当一个教师，怎么样把自己全部的心血、品格、学识、修养都献给学生这些经验。当年我看见顾先生我常常就难过，因为他就在燃烧着自己，为了学生们，他什么都肯干，他平易近人，学生在讲课当中就认识了他。越是在他困难时期，沦陷期间，他老自己检查自己，我是一个什么人，我是一个弱者。我们看顾先生你是一个爱国者，怎么是弱者呢？他老是学鲁迅这点，还学鲁迅的“俯首甘为孺子牛”。那要是改个卷子、改个本子，你有什么问题问他，他都是俯首甘为孺子牛，这点学鲁迅太像了。他讲周氏兄弟，后来不讲周氏兄弟，专讲鲁迅。

顾先生教了我，不能说顾先生没教，我学到先生怎么样做教师，怎么叫做教师。现在的教书常常是什么样子呢？就是把书本上的东西拿来教给学生，那行吗？连孔子都看不上，孔子说“温故而知新，可以为师矣”，你把旧的东西变成自己的东西，有自己的见解，你教学生学到在哪个书上都找不到的东西，要不然他就看书去了，用不着你了，这样子才叫“为人师”。所以我觉得我从顾先生那里学到如何做一个老师，如何把自己的全部心血、品格、学识、修养都献给学生。这就是我的志向，我一辈子的志向。现在我九十多岁了，比哪个人都有福气。我们赶上“文革”以后的这些年，我在师大，一个锺敬文，一个启功，一个我，活得最长。启功说，我们“省电”，别没事就聊天，快点写东西，多多看，多多教学生。启功都变了，本来是个很随和的人，后来是很严肃的。说咱们“省电”了，别说话了，别玩了，别喝酒了，咱们自己都有病，赶快做事吧。后来启功叫自己是“暴发户”，我就不能做“暴发户”了，人家出十本、二十本书，我才出了两本书，还费尽心力，千辛万苦，就不要提了，那是自己没出息。但是你碰到学生就得好好教，一直到现在。我九十一岁入党，所以有组织了。有了组织以后，领导上说你不要教书了，我就不教书了，要不然还教书，我也没办法。现在有时候领导的命令我也受不了，我最怕领导跟我说，你把你的老头照顾好，这就是你的任务。我干嘛呀，我当然要把他照顾好，可是我难道就是照顾老头的吗？我不也是一个人吗？人说你这种女权主义思想也要不得，我说什么女权思想，我做一个人，我要学顾先生，我要教书，就现在又偷偷教了十来个学生。为什么不许我教人，你没有别人，你活力在哪里？生命力在哪里？没有人跟你抬杠，没有人问问题，你没劲，坐在家里，越坐越糊涂。

我前边说的是顾先生教我如何做教师，如何自己把自己的全部都教给学生。

我就要说我的第二个收获了，第二个收获就是“文革”以后来了一个叶嘉莹，我跟叶嘉莹差八岁，我们都是夏天的生日。今年夏天非常热的时候，叶嘉莹在外国给我打电话，祝贺我的生日，我感动极了，为什么我这么感动呢？我们经过“文革”以后，我们缺了师生情这个好宝贝，没有师生情，人都冷淡了。叶嘉莹来了，她就热心，叶嘉莹三十年前回来以后找我干嘛呀，我什么都不是，也不认识她，差八岁之多，干吗来找我？因为我是顾先生的学生，她要把顾先生的东西都搜集起来。我跟她说什么呢？我已经心灰意冷了，我不知道怎么办。她就是一心地找我，找这个，找那个，而且我从她那儿才看见那个小本子上贴的顾先生当年在报纸上讲的辛弃疾的剪报。她自己都不知道，我那时才开始学辛弃疾，我没有跟顾先生学到辛弃疾，在燕京还没有讲到那儿，就下课了，就放假了，南宋也没讲多少。所以辛弃疾我自己没讲过，也没学过，叶嘉莹来了，我才自己学的辛弃疾。

而且我做了一个大胆的决定，我得叫我的学生都看看叶嘉莹，有比我好的，你以为就是我这样的，你看看叶嘉莹什么样，你看不见我的老师顾先生，你就看看叶嘉莹先生。所以我就不顾一切地把叶嘉莹请到我们学校（北师大）了，她在北大都讲过了，别处都讲过了。我把叶嘉莹请去了，她说我一个子儿都不要，我就要一样，我也来学，我上你们的课，你们上我的课，我就这么一个愿望。我就又去求领导，我说她不要钱，就听听我们的课就行，学校同意了。叶先生来了，好多外头的人、城里的人，抱着录音机交费来听她的课。我是天天听，我们学校，好多人就不来听，就这么闭塞。

“文革”以后我分到国文系，那时候我算好的老师了，我就从头讲，从先秦讲起，找年轻的老师问教，怎么教。讲完了，又讲到唐诗，我又问教，又讲完了，一直到宋词，系主任开口了，说不要往下了，你就永远教宋词吧，我就讲宋词。这时学生给我贴大字报，这回是表扬的大字报，我不知道应该怎么办，我说谢谢啦，我就卷起来，搁在系里的办公室，我说你们觉得该给谁给谁。后来办公室的人（他也作词，也听我的课）给我起了个外号，叫作“不是党员胜似党员”，于是我老头就说，你根本就应该把大字报卷巴卷巴拿回家，谁也甭给看，搁家就完了。我倒不是显摆——我又跑这儿“显摆”来了——我的意思是学生认可我了，他们多么饥渴呀。

我在刚七十岁的时候，上边决定六十五岁的教授退休。七十五岁我刚当教授，非常危险地最后当了教授。退休了，我就在外头，什么人都教，多老的、多小的我都教，教了十年书，为了给我妈妈搞医药费，我们不能拿自己的医药费给她，她没有医药费，她是家庭妇女，这件事我是女权主义，我也不能用我老头的钱，用我自己的钱，我在外头教书，就这么教了十年，又回来，又归队了。

且说叶嘉莹是我的第二个了不起的模范，我看叶嘉莹怎么搜集到老师这么多材料，给老师出“文集”，太难太难了，我也是一无所有了，全烧了，全没有了。连顾先生给我的任何好东西，我也是一个都没有了，别人也都差不多了。叶嘉莹找到的很多东西也不知道是在哪个书库里，也不知道是某人的，是人凡是跟顾先生有过关系，都找了，当然也有顾之京、张恩芑帮忙，但她一个人真是够受。要不是冲着叶嘉莹，哪有顾先生这么多的作品出来？没有。最要紧的是叶嘉莹来了，为什么叶嘉莹来的时候对了？就因为我们的社会好了。现在这么好的一个国家，就是文化还差点。像现在“雄关漫道”就是一个电影的名字，以为雄关就是漫道，漫道就是大道；“恰同学少年”就是一个电视剧的名字，人家是“‘恰’：‘同学少年，风华正茂，书生意气，挥斥方遒’”，你就起一个名字就叫“恰同学少年”。我还看了一个材料，说学生现在有“三怕”，第一怕“文言”，我们的文言多好啊，哪国有我们这么好的文言文，他怕。第二，怕作文，你说一个人不会作文，光会打字，就完了？不会作文了怎么办？第三，怕鲁迅，鲁迅奇怪，那个时代说的话都不懂，而且老师就嫌讲鲁迅麻烦，算了，把鲁迅的课都去了，都换成别的什么文人，就唯独我们的鲁迅没有了，把鲁迅都去了。在这样一个时代，同志们，我们需要顾先生的门人出来，学一点顾先生的为人师表，把自己的品德、自己的学问、自己的欣赏、自己的灵魂、自己的一切都燃烧给学生，然后我们这么传下去。今天几位先生说的这些话，说到我心眼里去了，我们作为一个开拓。很多我上一代的那些先生，他们都有一颗很好的心，你知道有一个叫叶圣陶的吗？人家教小学的时候，就跟小学的一起做作文，教中学的时候，就跟中学的一块，教大学的时候就跟大学的在一块，做编辑时对什么作者都亲极了。一个当老师的不懂得跟自己的学生学本事，连这个都不懂。学生将来也会成为你的师，后生可畏，“师不必贤于弟子，弟子不必不如师”，那么老的老先生都知道，你怎么不知道？“传道”，你是教书、教人的，你教大家怎么做人。我们饥渴，年轻人饥渴，我希望学者、教授，教书也好，不教书也好，都想到这些学生，想到这些年轻的学生，他们什么都不知道，还满处乱找，找什么外国故事，中国故事太多了，好故事多极了。学生连文都不会作，人家外国人写的字还比中国人好，那怎么讲？

叶嘉莹带头从外国来，教书教到八十多岁，我们俩差八岁，不知道怎么那么谈得来，我比她福气大，世俗上、尘世上的一切快乐我都有，她都没有，她受的苦不只她刚才讲的一句，她教书受的罪，跟外国人讲中文，然后再跟不会英文的中国人，拿外国的理论来讲中国的诗，你说她难不难？累得都没法子了，把她的女儿都急死了。说妈妈就像疯子一样，到处讲。她跟顾先生当时一样，你养养病不好吗？

在文学研究所也轻松了，就半休养不好吗？作作诗不开心吗？不，他非要燃烧自己，燃烧完了才完。他后来日子好过吗？六十几岁去世了，我听说了，我哭了一场，也好，不然在底下的“文革”受得了吗，就得了，他少受点罪嘛，现在他若死而有知，他得高兴死了。现在北京这些朋友，记得我们的“顾学”，我们的“顾学”就起来了，一代一代人，看着你们亲热极了，都是我们亲爱的师弟们、师妹们，咱们就把他教书、教人的本事学到一点皮毛也好啊！

纪念我的启蒙师顾随先生*

——宣传鲁迅的先行者

王振华

顾随先生于1960年9月6日在天津逝世，到现在已经三十年了。听说于9月2日为先生召开了一次纪念会，到会的除河大校系领导外，大都是顾随先生在燕京大学、北京大学、辅仁大学、中国大学诸校的学生。而在先生青年时代曾教过一批学生，他用鲁迅思想引导她们走上革命之路，这在顾先生历史上是非常光辉的一页（现在知道的人已很少了）！我是当时顾随先生的学生，深受其恩，我有责任把这一段史实写出来。

1926年我十三岁，考入了天津河北（直隶）女师。当时北伐尚未成功，天津是在直系军阀褚玉璞的统治之下。那时学校没有统一课本，褚玉璞下令要学生读“四书五经”。但是初中三年，顾随先生却教了我们三年鲁迅作品，以及鲁迅所倡导的北欧东欧（当时还是“弱小民族”，与我国当时国情相似）及日本的文学作品（顾先生在后

---

* 本文系为纪念顾随三十周年忌辰而作，收入《顾随先生百年诞辰纪念文集》（张恩芑编，河北大学出版社1999年6月出版），今据手稿核校，略有删节。

师——相当高中——则教词等）。先生给我们讲过鲁迅小说《狂人日记》《阿Q正传》《孔乙己》《药》《一件小事》《故乡》《兔和猫》《鸭的喜剧》《离婚》等；散文讲过《阿长与〈山海经〉》《二十四孝图》《从百草园到三味书屋》《父亲的病》《藤野先生》《聪明人和傻子和奴才》《立论》等；杂文讲过随感录：五十六“来了”、五十七“现在的屠杀者”、六十三“与幼者”、《我们现在怎样做父亲》、《我之节烈观》、《娜拉走后怎样》、《未有天才之前》、《论雷峰塔的倒掉》、《论睁了眼看》、《寡妇主义》等篇，还有其他篇章，不及备述。

顾先生讲课，用他那充满感情的抑扬顿挫的声调朗读，这就把学生的注意力完全集中到课文中去，全室鸦雀无声。记得先生讲《伤逝》，读到“那是阿随，它回来了”，满室发出了呜咽。写到这里，虽已过去六十多年，当时先生的音调，同学的呜咽，还都如在目前，使我禁不住滴下泪来！

因讲《娜拉走后怎样》，顾先生介绍给我们读挪威作家易卜生的《娜拉》，内容大约是娜拉原有一个丈夫爱她、有儿有女、温饱“幸福”的家庭，但有一次她丈夫大病住院，没有钱交费，娜拉只好背着父亲在支票上代签了她父亲的名字，取了钱救了她丈夫。但后来娜拉偷签支票的事被她丈夫知道了，就翻了脸。因为在挪威代人签字被视为最不道德违反法律的行为！于是娜拉觉悟了，懂得了丈夫不过拿她当个傀儡，并不是个真爱她的人，终于弃家出走了。鲁迅先生指出，娜拉走后怎样？有两条路：不是回来，就是堕落为妓！因为当时社会上是没有妇女的立足之地的！

在《伤逝》里，涓生和子君相爱，子君勇敢地冲出了封建家庭，与涓生结合，建立了相爱的小家庭，而此后子君是在家做家务，养小鸡小狗，二人靠涓生当小职员那点微薄的工资过日子；但这种自由恋爱结合的小家庭，是不能容于当时中国的封建社会的，周围的人对他们的吱吱喳喳，终于敲掉了涓生那个可怜的小饭碗；生活没有了来源，杀吃了小鸡，抛弃了小狗阿随，最后子君也终于只能回到她那封建家庭中去，不久就死了。

在我们这些还未入世的十几岁的少女面前，顾随先生用鲁迅思想给我们指明了前路：子君的路不能走！娜拉的路也不能走！妇女如想在社会上立足，就必须先求得经济上的独立！

对于外国作家作品，除了易卜生的作品外，北欧、东欧作家作品我已记不清了，而日本作家有武者小路实笃、芥川龙之介、有岛武郎等，尤其是有岛武郎的《与幼者》，因鲁迅著作中有介绍，此文对我们影响特别大，印象深。有岛夫人肺病去世，留下几个孩子，这篇作品大约就是此时有岛写给儿女们的，有岛对幼小者说："你们若不是毫不客气地拿我做一个踏脚，超越了我，向着高的远的地方进去，那便是错的。"我们深深理解了这话的含义。日本作品中还有一篇《大心》[1]，却记不得是哪位作家的作品了，写一位护士的博大爱人的胸怀，也是对我们有很大教育意义的。此外，《出了象牙之塔》、《走向十字街头》也是这时顾先生介绍给我们的。

此外，对世界各国名著，如莎士比亚的《哈姆雷特》，雨果、莫泊桑、契诃夫、安徒生等名家作品，也介绍给我们，以扩大我们的视野。

顾先生给我们发讲义，每学期都有五六寸、七八寸高的一大叠。我们那时最欢迎的是这些讲义！发的讲义，有的顾先生讲，有的让我们自己看。对于学生作文，顾先生不只是限于课堂上出题，还由我们在课外随便写，写了随时交，老师随时改。写得好的，先生就推荐给孔若君先生（校刊编辑），在校刊上发表。还记得我写了一篇文章，先生取我的文意，代我填了一首词：

---

[1] 《大心》是俄作家丹钦柯作品。

独来独往，遣却闲纷攘；忘落寞，无惆怅；灯摇光满地，天远星如网。风已住，时时暗觉心弦响。　不是人间象，犹做人间想。留不住，消还长。悠悠流水去，袅袅炊烟上。千万劫，碧天路渺人间广。

我自己那不成熟的小文章，早已全忘了，但先生代我写的这首词，到今天我仍记得很熟。

顾先生提到“鲁迅”，总是称为“鲁迅先生”，从无一次例外；由此看出顾先生对鲁迅先生的敬爱。无形中也教育了我们这些“幼小者”，知道尊敬长者。

在那黑云压城的军阀统治时代，顾先生敢于给学生讲鲁迅作品，一讲三年，这是何等的胆识！

教完我们三年，顾先生就去燕京大学教课，此后都是教大学。到我入北京师大读书，选了孙蜀承先生的“汉魏六朝诗”。那时，在大学中孙先生教“诗”，顾先生教“词”，俞平伯先生教“曲”，已是三人齐名的教授！

由于顾先生引路，指引我们读鲁迅作品，启发了我们对社会的关注，教育我们人生的路应该怎样走。我们由读鲁迅作品，进而读苏联四大名著：《毁灭》、《铁流》、《一周间》、《士敏土》，高尔基的《母亲》，曹靖华先生译的《烟袋》、《第四十一个》、《平凡东西的故事》等（这些后来曹先生都收入《七人集》）。由小说进而读社会科学书籍：《史的一元论》、《资本论》、《反杜林论》等。后来参加了1935年至1937年的“一二·九”、“一二一六”运动，从此踏上了革命的道路。

1942年至1946年，我在云南昆明的昆华女中教书，对两班学生由初二到高二，教了四年鲁迅。学生们一半可写漂亮的小文章，一半人也文字清通。这些学生中不少人后来都参加了革命，现在已是离休干部了。现在许多学生还和我保持联系，他们都是顾先生的再传弟子了。

抗战时期我在昆明，总很惦念顾先生，他带着一群孩子，很难逃出沦陷区。但我有一个信念：顾随先生绝不会做文化汉奸。后来得到消息，说他在天主教会的辅仁大学教书，不肯在日本掌握的伪大学教课，连他的孩子也不许上敌伪学校。

1949 年北平和平解放，当时我在老解放区正定华北大学教育教研室任研究员，奉学校命于 1949 年 3 月和谢滔同志先进北平给华大招新生。我抽暇去看顾先生，他已病了很久。1949 年 7 月我被调到天津去工作。后来听人说因他病久，辅仁已不能发他的原工资，贫病交加，靠卖书度日。[1] 我当即写信给在教育部工作的李何林 [2]，请他向教育部党组书记兼副部长钱俊瑞同志反映，经钱俊瑞同志批示，此后顾先生工资由教育部直接发给。1953 年初听到消息说顾先生病好了。当时我们接管的教会津沽大学，已改为天津师范学院，我任中文系主任，院长温宗祺是顾先生在北大的学生，副院长杨思慎是顾先生的燕大学生，我们中文系教师杨敏如，也是顾先生燕大弟子。我们一商量，想请顾随先生来我校任教，大家都同意（因当时还没有统一调用的制度）。于是特请敏如同志去一趟北京，征求顾随先生意见，先生慨然应允，我们赶紧帮先生一家搬来天津。当时天津师院只有物理系马沣教授是二级教授，我们中文系也请来了顾随先生这位二级教授。

当时先生在天津师院上课，有时身体仍不好。1960 年病重了，有一次我去看他，他说："振华，我好多了，可以走几步了，我走几步给你看。"他下床真走了几步，哪知这竟是我们师生最后的一面！

---

[1] 实为变卖妻子的陪嫁首饰度日。

[2] 李何林，顾随早年好友，王振华的丈夫。

我家住在南开大学，那一天刚到学校，就听到了先生已去世的不幸消息！

河北大学对顾先生很重视，后事办得很隆重。最近见到三师妹顾之惠，她说已在北京买了墓地，将二老骨灰从天津和保定迎来，已合葬。

顾先生，您安息吧！

【京按】1926年秋季开学后，父亲到天津女师执教，所担任的课程中有一班的国文。父亲说这班女生“甚活泼”、“太能嚷——天津味儿”、“一发问则应者如雷”、“隽语一出，笑声哄堂”，父亲与这班学生相处得极为融洽。王振华正是这一班中的学生，活泼而领悟力强，学业成绩突出。30年代中期，父亲任职燕京大学，王振华考入北京师范大学，有机会时常到老师家看望并求教。她与我的母亲也相处得极好，母亲视她如亲女，她与我的三个姐姐相处，也是直呼“大姐”、“二妹”、“三妹”。1949年父亲病重之后，是她为老师解决了病休工资的问题；1960年父亲病故，她来家看望师母，流着眼泪拉着我母亲的手说：“您以后生活上有什么难处，只管让之京到南大去找我。”（当时她家住南开大学，因病很少到河北大学上班。）“文革”一开始，她被造反派指为中文系牛鬼蛇神之首，从病室中拉出来游街批斗。此后的岁月中，偶有与我相见的机会，她总是悄悄地询问师母的情况。待1990年纪念父亲逝世三十周年之时，久已重病在床三十多年不曾动笔属文的振华教授，得到消息，竟奋笔写下了如上这篇积沉着浓重历史沧桑的纪念文章，让后来者领略到七八十年前一个年轻的中学教师独有的风采。

顾随老师对我的训诲 *

朱家溍

1937年，我进入辅仁大学国文系念书。从此我离开数理化的困扰，可以快乐轻松地读书。

辅大国文系到二年级开始分组，甲组是文字学组，乙组是文学组，两组各有相同的选修课和不同的必修课。甲组的人少，男女生共八人，乙组则有数十人。我分到甲组。

顾随老师的课对于甲组来说是选修课。我在上大学以前，景仰顾老师已久，所以当然要选顾老师的课。顾老师对于诗、词、曲和哲学的研究成就和诗、词、曲的创作水平，在这里都无须我来赞颂，我只想把牢牢记住不忘的老师对我的训诲谈一谈。

我在顾老师班上够不上好学生，有寄给家长的分数单为证。我在顾老师这门课所得的分数总是 B^-，所以只算一个中等的学生。人们回忆过去的事常常对于第一次印象很深，我也是如此。我第一次把

---

* 节录自《中国文博名家画传·朱家溍》（文物出版社 2003 年 12 月出版）之“大学时代”。

填词作业送给老师看，记得有这样的句子："御沟西，宫墙柳，寒枝瘦，曾记娇黄染袖……"还有一个小令《荷叶杯》："隔院遥闻笙管，魂断，低唱袅晴丝……"老师说："你用的辞藻都是古人用过的，这是对的，你正在学填词，就是要多记古人的辞藻，当你用在描写某一种心情、某一样景物的时候，自然能够和恰当地知道该用什么样的辞藻。以你填的词来说，'寒枝瘦'来形容柳树是不恰当的，'隔院遥闻笙管'，既是'隔院'，又是'遥闻'，当然是相当远了，怎么又是'低唱'呢？"

第一次送诗的作业，记得题目是《岁暮述怀》七言律诗一首，八句诗经老师修改了六句，只剩下第三、四句是："映日窗冰千岭雪，西风卷地一阶尘。"老师说："这两句还不错，是北京腊月的景象，很少见有人这样写，但这首诗的问题在于有景无情，既然题是'岁暮述怀'，不管是真是假，就是假怀也要述两句。"以上是当时老师的原话。关于学作诗填词，老师不止一次说过，学生学作诗填词，先不要听信有些高论，说作诗填词首先要有新的立意，要创新。这话本来是对的，但不是学生阶段的事。你们现在学作诗填词，首先是读书，一定要知道应该背诵的书，如《诗经》《楚辞》《玉台新咏》，至于《全唐诗》要全部通读，当然不能全部背诵，但有一部分也必须背诵。可以从《全唐诗录》中选择背诵，唐诗中要有千首以上能背。宋元明清的诗也要浏览。学填词，如果说只要求学会，那很简单，你把清人万树编的《词律》二十卷通读一遍，就可以算已经学会了，但尽管你知道了某一个调子怎样填法，可是你肚子里空空如也，拿什么填，所以也必须能背诵若干首古人的词，才有资本填词。现在也有很多人反对背诵，说什么"死记硬背"没有用。我认为背书根本不存在什么死和硬的问题，譬如你喜欢的作品多念些遍很自然地就能背诵。我从来没有死和硬的感觉。个人词集传世很多，时间不够用，也可以不读，只读词选也够了。后蜀赵崇祚编的《花间集》十卷是最早一部综合诸家的词选，唐末名家有些词仅留存在这一部选集里。宋人编的词选当中我认为最好的要算周密编的《绝妙好词》七卷，选有宋人词一百多家，选择很严谨，有些宋人词集早已失传，其姓名、作品也仅仅存留在这部选集中。清人查为仁和厉鹗为这部选集所作笺注更便于初学。明人陈耀文编的《花草粹编》二十二卷选有唐宋元人的词，内容相当丰富。这部选集很大的优点就是每一调有原题的必录原题，有本事的也说明本事，遇有稍冷僻的必说明采自某书。以上三部词选应该是必读的，选择其中有自己喜欢的多念几遍自然可以背出来。近人编的选集有胡适之编的《词选》也很好，平装一册，随手翻一翻很方便。此外，还应该说说，清人朱彝尊编的《词综》三十四卷。这部选集收入唐宋金元词五百余家，选择精严。在各专集和诸选本之外，凡笔记杂谈中有应录入的词也不排除，所以有不少词是其他选本未见之作。还有些词在其他选本中把词名、句逗、姓名弄错的他都加以订正，所以这部选集应该通读一遍。还有康熙年间沈辰垣等人奉敕搜罗旧集，录词自唐至明一千五百四十调，九千余首，定名为《历代诗余》，包括词人姓氏十卷，词话十卷，共一百二十卷，可谓前所未有集其大成的词选。这部书应该一目十行地粗读一遍以广眼界。它和《词综》都属于备查的书。学作诗填词照着我所推荐的书，分别背诵、通读、浏览，不同地对待，这样读书之后，肚里装进若干名篇秀句，到时候不论作诗填词，自然思涌珠泉，情抽蕙圃。

在课堂以外和老师见面，除交作业恭聆教诲以外，老师还喜欢谈戏，常常是谈不了多久就把话转到杨小楼，有时还大声学杨小楼的念白。老师对杨的表演艺术已经由欣赏到了崇敬的程度，曾说过："杜工部是诗圣，杨小楼可称戏圣。"杨先生是1938年春节后农历正月十日逝世的。1937年，日本鬼子尚未占领北平的春天，杨先生在长安戏院演出一个较长的时期，顾老师在1938年到1940年这几年里每谈到杨小楼时总爱反复谈这一时期所看的戏。自1938年的秋季开始，辅仁大学成立课余的组织“辅大国剧社”，有一次我主演《长坂坡》，扮演赵云，是学杨小楼的，老师看过之后认为不错。后来，又看过一出《镇潭州》，我扮演岳飞；一次《落马湖》，我演黄天霸。还有两次是和名演员合作，由刘砚芳演黄忠，我扮赵云，合演《阳平关》。另一出勾脸的戏《拿高登》，老师看过之后说：“好！有杨小楼的神韵。”我听了老师的夸奖，当然很高兴，但过后分析，老师对我的诗词作业的评语，常常是“不露怯”、“不俗”、“很像样”、“不错”等等，都属于夸奖的评语，但从来没有像看完戏之后那么干脆说一个“好”字。我分析老师对于我的诗词作业的评语和 B^- 的分数是符合的，也就是说，我的诗词作业比不上我演的戏。我这样设想，如果诗词能够得 A^+，大概口头评语就会出现“好！有宋词神韵”。这是当时我的幼稚的思想活动。

当日老师的训诲，还有关于写字执笔方法的一番话，也是我至今记忆犹新的。因为我每次交作业都是用红格纸墨笔楷书，这一点曾得到嘉许。有一次在老师家里谈起写字，老师说：“看你的小楷大概是经常临《荐季直表》，虽然这是正道，但石刻拓本看不出笔道的起落，可以参考唐人写经，你买一本影印的《唐人写妙法莲华经》，多看看，自然会有长进。”当时桌上有纸和笔墨，老师说：“你写几个字，我看看你怎么拿笔。”我当时提笔写了几个三寸大楷。老师说：“悬腕用不着手臂抬那么高，我知道十个人有九个人都是这样，这叫‘傻悬腕’，除非是写匾额大字需要腕和肘同时高抬，你刚才写的这几个大楷，等于没使上腕子的劲，反而是用肘在对付着写。譬如这么大小的字，只需要手腕离开桌面就行了，肘抬得比腕要略高，竖掌，这时候重心就落在腕上了，然后运腕自然可以圆转如意。譬如再小一些的字，同样可用这个办法，不排除手腕在运转过程中有时也会接触一下桌面，这不要紧，只要你不是手腕紧紧死贴在桌上就行了。我从前也是‘傻悬腕’，后来看过沈尹默先生写字才懂得怎样悬腕。”我自从听了这番教导以后，留神观察，有不少已经号称书家的先生们也还停留在“傻悬腕”的阶段。

我和顾老师在一起的日子，是1938年到1942年。1942年的冬天，我就离开沦陷的北平到抗战的后方重庆。1945年日本鬼子投降。1946年，我回到北平故宫博物院上班，每日忙忙碌碌和学生时代不同了，也就很少有机会和顾老师见面。等1949年[1]后顾老师到天津，从此一别就再也没见了。

【京按】2000年，朱家溍先生为纪念老师，特撰写《顾随老师对我的训诲》一文，文章在出版社意外遗失，幸得2003年出版的《中国文博名家画传》之朱家溍卷中“大学时代”一节有一大段正是这篇文章的全文，因据以辑录，标题仍用朱先生原题。

---

[1] 当为1953年。

顾随先生的词选课[*]

戚国淦

1938年秋，我们几个有幸通过大一国文课免读测验的新生，经老同学的指点，选修了顾随（羡季）先生所开设的“词选及习作”课。顾先生是著名的词曲家，来燕大授课已近十载，深受同学们欢迎。词课好听，习作却难。

课堂设在穆楼楼下向阳的一间教室。室内安放三排扶手椅，每当先生上课，教堂都坐得满满的，分不清哪个是选修，哪个是旁听。引人注目的，一位是研究生杨敏如，她刚刚完成由顾先生指导的学士论文《韦庄词研究》，考入研究院后，又来听讲。另一位是我当时所在的西语系系主任谢迪克先生。这位英国学者来华授课之余，潜心研究中国文化。记得有一次课间，他曾向我提出一个问题：为什么中国的词总是以儿女爱情作为内容呢？看来这位先生的涉猎已经颇广了。

词选课安排在星期三的下午。每次上课铃响，顾先生准时缓步走进教室，顾先生头上依稀可辨的白发，额上深深的皱纹，嘴上浓密

---

* 原载《燕京大学三八班入学五十周年纪念刊》。

的髭须，以及微微朝前弯的身躯，使我们深为他担心：这位实际年龄刚过四十的老师，显得有些未老先衰了。

另外，我们从先生的脸上似乎还看到了些什么，那就是在眉宇间凝聚着古人词中常使用的一缕“闲愁”。为什么呢？身体多病？生计艰难？这些因素都有。但是更主要的却是蕴藏在先生内心深处的故国之思。先生因家口之累滞居燕市，目睹河山沦陷，敌寇横行，爱国爱民之心，只能是郁积胸中，或者述诸笔墨。我们读过先生的一阕《定风波》，其中有“南国书来消息好，微笑，四山如画散秋阴”之句，只有这时，才是先生舒展双眉的时刻。我们的老师是一位爱国词人，所以在南宋词人中对辛稼轩最为推崇。

先生在燕大开设词选课多遍，讲课的精彩已是有口皆碑。然而若问起先生教课之精彩究在何处，被问者往往只是赞不绝口，未必能领会到先生讲课的真谛妙义。这是因为听词课的人大都是初学者。在班上先生旁征博引，妙语如珠，听课人如入宝山，目迷五色，未必能探得瑰宝。我自己当时就是这样。近来读到加拿大华裔学者叶嘉莹教授写的一篇怀念顾先生的文章，谈及先生的讲课，确能领略个中三昧。叶教授曾在辅仁大学从先生受业，于先生所开课程无一不选，毕业后仍返校旁听，可以算是传顾师衣钵的弟子。她的文章写道：“先生之讲课纯以感发为主，全任神行，一空依傍，是我平生所接触过的讲授诗歌最能得其神髓，而且也最富于启发性的一位非常难得的好教师。”这一评论至为恰当，也深获我心。叶文对于先生讲课尚有许多妙解，限于篇幅，未便多引。

先生讲课时经常举出自己的新作作为示范。后来编入《霰集词》中的许多首词都曾在课堂上首先同我们见面。留给我印象最深的是一首《鹧鸪天》：“不是新来怯凭栏。小红楼外万重山。自添沉水烧心篆，一任罗衣透体寒。凝泪眼，画眉弯。更翻旧谱待君看。黄河尚有澄清日，不信相逢尔许难。”这首词从艺术角度看，在集中并不突出，然而词中的爱国情怀却是感人至深。我们懂得词中盼望的不是什么离人远客，而是“故国旗鼓”、“汉官威仪”，这种河清有日的信念，读来不是比陆放翁的《示儿》诗更能受到鼓舞吗？

一次，先生在黑板上写下半阕《减字木兰花》：“栖鸦满树，借问行人何处去；满树栖鸦，不信行人尚有家。”并说下半阕尚未想好，问我们谁能代为续上。这个题目实在太难了，当时无人敢应。我私下里为此连续许多天苦思冥想，后来勉强凑成：“严霜遍野，但愿行人归去也；遍野严霜，哪个行人恋故乡。”写成之时，词课已经结束，未能呈先生批阅。自知狗尾续貂，仍愿保存下来，作为师生联句的纪念。

让先生费心血的，是作业的批改。先生要求我们从小令到长调每周试填一首。我们这些初学者虽然刻意谋篇，但总难避免这样那样的疏漏。先生批改不但从格律、韵脚、平仄诸方面细加改正，而且在遣词用字方面也加推敲，务求精练，以鼓舞大家不断提高。我有一次突发奇想，将英国诗人雪莱的一首《挽歌》译成《菩萨蛮》送呈批阅。其中“竟夜怒云堆，惊涛空泪垂”两句，自己也不满意。但是限于原著本意，自己又辞藻贫乏，搜索枯肠，无力改动。等到先生阅后发还，稿子上的“堆”字改成“稠”字，“垂”字易为“流”字，比起原来不知高明多少。我想，先生确有点石成金之术啊。正是由于先生的精心指点，我们这些初学者都有很大长进，有时也写出了清词丽句。

我也曾得到顾师的期许，然而才质驽钝，写词意境不深，很少佳作。五十年来，浸淫史书，但是对词的爱好不减，每有闲暇，常以读词自娱，有时也偶填一阕自遣，这种乐趣，实系先生之所赐。

半个世纪转瞬过去。先生归道山已三十年。当年同窗，天各一方。每忆及当时乐事，依稀在目，不尽神驰。

【京按】我与戚国淦先生应该说是有师生之缘的。1956—1958年，我就读于首都师大中文系一、二年级的时候，戚先生正执教于此。我远远见到身材不高、一身书卷气、严肃而又和善的戚先生，但既不知道他曾受教于我父亲，并不曾前去拜谒；其实，即使当时知道这些情况，限于那时的社会氛围，我也不可能去拜谒戚先生的。待到1990年，从燕大的纪念刊物上读到此文，我早已转学天津后又任教于河北大学了，终于无由前去拜见，至今思及，深以为憾。

戚国淦先生生前与欧阳中石先生同校任教。2013年请欧阳先生为十卷本《顾随全集》题签时，欧阳先生回忆说，前几年二人课余相见交谈，总不免一同忆起年轻时从顾随老师受教的情景。

在与顾师相处的日子里*

吴华英

我于1938年进入北平燕京大学中文系，1941年12月8日太平洋战争爆发，燕京被关闭。在校共三年半。在这三年半中我所选的课程，以顾随老师的课最多。有“宋词”、“元曲”、《离骚》等。顾师的课，使我获益颇深。六十年的岁月虽匆匆而过，但记忆犹新。他讲课时的情景，仍历历在目。

顾师讲课，不重在一词、一字的解释或考证。他讲宋词时重在讲出词的意境；讲元曲时重在讲出曲的精神；讲《离骚》时重在分析屈原的心情、精神世界，表现出人物的形象。他讲课时非常投入。深入浅出，灵活生动而又富有启发性。有的他只用一两句话一带而过；有的则不厌其烦，多方面引证分析。特别是在讲词时，把其中的意境充分地剖析、揭示出来，把听者也引入词的意境之中。

有时他还以身示范，把自己填的词中的几句写在黑板上，以自身的实例，讲出当时填词时的心境。这就使同学们更有直接和亲切的

---

* 本文系为纪念顾随百年诞辰而作，收入《顾随先生百年诞辰纪念文集》。

感受。总之他讲课时所起到的作用，正如白居易在《与元九书》中所说的：“感人心者，莫先乎情，莫始乎言，莫切乎声，莫深乎义。”顾师也正是在情、言、声、义这四方面都达到了要求，所以感人至深，受益难忘。听他一堂课，不仅获得不少知识，也是一堂艺术的享受。

他对学生所填的词，有时与同学当面商议着批改。有一次他把我叫到台前，拿出我填的词，他问我：“你有两三次填的词，都用一个‘笑’字，令我不解。你看我给你改的怎样？”他用这种商议的口气，来面对面地批改卷子，真是别开生面，是我第一次遇到的，也使我受益匪浅。顾师是我一生中难遇到的好老师。

1941 年 12 月 8 日，燕京被关闭，但“野火烧不尽，春风吹又生”。燕京于 1942 年，又在成都复校了。闻信后，我即奔赴成都。从此便没见到顾师。不料新中国成立后，他在天津师大（即河北大学）任教，我又能见到他。从此我经常去他家看望他。如果说过去我是他的课堂上听课的学生，那么后来我便成了他的入室门徒了。

每次到他家时，我经常是在通他卧室的一间小屋里谈话。我们是无所不谈。他治学谨严，知识广博、精深，无所不知。每次谈话，我都得到不少知识。当时我在大学教大一语文课。遇到一些解决不了的问题，便去向他请教。他是有问必答。有一次我问他：“《诗经》是否都押韵？”他说：“严格说来，是都押。只是现在对某一个字的读音与古代的读音不同，就显得不押了。”他举出《诗经》中《硕鼠》篇里的一句“爰得我值”的“值”字，用古音念了出来。谈到元曲时，他说：“元人有时也写别字，写字很随便，往往同音字误写。如睢景臣的《汉高祖还乡》中的‘赵忙郎’的‘忙’字，就是‘芒’的误写，草头‘芒’是放牧，牧童，所以‘忙郎’就是‘芒郎’，是牧童的意思。”这一讲，使我顿开茅塞。

有时他给研究生讲课，也叫我去听。但他并非把我完全当作学生。每次讲完课时，总是征求我的意见。他每次见到我时，总说：要是我能在他那里工作多好。我何尝不愿意，但当时调动工作，不是我们的意愿所能做到的。

有一次去他家，外面在下小雪。我按了他的门铃后，等了一会儿，是他亲自来开的门。他见到是我，笑着说："你真是'立雪程门'了。"我说："'程门'是当之无愧的，但'杨时'我可不敢比。"我们都笑起来。

晚年他虽未离开教学岗位，但他也未尝忘却填词。记得有一天他到家后不久，我也到了他家。当时正是秋天，满院都是落叶。他见到我很高兴地对我说："我适才从外面回来时，在路上想起了一首词中的几句。"说着他便用手比画着念道："西风黄叶满阶，烂下去与好起来，两个不同世界。"当时正发表毛主席所说的"敌人一天天地烂下去，我们一天天地好起来"。我说："这首词正是诗歌合为时而作了。"我将白居易所说的"事"改成了"时"，他听后，点头笑了笑。

记得有一天我因孩子生病，下午两点多便回家带孩子去看病。当我骑车走到河北大学门口时，正遇到顾师手里抱着个西瓜，往校门口走。我见到他，忙下了车。他对我说："到我家坐一会，吃点西瓜。"我忙对他说明早回家的原因。他听后点了点头。然后又走近我的身边，小声对我说："想不到这次反右倾，把我划到了左派里。"说完，摇了摇头，笑了笑。我深深理解一个被划为资产阶级知识分子中的老知识分子的心情，那是多么希望得到党的理解和信任啊！在当时能被划为左派，又是多么的不易啊！他这样急急忙忙地告诉我，对我又是多么亲近。至今回忆起当时的情景，以及我当时心中是什么滋味，很难说出。

他在病中，我曾去看他，觉得他的精神不太好，但没想到，这次的相见，竟是我们的永诀。我最敬爱的顾师，在这相处的几年之中，我们师生之情更加笃厚，但我感到我们之间又多了一层父女之情。

每次我到他家时，只经常见到顾师母。听说他有一个小女儿，但始终没有见到过她，至今我都深感遗憾。今将此文作为向顾师百岁诞辰的奉献，并留给生者作为纪念。

【京按】杨敏如先生曾告诉我："顾先生说过，吴华英长得有些像他的二女儿之英。"读到华英大姐这篇文章后，我曾趁出差的机会专门到天津她在海口路的寓所去看望这位师姐。她的面容果然很像我的二姐之英。一见到她，就像见到了魂葬台湾的姐姐，又亲切，又伤心。我们一见面就如同亲姐妹一样地谈往事、说现在，她舍不得让我走，向我说师生之情，我向她说父女之情。她对近年老师的道德学问再获传播十分欣慰……她给我削了许多好吃的水果，我将《顾随文集》与《顾随先生临同州圣教序》两本书送给她。出差不可能多耽搁，只得依依而别。

顾学（GUOLOGY）琐忆*

黄宗江

我接到召开顾随先生纪念会的通知，既高兴又惭愧，也不免感伤，因为我也忝列顾师门下。我是1938年入燕京大学，头一学期选了现在台湾的郑骞老师的“诗选及习作”，下半年就选了顾随老师的“曲选及习作”。我说惭愧真惭愧，我难比在座很多位登堂入室继承衣钵的顾门弟子，我这个弟子学了“曲选”，出了校门，到现在为止，这一生平仄不分；可是到底曾受业，顾随恩师的片言只语，我获益匪浅，甚至终身受用。1944年的时候，当时我在四川当演员，江湖卖艺，写过一集散文《卖艺人家》，内有一篇提到顾随老师，题为《书卷气》，谈的是演戏的书卷气，有这么一段：“昔日听顾随先生讲曲，讲到好处，常‘跑野马’，转论‘杨、余、梅’。三人中顾最欣赏杨小楼：长啸一声，偌大气魄，他用个英文字形容——真Dramatic！梅兰芳高华，余叔岩书卷气。书卷气则不免落于纤细，终是小品文章。”

---

* 本文系作者在顾随逝世三十周年纪念会上的发言。整理稿经本人审阅修改后刊于《河北大学学报》1990年第4期。

这不是逐字逐句，可是那时离开老师才五年，现在五十年了，那时的感受记忆还是比较真切的。我引申老师的话做如是结论：“读破万卷，再抛却万卷，与天、地、人、物俱化，自能达到一种至高境界。杨宗师（杨小楼）虽或读书不多，必参透此旨，乃获乌江之啸。”那时梨园行的杨小楼读书不多，还可能是个文盲，他没有听过顾先生的课，然必参透此旨，达到了顾先生所称道的剧诗与史诗的境界。我感到顾先生本人的境界，正如周汝昌学兄所说的是那样深、那样广，所以我觉得拿自己这几句结束语形容顾随老师，也还是合适的，即“读破万卷，再抛却万卷，与天、地、人物俱化，自能达到一种至高境界”，我想顾随老师就是达到了这样至高的境界。

我很惭愧，我不能说自己年幼失学，小学中学大学照上；却可说是年长失学，这自然有许多客观和主观原因，有时代的原因，有个人的原因，我踏入艺坛文坛之后，反而失学了，再经过那十年那么一个并非全然“史无前例”的新的“焚书坑儒”的时代，我没被全“坑”也半“坑”了，就落到这样一个失学境界。王蒙同志前几年写文章说作家要学者化，乍一听有点让人吃一惊，这作家而非学者，是不可思议的，然而就是如此。作家要学者化，那当然导演、演员所有的文艺家均应如此，然而今日之缺乏学者却是更其通常的了。近年清华大学中文系恢复，要我去讲一通，我就说我来到清华是来朝圣的。我随便提问了一句，“汉园三诗人”，竟没人回答得出来是李广田、何其芳与卞之琳！我是搞戏剧的，乃问起清华学长洪深、李健吾、张骏祥等，也没人能答得上来，曹禺还是有人知道的。我就不便再问顾随是谁？陈寅恪是谁？……我想大多是要交白卷的。这年幼年长一片失学的状态可想见。就说我个人，我离开顾先生五年之后写文章时还可以谈到顾先生，可是离开顾先生五十年后，我连先生在哪儿都不知道了；对先生的著作，我已经到了开卷恨晚的境界。书铺我都不想进了，我倒不是说我不爱书了，我们这些人不爱书成什么人了？可是到书铺去，我想要的是我找不到的。我找到的是我不想要的。我见到《顾随文集》，还是1987年在美国康奈尔大学，在英国老师谢迪克家里，才看见《顾随文集》呀！我想现在到新华书店找找，未见得能找到《顾随文集》。我是在洋人谢迪克的书斋里见到《顾随文集》，又在加籍华裔学者叶嘉莹女史的文章里读到顾随先生，直令我逸思哀思无限，在国外还有人研究我们老师啊！

我前几年给《中国烹饪》写了一篇文章，按说是很犯忌的，也可说是伤心文章，叫《礼失求诸洋》，套自古典“礼失求诸野”。何以“求诸洋”？由于我发现纽约、东京、巴黎……我到过的这些外国城市，他们的中国菜绝不比咱们的差了，引申之，中国的月季花，人称Chiness Rose（中国玫瑰），“文革”后中国就几十个品种了，人家却有数百！饮食如此，花卉如此，甚至我们的历史资料也要到国外去找。我在谢迪克书斋里，在叶嘉莹文章上，才又见恩师，实令我感慨何可言说！

今日盛会又令我感到既高兴又惭愧也温暖，想到我们在顾随研究上还是能够有所作为的。1986年至1987年我在美国讲学一年，讲授中国戏曲、戏剧、电影，我在课堂上创造了一个英文字，在讲梅兰芳时，我讲到“梅学”，就来了个“Meiology”。后来我一个洋弟子说：“黄教授，这个字英文字典里没有，将来会有的。”我认为，顾随先生的学问如此博深，今后会有“Guology”，会有“顾学”的。

顾老师指引我迈进元曲之门*

卢绍真

30年代末，日寇侵华，北京正值沦陷时期。许多同学奔向后方抗日，不少青年奔向延安圣地。当时北京辅仁大学不受日本人管制，又有陈垣、沈兼士、英千里、顾随等爱国教授任课。因此，我于1938年秋就读于辅仁大学中文系。

顾随老师担任中文系古文和诗词课。他身材瘦高，爱穿长衫，衣着朴素整洁，常常面带微笑潇洒从容地走进教室。老师讲课生动深刻，不但深受中文系同学欢迎，而且外系同学也来旁听，教室座无虚席。甚至不少同学站在教室外边认真听讲。听老师讲课意味深长，真是一种优美的崇高的享受！

顾老师学识渊博，谈吐含蓄，课堂气氛非常活跃。课前，常板书一两句诗词，带领同学领会诗人的思想感情，从而探讨人生哲理，并激发同学们的爱国情绪。有时也讲些生活趣事，再引入正题。一

---

* 本文系为纪念顾随三十周年忌辰而作。收入《顾随先生百年诞辰纪念文集》时题为《先生之风山高水长》，此题为编者所加。

次，讲北京季节特点，突然板书一句：“冬日，冻柿与花生同食最佳。”我想老师必然在冬天亲自品尝了冻柿与花生同食的美味，才得出“最佳”二字。我觉得很有趣味，敬佩老师这样富于生活情趣，更敬佩老师对事物多方面的观察与鉴赏，所以他所讲的内容能经久不忘。

难忘顾老师启发我学诗词。讲元曲时，老师很欣赏“一半儿”曲牌，并将自己所作写在黑板上：

楼前山下影模糊，恰似烟熏水墨图。舞断长条柳未苏。有春无，一半儿狂风一半儿土。

老师所作，写出了北京春天的特色，读后，如亲临其境。然后让同学们用“一半儿”曲牌填词。那时我还没掌握曲的平仄和格律，只好勉强填上两首：

姑娘家住小红楼，能歌善舞好打球，那日同她古寺游。语温柔，一半儿憨厚一半儿羞。

风和日丽去长城，莫问高低路不平，但闻大家笑语声。野餐精，一半儿大葱一半儿饼。

交卷后，我自知谱曲应当格律严谨，内容应当抒情含蓄，而我所作却是大白话，好像打油诗、顺口溜，心里惴惴不安。下次上课，老师讲评习作，首先赞美同学们精彩的作品，又说：“曲选材广泛，内容丰富，不必拘泥于幽怨哀情，可以写自己的实感，也可以写生活中的真情。”老师这时竟举起我的习作，上面画着鲜明的红圈说：“这两首就很好。”老师这样表扬我，真是意外，也很惊喜，从此我对曲产生了浓厚的兴趣。正是顾老师鼓励我走向诗词，启发了我对诗词的喜爱。

难忘顾老师指引我迈进元曲之门。光阴荏苒，大学四年即将毕业。写毕业论文是我当时面临的一大难题。顾老师亲自为我设计了论文题目《元曲选中所见的元代风俗》。虽然有了论文题目，可我惶惶然不知如何下笔。于是去请教老师。他沉默不语，考虑片刻之后，望着我和蔼地说：“先通读元曲，再逐字逐句认真阅读，认真择录。”我开始阅读元曲，但如何认真择录，仍不得要领。再次请老师辅导。“你一边读，一边做笔记，记录下来他们穿的是什么，他们吃的是什么，记录下来他们的起居饮食和风土人情，再加上介绍和评论。”顾老师不厌其烦地反复地对我说。老师对学生如此耐心教导，敬仰爱戴之情不禁油然而生。遵循老师的指引和启迪，终于完成了我的毕业论文，并得到老师们的好评。在作毕业论文的过程中，老师使我丰富了知识，提高了我阅读和写作的能力。

顾老师才华卓著，饱藏中国文学的精华，对同学循循善诱，教导有方。半个世纪以来，老师的音容笑貌经常浮现在我的眼前。他的可贵的思想品质永远铭刻我心：

人事依稀世变迁，几度沧桑易良田。先生光辉曷灿灿，高山仰止永绵绵！

难忘的老师　难忘的诗*

郭预衡

抗日战争时期，我在沦陷的北平（今之北京）上中学。高中毕业，又考大学。考工科没有录取，考文科两处都录取了，我选上了辅仁大学。辅仁是天主教会办的学校，当时日军在北平接管了国立学校，辅仁因属教会，没有接管。这时有些没有南下而又不肯在敌伪统治之下做事的教师，多来辅仁任教。我那时家境贫穷，本来上不起大学，但作为走读生，又有奖学金，不花什么费用，也就入学了。

我学的是国文系，即今天的中文系，但课程设置与今天的中文系有些不同，主要讲授中国古代的诗文和文献典籍，不讲现代文学和外国文学。像这样的系，有的学校干脆就叫“国学系”。

国文系最受同学欢迎的课，是顾随先生的“唐宋诗”。顾先生是大学英语系毕业的，但他的家学根底是“国学”。先生讲授诗、词、曲，他自己也作诗、填词和度曲。先生给我的印象，首先是诗人，不

---

* 节录自《大学往事》（昆仑出版社 2002 年 1 月出版）中郭预衡《难忘的老师　难忘的诗》一文。

仅是教师。他站在讲台上，一言一动，都充溢着诗情诗意。

先生又写一笔潇洒的板书，或行或草，和他讲的诗词搭配得很好。上这样的课，不仅得到艺术欣赏，而且提高精神修养。

也许正是因此之故，顾先生的课，旁听者特多。很多外系同学都来听课。当时人们称这现象为“叫座”。这是时人讲看戏的术语，但我以为，把听顾先生的课比做看戏，是不恰切的。在我看来，顾先生的课，是诗，而不是戏。如果是戏，也只能是悲剧，而不是喜剧，更不是闹剧。听先生的课，好像进入诗国，别有天地，不仅暂得享受而已。

暑假中，一些同学还是希望有机会见到顾先生。先生的寓舍距离北海公园北门没有多远，有同学倡议，每隔数日，便邀先生到北海五龙亭小聚。先生慨然应允，几乎每邀必到。这时大家的生活虽穷困无聊，但苦中作乐，情致亦好。

先生和同学相处是愉快的，但先生内心常是忧郁的，年方五十，而老态可掬。先生不止一次称道李商隐“夕阳无限好，只是近黄昏”的诗句，似深有会意。先生自己则有“登高一望愁何限，只见斜阳下碧芜”之句，又似别有寓意。

还记得有一个早晨，顾先生从寓舍来校上课，路上大雾迷茫，几步之外，不辨人影。他走进教室，步上讲台，先不开讲，而板书几行，其中有：“回看来路已茫茫，行行又入茫茫里。”这是说，看不清前途，又迷失了归路。在抗日战争的岁月，在沦陷的北平城中，有这样的诗句，亦可见其内心之忧郁。

忆羡季师*

陈继揆

顾羡季老师是辅仁大学中最受学生爱戴的教师之一。他在学校讲授中国古典文学的诗词和元曲。他的讲课受到广大同学的欢迎。教室中坐满了学生，门外窗口也站满了外系同学来听他的讲授。所以如此，因为他的课中包含了强烈的人民性。

“七七事变”，北京沦陷。一些有民族气节的教师不愿到公立学校授课，受日本的统治，为敌人进行奴化教育，纷纷转到与教会有关的辅仁大学和燕京大学或私立大学就职。羡季老师就是其中一个。那时，辅仁大学校长是陈垣先生，文学院长是沈兼士先生，国文系主任是余嘉锡先生。这些著名学者聘请了多位有民族气节的专家学者教育学子，而学生也多数是不愿上公立学校的。在当时环境中，辅仁大学有特殊地位。

我是 1941 年暑假后，考上辅仁大学国文系的。系分两组，一为文学组，一为语言文字组。我受家学影响，入语言文字组学习。我的

---

* 此文系为纪念顾随百年诞辰而作，收入《顾随先生百年诞辰纪念文集》。

导师是陆颖明宗达先生，他是黄侃大师的大弟子。陆老师青年时代也是位作工人运动的革命者。我在假期中到前青厂陆老师家听他讲授《说文解字》和训诂学。课余则常到顾老师家受教，听他传授左翼文学，他是我思想上和生活上的导师。

“九一八事变”后，我产生了强烈的爱国主义情绪，我喜爱左翼文学，崇拜鲁迅先生。上辅仁大学时，课外也学新文学和社会科学。我是二年级时找到党的，是历史系同学周骥良领导下的一个小组，同小组还有王法祖同学。后来受地下学委宋海棼同志领导。党要求我接受进步教师的教育，我成了顾师的一个特殊学生。我到老师家，老师给我吃“偏饭”，讲鲁迅，讲左翼文学，教我做人，指我方向。每次请教，受益颇多，所闻知者也不少。

顾师从青年时代，即是爱国者、进步作家。他崇拜鲁迅先生，鲁迅先生写了《阿Q正传》，他效法着写了反映中国农民苦难的《佟二》，发表在一本刊物上，刊物名称记不得了，老师珍藏一本，曾叫我拿回家来读。二十年代后期，他在天津女子师范学院教书，当时即参加一些进步活动。他对农民有特别感情。他原籍清河县，临近鲁西，对水浒人物，特别是武二郎讲得那样生动，真是讲活了。

1945年大学毕业，地下党派我到晋察冀边区所在地阜平参加学习班，目的是解决我的党籍问题。适值日本投降，又返回北平，入党后继续做秘密工作。因革命需要我长期隐蔽，我是不能向别人说我去解放区这件事的。但经党同意，我把去解放区的见闻，向羡季老师都说了。我是一个城市青年，在解放区见到的是一个新世界，看到的听到的无不新鲜。羡季师听后，郑重地向我表示，他也想去解放区，后来叹了口气说，就是我腰腿不成呀！（冬天，顾师上课都是穿两件袍子，走上讲台，脱去棉袍，又是一件袍子。）又说：“我羡慕你，我早晚要去解放区。”城工部原先分配我在接管北平市政府的队伍中，因形势变化，北平解放不成，大队伍解放了张家口，晋察冀边区机关到了张家口，《晋察冀日报》开始在张家口印刷。有一位地下同志，穿军装开吉普车，往来于北平张家口之间，运送《晋察冀日报》。我们每天都有分发对象，羡季老师是大学教授中党的朋友。文件和报纸都由我送到家中。其中一期全文刊载了毛泽东同志在延安文艺座谈会上的讲话。我送到羡季老师手中，老师一看题目，说“今天不谈了，我要看这篇文章”。几天以后，我再去时，老师劈头就说，“太好了，我完全同意，我完全接受”；“我读了这‘讲话’，它把我拉下马来”。我完全明白，所谓拉下马来，就是文艺要为工农兵服务，要为工农兵写作。这是老师一大转变。我不多说，他实践了诺言，新中国成立以后，他用旧体诗词，填写新曲，歌颂工农兵，歌颂新中国，歌颂共产党，在天津时，《天津日报》和《新港》杂志上，羡季老师发表旧曲新词二三百首。这些应该集录起来，让人回忆和了解这位进步的文化人。

我从1946年夏，职业转到天津，从事秘密工作，开始时，每周回北平（因我的组织和家都在北平），总要去看老师，党的联络员的任务仍然做着，以后党派在辅仁上学的我的妹妹继昭担任，党的文件改由继昭送。但她不是学文学的，她向我诉苦说：“我只能当个交通员，联络员的作用起不了。”

羡季老师逝世时，我正在疗养院治病，发丧时，学校没找到我。但我后来知道，送丧的有天津文联主席李何林先生，作协秘书长周骥良同志，骥良既代表作协，也代表了当年的地下党。

羡季老师终生是共产党的朋友。

【京按】我记得，北平和平解放前的两年中，父亲每周都会收到一卷《晋察冀日报》，这些报纸父亲是不让我们小孩子看的。有一次收到的是一本书，由于封面印着的是周作人“秉烛后谈”，父亲没有制止我翻看。我翻开之后，看到首页印的小字标题是“论联合政府”，我当然不明就里。多年之后我读到《论联合政府》，才明白那是地下党给父亲送来的毛泽东同志的著作，周作人“秉烛后谈”的封面，不过是一层遮人耳目的伪装。三姐之惠还告诉过我，那时物价飞涨，有一时家里几乎到了揭不开锅的地步。一天，从父亲书斋的门缝里，有人悄悄塞进一个信封，里面竟是地下党送来的一笔现金。现在想来，这个送书、送款的同志，或许就是陈继揆学长之妹陈继昭吧！

宗师芳千古　才多溉后生*

——缅怀先师顾羡季先生

阎振益

前些天刚刚开过先师顾随羡季先生逝世三十周年纪念大会。半个世纪前受教于先生的种种情景，先生的音容笑貌都不断浮于脑际。我是1941年夏考入北平辅仁大学的。当时校内师长学者如林，饱学宿儒饮誉海内外者灿若群星。有幸在诸师的教诲下攻读，犹如畅游学海，其乐无穷，受益终生。

特别是听顾羡季先生讲课，如饮甘露，沁人心脾；如沐春风，通体舒畅；如在山荫道上行，美不胜收，目不暇接，一步步进入佳境，直至完全陶醉于其中，浑然忘了自我以至周围的一切。待到铃声骤起，才如梦方醒，发现原来自身处于教室之中。抬头看，先生正在收拾书卷，慈祥的面容上含着微笑，倦意中仍闪耀着兴奋之光。再环顾四周，室内座无虚席，外面所有窗口都被外系的听众挤满了，人们仍在沉醉中，舍不得离去。

先生博学多才，非小子所能窥其万一。即以讲诗而言，先生论

* 本文系为纪念顾随三十周年忌辰而作，刊于《河北大学学报》1994年第4期。

诗独具慧眼，上起三百篇，下及唐宋诗词均有创见，发前人之所未发，而又绝非标新立异，全任一片诗心吟哦、咀嚼、体味所悟出。先生说得好："天下人不懂诗，便因讲诗的人太多了。而且讲诗的人话太多，说话愈详，去诗愈远。人最好是自己参悟。"

先生此论真可谓切中时弊。当今时尚，虽是一首并不难解的小诗小词，讲起来少说也要个把钟头，写成讲稿起码千言，其实也不一定有何新意，反而弄得听众读者晕头转向，丈二和尚摸不着头脑。

而先生讲历代诗家诗作，不论是曹公之悲壮、老杜之沉雄，都有自家的真知灼见。特别是论陶诗，深刻、警绝，正谬析疑，真是冠绝古今。前人说陶渊明是隐逸诗人。一说隐逸，便是避世、消极。先生以为"此不足以尽括渊明。渊明是积极的，进取的"。并举《荣木》为证："先师遗训，余岂云坠！四十无闻，斯不足畏……千里虽遥，孰敢不至！"人说陶诗和平，先生驳得尤其彻底，说"其和平之作不是和平而是悲哀"，而且指出"陶渊明心中有许多不平事，所差者，自己不愿把自己气死。人不生气除是橡皮人、木头人，而诗人是有血有肉而且感觉最锐敏的人，与一般俗人往来何能不生气？而又不甘于为俗人气死，所以喝酒赋诗"。论断多么干脆，分析多么透辟，而其论点又是多么出人意料，但仔细想来却又在情理之中，再重读陶诗，立即有新的领悟。不由得不佩服先生见解之深，不由得不从内心感谢先生给弟子后学指点迷津。

先生还提出陶诗有的"其'崛'不下于老杜"，更是惊人语！跟着即以"且共欢此饮，吾驾不可回"为证。且说，"常人多仅了解'悠然见南山'，非真了解"。结论在此，真是发人深省！"悠然见南山"被人背熟了，讲滥了，公认是陶诗的灵魂，可谁曾想到他的"崛"？

先生对陶诗（当然包括历代诗文）有如此深湛独到的卓见，盖因不是就诗论诗，而是透过诗篇深深体味到诗人的全部人格，即如诗人的立身处世、思想品德、一生遭际、感情心态，等等，才能如此深入到诗人的内心世界，细致全面地体察他思想组成的诸多方面和感情涌动的细微变化，从而掌握他写每首诗时心脉的搏动和性格的层面。如果这点体会还大致不错的话，我想这正是先生以他的身教教给我们应如何去读诗、理解诗和诗人，而不是拾人牙慧、人云亦云吧！

比如先生说："渊明篇篇说酒，然其意岂在酒？……世上无可恋念、皆不合心，不能上眼，故逃之于酒。""我们感伤悲哀，是因为我们看到世事之不得不然，而不知其自然而然。但我们并非麻木懈怠，不严肃，而且我们的感情经过理智整理了。陶盖能把不得不然看成为自然而然。"这是论陶诗，更是论陶公，也是论世事为人，语含禅机，虽非棒喝，亦近点化。若得妙悟，自大可不必愤世嫉俗，慷慨激昂，而心气"和平"了。如此方能悟得陶诗真谛。惜乎，先生这番教诲含义深奥，愚蒙的我虽体味多年，仍未得其中三昧，大为可憾！

先生论诗不落俗套，出语惊人。如说："人皆谓杜甫为诗圣。若在开合变化、粗细兼收上说，固然矣；若在言有尽而意无穷上说，则不如称陶渊明为诗圣。""以写而论，老杜可为诗圣；若以态度论之，当推陶渊明。老杜是写，是能品而几于神，陶渊明则根本是神品。"乍听来令人瞠目咋舌，细嚼慢咽方能渐渐领悟。

再如论："'采菊东篱下，悠然见南山'，千古名句，也是千古的谜，究为何意，无人懂。悠然的是什么？若作见鸡说鸡、见狗说狗，岂非小儿，更非渊明。可以说是把小我没入大自然之内了。"

凡此种种，都可见先生是用自己的心去读古人的诗，以己心去领悟诗心，故能不落俗套而有真知灼见，并理直气壮道出，毫不吞吞吐吐，更不有所保留。由此可见先生的真，先生的诚，不但教人应如何读诗，而且教人应如何做人。

先生说"读陶集四十年，仍时时有新发现，自谓如盲人摸象"。

出语极谦，但足见先生锲而不舍、永不满足的精神，非浅尝辄止者所能理解。先生才高，更益之以勤奋，方能有超人之识见和多方面精深的造诣及成就。

先生博学多才，不但善于讲诗，更长于写诗；不但是学者、教授，而且是诗人。不但擅长写诗，更喜填词、作曲，且样样都是当行本色，尽入化境。常言道文如其人，先生是忠厚长者，同时又是“处世无奇但率真”。诗风亦如此，明白如话，而意味隽永，正如先生评陶诗那样：“平淡而有韵味，平凡而神秘，此盖为文学最高境界。”先生诗词从不故意掉书袋，从不用生词僻典，如鲁迅评某人诗曰：“故用僻典，令人难解，可恶之至！”先生诗词却如“清水出芙蓉，天然去雕饰”。这种清健流畅、自然天成的诗句，看似信笔挥洒，全不着力，其实是经过长期酝酿和千锤百炼。只是由于先生才高，故天衣无缝，绝不见斧凿痕迹，而显得举重若轻。先生诗风多样，有的诗词极工巧，如“往事织成连夜梦，归云闪出满天星”。看，多么自然流畅，又多么工整细腻！读来甚至使我感受到吾师常为失眠之苦所困扰，但诗句却是那般瑰丽，行云流过，满天星斗熠熠生辉，闪烁在无垠的碧海夜空之中。

我最喜爱先生《荒原词》首阕《卜算子》：“荒草漫荒原，从没人经过。夜半谁将火种来，引起熊熊火。烟纵烈风吹，焰舐长天破。一个流星一点光，点点从空堕。”是绮丽，是壮美？是悲凉，还是理想之光？我真爱这首小词，不知在心中默诵过多少遍，书赠给人多少次。献给这次纪念先生逝世三十周年纪念大会的，我恭录的还是这首词。但我觉得至今仍没有完全读懂。我认为这绝非先生一时即兴之作，迷蒙感到这其中或许蕴含着先生的悲凉、憧憬、冲破黑暗的怒火，向往光明的渴求，平凡的字句掩不住智慧灵光的闪现。

先生为当代书法名家，才高学勤，数十年临池不辍。楷书学欧，工丽秀美，行草直追晋人，兼爱临摹唐人写经。先生书法给人以满纸苍茫之感，如观劲松，如临大海，锋棱峥嵘，顿挫跌宕，遒劲挺拔，汪洋恣肆，轻重徐疾，中音合会。而苍劲中又自然流动，如行云流水，惊鸿游龙。虽片纸小柬，一笔不苟，皆中规矩，令人宝爱难释。先生曾赐墨宝一长幅，数十年奉若家珍，惜乎没于浩劫之中，不知所终，徒增惋叹耳！

先生之学包罗万象，淹贯中西，夫子之墙数仞，非小生所能窥其万一，更非小文所能言及微末。确乎仰之弥高，钻之弥坚；高山仰止，景行行止，虽不能至，心向往之！先生早年曾于病中戏自挽曰“人恨才少，我恨才多”。先生一生教学，倾囊相授，罄其所有，毫无保留。学生课下质疑，或登门求教，或函电问难，莫不条分缕析，破迷解惑。夫子循循然善诱人，问者如拨云见日，茅塞顿开，亦感先生之和善与真诚。先生不必自恨才多，数十年来，先生之才已如甘霖雨露沾溉后学，桃李满天下，海内外名家学者辈出。更有深得先生之学真谛的叶嘉莹学长和先生幼女顾之京师妹，多年来苦心搜集整理先生遗著及听课笔记，爬梳编纂，已刊行问世者有《顾随文集》五十余万言，近又将刊行续集二三十万字，先生一生著述、讲授之精华已具大端，足资润泽后生，传之永久，先生可含笑九泉矣！可恨者唯我，懵懂鲁钝，少不努力，老不成才，深负先生谆谆教诲，无可告慰先生在天之灵，愧悔无及，徒呼奈何耳！

可庆幸者，中华大地历经磨难，先生终得安息于国都要隘、崇山峻岭之巅、举世仰慕的京都“北门锁钥”的雄关八达岭之下。近者又有先生爱婿曹桓武学兄前来相伴。翁婿相得，生前未竟之言，可于地下纵论古今，赋诗谈禅，挥毫抚琴，其乐融融，终古无极矣！

师生情谊七十年*

叶嘉莹

诸位老师、诸位同学：

我非常高兴今天又来参加我们新年的晚会，同时还有我们两项奖学金的颁奖典礼。我今天想要讲一个师生情谊七十年的故事，因为今年是2012年。我出生在1924年，1941年十七岁考上了当时北平的辅仁大学。那时我们的系主任是余嘉锡先生，他教我们目录学，刘盼遂先生教我们经学史，陆颖明先生教我们声韵学，另外还有赵万里先生，他是王国维先生的学生，教我们戏曲史。大二那一年，也就是1942年，我十八岁的时候，开始有“唐宋诗”的一个课程，是由顾随先生担任我们的老师。顾随先生的别号是“驼庵”，我今天讲这个故事，就是想告诉大家我为什么设立了“驼庵”奖学金。而且很巧的是，从1942年到今年2012年整整有七十年之久了，所以我所要讲的是一个七十年的师生情谊的故事。当然像刚才我所说的，所有的老师

---

* 本文系据叶嘉莹2012年12月20日在第十六届叶氏驼庵奖学金颁奖典礼上的讲话补充整理而成，由南开大学中华古典文化研究所提供。

我都是非常感激的。我 1979 年回国的时候还约了几位老师聚会，当时陆颖明先生还在，周祖谟先生也还在，我们的同学也有很多人都还在的。可是转眼之间，从 1979 年到现在又是三十几年过去了，老师不在了，同学大多也都不在了，我今天还能够很幸运地站在这里来讲这个七十年的故事，我觉得是非常有纪念意义的。我说“七十年的师生情谊”，还不只是因为我曾经跟老师受教，距离现在有七十年之久了，而且也确实因为七十年之间，我们经历了死生离别，后来虽然不能够见面，甚至于也没有机会通信，但是我们师生间的情谊一直是永远在的。

龙榆生先生曾经给他的学生题写过一首《浣溪沙》的小词，下半阕说：“文字因缘逾骨肉，匡扶志业托讴吟，只应不负岁寒心。”我把他这几句改写了一下，变成“师弟恩情逾骨肉，书生志意托讴吟，只应不负岁寒心。”老师与学生之间的这种情谊，有时甚至于比骨肉更亲近。因为骨肉是天生来的，是血缘的关系，而不在于个人精神、思想上有没有一种自我的选择。而师生的情谊，则是他们的理想和志意的一种传承。所以很多人都觉得师生的情谊是更为可贵的，这是“师弟恩情逾骨肉”。“书生志意托讴吟”，我们讲授古典诗歌，我们的理想和志意，都是寄托在歌诗里边的，而且不只是我们自己的理想和志意，我们也透过古人的诗歌，把他们的品格、理想，他们的志意、怀抱，他们的情操、修养，传递给同学。我很庆幸自己能得到很多非常好的老师的教导，但是他们在课堂上所讲的大半只是知识的传授。而让我能够在品格、修养、人生上又提升一个境界的，我觉得是顾随先生。顾随先生讲课其实很有特色，没有课本，也没有讲义，他上课是一片神行，完全凭灵感来讲诗的。我从小在家里就读旧诗，十岁左右就开始作诗了。等我以同等学力考上了初中，我母亲给我买了一套“词学小丛书”，其中有很多名家的词，同时还有王国维先生的《人间词话》。从此没有人教我，我就无师自通地也学习了填词。我伯父喜欢藏书，不但是经史方面的书他收藏了很多，而且他也买了很多词曲的书，像《元曲选》、《散曲丛刊》之类。他并没有教我去读，我就自己找来读。所以当我上大学的时候，我是已经自修，学会作诗、填词和谱曲了。上了顾先生的课，我就把一些旧作写录出来呈交给先生去批改。顾先生在我的习作上写的评语是："作诗是诗，填词是词，谱曲是曲，青年有清才如此，当善自护持，勉之，勉之。"老师给我这个评语以后，我并没有觉得有什么特别的欣喜，"作诗是诗，填词是词，谱曲是曲"，我以为那当然应该是如此的。可是当我教了学生以后才知道，要想"作诗是诗，填词是词，谱曲是曲"，其实并不是一件简单的事情，诗、词、曲之间风格的差异和分野并不容易掌握。那是我交给老师的第一批旧作，顾先生给了我这样的评语。不过我虽然早就在家庭长辈的熏陶下学会了作诗、填词、谱曲，可是，是顾先生打开了我的眼界，使我在读古人作品的时候，开始有了一个比较高的眼界，能够分辨什么是好诗，什么是坏诗。我觉得自己本来像一只苍蝇，关在屋子里边，东撞一头，西撞一头，等到忽然间有一天开了一扇天窗，我一下飞出去了，看到天光云影的高远美丽，那是顾先生为我打开的这一扇窗，所以我对老师是特别感念的。我听了顾先生的课以后，就不仅听他诗选的课，也同时听他很多别的课。当时顾先生在辅仁大学只教诗选、曲选，另外他在中国大学也教词选的课，所以我就骑自行车赶到那边去听词选的课。一两年后，老师发现我什么课都听了，就不想重复讲同样的内容，所以他后来就常常开新的课，比如《论语》、《中庸》，还有陆机的《文赋》。而我听老师讲课，则总是心追手写，记很详细的笔记，所以我的笔记也记了很多，大概有十本笔记本，另外活页的笔记则不计其数，那都是我七十年前的旧笔记了。后来经过多少流离迁徙，我把它们一直带在我的身边，因为我当时心里有一个想法，我觉得我的书籍、衣物都是不重要的，那些东西丢了以后还可以再买回来，只有老师这十几本笔记，我知道世界上再也没有这样的笔记了。顾先生讲课，虽然听讲的同学很多，但是同在一个课室里听讲，每个人所得的多少是完全不同的。何况老师没有固定的课本和讲义，他上课时随说随写，常常只在黑板上写几句重要的话，而就是这样的讲授，很多同学并不记录，为什么不记录呢？一个原因，因为顾先生讲课常常引一些古人的诗词，如果对于古诗词不能熟读记诵，就没有办法记下来。还有老师写字常常有一些行草的书法，也是很不容易记下来的。所以我可以说天地之间，除了我所记写的老师讲课的笔记，再也没有别人记下来这样的笔记了，我以为这是天地之间非常可宝贵的。因为我的老师讲诗，实在是讲得好，我没有碰见过另外一个人讲诗讲得这么好的。我以为自己平生做了两件事情，在文化的传承上是有意义的。一个就是顾先生说诗的笔记我记下来了；还有一个就是教我大一国文的戴君仁先生，他的吟诵非常好，当年没有录音，后来在台湾我请我的学生为戴先生录了一卷录音，包括五七言古近体，有将近一个小时的录音，现在在网上大家都可以看到。我觉得在文化的传承上，我所做的这两件事情是有意义的。

最初顾先生在我所交的习作上常有些指点和批改，及至 1944 年我交给老师我的近作《晚秋杂诗》六首习作，他非但没有批改，而且还和了我这六首诗。可是我其实跟老师不大讲话，因为我当时不是很爱讲话的一个人。1945 年我大学毕业就到中学去教书了，不过我还一直坚持在听老师讲课。1946 年夏天顾先生给我写了一封信，信中说：

> 年来足下听不佞讲文最勤，所得亦最多。然不佞却并不希望足下能为苦水传法弟子而已。假使苦水有法可传，则截至今日，凡所有法，足下已尽得之。此语在不佞为非夸，而对足下亦非过

誉。不佞之望于足下者，在于不佞法外，别有开发，能自建树，成为南岳下之马祖，而不愿足下成为孔门之曾参也。

老师以为他所传之“法”，我这个学生都已经得到了，而他所期望的，是我能够在他的“法”外，“别有开发，能自建树，成为南岳下之马祖”，而不只是做孔门的曾参。曾参是夫子说什么他就说什么，孔子说“吾道一以贯之”，曾子曰“唯”（《论语·里仁》）。顾先生不希望我只做一个唯唯诺诺的能够遵守师说的弟子而已，而希望我如同南岳怀让的弟子马祖道一那样，能够“别有开发，能自建树”。老师对我的这种期望，我当年觉得非常地惶恐和惭愧，我也不知道我的老师为什么竟然把这份期望，加在我的身上了。我当年只不过是一个女学生，而且小的时候是关起门来在院子里长大的，非常害羞，所以在同学之间公开的场合，常常一句话都不敢讲。后来老师的女儿顾之京告诉我说，她父亲的学生很多她都认识，而对于我，她当年只知道我的名字而并不认识。我不是喜欢说话和表现的人，所以在老师面前我也只是和同学一起听讲，常常并不讲话，我真的不知道老师为什么把这样的期望加在我的身上了。不过老师是一直希望我能够继承他，能够把诗词里边那种真正的感发的生命传播下去，这也是我一直坚持到现在还在讲课的缘故。可是 1948 年的春天，我因为结婚的缘故就离开了北京，去了南方，当时老师曾经写了一首诗送给我：

送嘉莹南下

食荼已久渐芳甘，世味如禅彻底参。廿载上堂如梦呓，几人传法现优昙。

分明已见鹏起北，衰朽敢言吾道南。此际泠然御风去，日明云暗过江潭。

"廿载上堂如梦呓，几人传法现优昙"，他说自己在讲台上教书几十年，如同"梦呓"，就好像说梦话一样。而在他所教的学生之中，有几个人真的能够继承他的精神和理念呢？"几人传法"，能开出像佛经所说的优婆昙那样美丽的花朵。我是1948年3月走的，在南京我也曾经跟老师通过几封信，可是1948年11月因为我先生赵钟荪工作的调动，当时国民政府要从南京撤退到台湾去了，所以我就跟我的先生去了台湾。到了台湾我还跟老师通过几次信，可是后来就断绝了音信，从什么时候断绝的呢？从1949年以后就断绝了。1949年5月台湾发布戒严令，"白色恐怖"的阴霾从此笼罩了整个台湾，打击的对象包括知识分子、军人、农民、工人，有左翼思想倾向的人则首当其冲。当时我在台湾的彰化女中教书，我先生在左营，因为他属于海军。1949年12月24日平安夜的晚上，我先生从左营到彰化女中来探望我，那个时候我们的女儿还只是四个月大。25日圣诞节的清晨，天还没有完全亮，就敲门进来一群海军的官兵，他们怀疑我先生有思想问题，搜查了所有的东西，然后把我先生就带走了。那我不放心，就匆匆忙忙地准备一些小孩子的东西，带着我的女儿坐火车跟着他们过去了，一直到左营的海军军区。从此以后，我先生就被关起来了，我无以为生，就又回到彰化女中继续教书，而且我隐瞒了我先生因为思想问题被关的事情，否则的话彰化女中就不敢请我了。可是第二年夏天我的女儿还没有满周岁，我跟我的女儿还有校长和另外四个老师也都被关起来了。从此以后，我就跟顾先生再也没有通信了。

而去年（2011年），差不多已经是六十多年以后了，我在整理我们家东西的时候，因为我先生在四年前也过世了，家里很多杂乱的东西需要整理。我就在一堆旧信里边，找到了一封我老师的信，是我当年没有收到的一封信。台湾拍过一部电影《海角七号》，讲一封没有投到的信，这件事情在我的身上就真的发生了。我是六十年之后才知道老师给我写过这样一封信，其实还不是给我的信，是顾先生在给我的信里附了一封给台湾大学的台静农先生的信，给我的信已经不见了，而这封附信居然保存下来了。信封的正面写的是台湾大学台静农教授的名字，信封的背面写了几个字："左营海军军事学校教练处赵钟荪转。"这是六十多年前的信，我是去年（2011年）才看见的。这封信证明老师是非常关心我的，他曾经要把我推荐给台湾大学中文系的系主任台静农先生。可是这封信我没有收到，一直到去年我才看见这封信。我当时从被关押的地方出来就失业了，无以为生，寄居在亲戚的家里。后来当我先生被放出来以后，经由我另外的老师许世瑛先生、戴君仁先生的介绍，我还是到台北各大学去教书了，我也曾经写过一篇纪念台湾几位师友的文章（《怀旧忆往——悼念台大的几位师友》），以表示我的感激之意。而我不知道，原来顾先生也曾经给台静农先生写过一封推荐我的信，信的内容说：

> 静农吾兄如晤：
>
> 穷忙久未书候。闻台中此际天气温煦，有如北国春夏之交，想起居佳胜也。兹启者，辅大校友叶嘉莹女士，系中文系毕业生，学识写作在今日俱属不可多得，刻避地赴台，拟觅相当工作。吾兄久居该地，必能相机设法，今特令其持函晋谒，倘蒙鼎力吹嘘，感等身受。南望驰怀，书不能悉。敬颂　撰祺
>
> 弟　顾随　拜手 十二月十日
>
> 霁野、因百两兄统此

好在顾先生还有一些残存的日记，我们可以考证这封信写作的确切年份。老师1948年12月4日的日记记载："得叶嘉莹君自台湾左营

来信，报告近况，自言看孩子、烧饭、打杂，殊不惯，不禁为之发造物忌才之叹。”12月5日的日记记载：“作一书与叶君。”12月10日的日记记载：“发致叶君信。”我想老师一定是得知我在台湾的近况以后非常关心，在给我寄信的当天又写了这封给台静农先生的信。而我没有收到的给我的那封信正是日记记载12月5日所写的一封信。这足可见到老师对我的关怀，对我的期望，是使我非常感念的。

其后1949年7月顾先生在写给我的同学刘在昭的一封信中又曾说：“嘉莹与之英遂不得消息，彼两人其亦长长相见邪？”那时台湾已经戒严，所以我们就断绝了音信。之英是老师的二女儿，也到台湾去了，她的先生是空军，我们都是因为先生在国民党的军队里工作所以随国民政府撤退到台湾去的。我跟我先生因“白色恐怖”被关了，而顾之英去了台湾以后不久，因为气候、环境、生活种种的原因，她去世了。顾之英去世以后，她的先生李朝魁自杀了，而且在自杀以前把他们家的三个孩子都先喂了毒药，全家都不在了。这当时我都不知道，本来我的老师也叫我去看望顾之英的，可是我到了台湾以后就怀孕生女，当时台湾交通不便，左营到台北要坐一整天的火车，而且我生了女儿以后不久就被关了，所以我没有办法跟她联系。等我先生放出来了，我们到了台北，我就去空军的眷属宿舍找顾之英，他们的邻居告诉我说，他们全家都不在了。有人还说当时救下来一个男孩子，叫李沪生，可是他在哪儿呢？那些人就不清楚了，那我就又找了一个人，也是我们辅仁大学的同学，叫傅试中，他在空军工作，我就托他去帮我找那个孩子，我当时其实是预备领养那个孩子的，可是没有找到。后来当我回国见到老师的小女儿顾之京的时候，她告诉我说，其实当年她的姐姐全家这样的不幸，大陆的报纸曾经将之作为台湾“白色恐怖”的事件报道过，家里人不敢把这件事情告诉老师，就把报纸藏起来了，说今天的报纸没有拿到。后来她们就发现，老师也有可能在别的地方看到了这个消息，应该知道了这件事情，可是他也不愿意在家里边挑明，所以彼此都不说。在这些事情发生以前，当1949年7月老师给刘在昭写信的时候，他不知道我们的情况，所以在信中说我和之英两个人都不给他写信了，可是我们两个人是不是常常见面呢？其实我在台湾没有见过顾之英一面，等我去找她的时候她已经不在了。老师信里说得很含蓄，他当然不知道我们怎么样了，但其实我们那时候是遭遇了这样的不幸，这是我们在离乱之间的情况。

音信断绝以后，不但是老师不知道我们的遭遇，我当然也更不知道老师的心境是如何了。我是多少年以后，因为一些偶然的机缘，从旁的方面才听说了解到，其实当年音信断绝以后，老师对于我仍然是关心怀念的。他不但在日记和给我同学的书信里提到我，在给与我不相识的人的信里也曾经提到我的，这个人就是周汝昌先生。我和周汝昌先生原本并不认识，后来我在海外才获知他也曾经跟顾先生受业。直到1979年秋天，当时因为美国威斯康星大学的周策纵教授筹办国际红学会议，我们都在受邀之列，我因而得到了周先生的地址。而那时我和诸位同门正在设法搜集和编辑老师的遗著，于是我就给周先生写了一封信，希望他能共襄此事。1980年春天，我收到周先生一封很长的回信，读后曾使我深受感动，原信说：

> ……汝昌于学长原无所知，早岁于羡师诗集中见有“和叶生韵”、“再和叶生韵”共七律八首（整理者按：实有十二首），迥异凡响，因尽和之。并与师言“叶生”者定非俗士，今何在耶？师不答（原注：此皆通信，非面请也）。后于五二年至蜀，于华西大学执教（原注：外语系），尔时羡师大病初起，即手书云（原注：大意）：“昔年有句赠叶生：‘分明已见鹏起北，衰朽敢云吾道南’，今以移赠吾玉言（原注：汝昌贱字也），非敢‘取巧’，实因对题

耳。”此汝昌自羡师亲聆语及叶生之唯一一例，心焉识之，不敢请询也。及今思之，此岂非即指学长乎？羡师一生门墙桃李，而常伤寂寞，自知汝昌其人后，乃不以寻常师弟之谊视之，半生精力倾注于汝昌者实多（原注：指与汝昌通讯论学，唱和之勤、之专也），至言“我有平生不与家人言之之事，今独与玉言言之”，则可知其情矣……

周汝昌当年看到顾先生的诗集里有和我的诗，就问老师：“‘叶生’者定非俗士，今何在耶？”可是“师不答”，老师没有给他回答。1952 年他到四川去教书了，老师给他写信说：“昔年有句赠叶生”，说从前写过诗句送给叶生：“分明已见鹏起北，衰朽敢言吾道南”，“今以移赠吾玉言”，“玉言”是周汝昌的字，老师对他说：“我当年给叶生写的诗，现在送给你了”。“非敢取巧”，老师说：“我不给你写新的句子，而把当年给叶生的句子送给你”，“实因对题”，因为他当时也到南方去了。这时候老师以为我已经没有下落了，他的传法不知如何了，所以他就把传法的“吾道南”的诗句转赠给周汝昌了。老师当年没有回答周汝昌“叶生何在”的疑问，那当然是因为我当时在台湾。我想老师默然之间，内心之中一定有着难与人言的悲慨，可是因为海峡的政治的隔绝，他不得不将这种关怀悬念的感情隐而不发。1952 年当老师大病初起时，把四年前赠给我的一首寄托了“吾道南”之冀望的诗句转赠给了周汝昌，这其中老师因为多年得不到我的音信，他的失望与伤痛是可以想见的。而我几十年以后读到周汝昌先生的这封信，我内心的感动也是难以言表的。

后来还有一件事情使我非常感动的，就是 1957 年老师曾经追和了我一首《踏莎行》的词，这也是到 2009 年我才知道的。1943 年春天，我还在老师“唐宋诗”的课上听讲，老师有一次上课偶然提到雪莱的《西风颂》。《西风颂》有两句说："冬天来了，春天还会远吗？"当时北平已经沦陷有六年之久了，大家都期盼着抗战的胜利，老师上课就说他用雪莱这两句诗的诗意填了两句词："耐他风雪耐他寒，纵寒已是春寒了。"他就把这两句词写在了黑板上，然后我就用这两句填写了一首《踏莎行》交给老师作为作业：

踏莎行

用羡季师句，试勉学其作风，苦未能似（1943）。

烛短宵长，月明人悄。梦回何事萦怀抱。撇开烦恼即欢娱，世人偏道欢娱少。

软语叮咛，阶前细草。落梅花信今年早。耐他风雪耐他寒，纵寒已是春寒了。

当时老师还曾经给我这首词写过评语，说："前阕大似《味辛词》。"《味辛词》是老师的词集，他说我上半首写得跟他的词的风格很相近。后来我离开北平了，就与老师失去了联系。可是顾之京整理老师的遗著，她看到我的诗词稿，说老师曾经有这么两句词，可是她查遍了她父亲所有的诗词稿，也没有这两句词。一直到2009年，她才从周汝昌先生所提供的旧稿中找到，原来老师在1957年2月曾经填写了一首《踏莎行》，正是用了这两句词：

踏莎行

今春沽上风雪间作，寒甚。今冬忆得十余年前困居北京时曾有断句，兹足成之，歇拍两句是也（1957）。

昔日填词，时常叹老。如今看去真堪笑。江山别换主人公，自然白发成年少。

柳柳梅梅，花花草草。眼前几日风光好。耐他霰雪耐他寒，纵寒也是春寒了。

当顾之京发现这首词以后，她写了一段按语说：“品读新发现的父亲这一首已亡佚六十余年的小词，发现词前之‘序文’遥遥照应着叶嘉莹所述当年的那段本事。师弟二人相隔十余年的两首词用的是同一个词牌《踏莎行》，师弟二人同样把当年课堂上的断句置于词作之歇拍。老师词作上片之节拍与弟子的词作上片节拍用的是同一个韵字，词中所用意象师生二人也颇有相近似者——这竟是老师对弟子十四年前‘用羡季师句’足成之作所谱的一阕无法明言‘和作’的跨越时空的唱和。此中所深蕴的不尽的情意，难以言传。”而作为当事人的我，内心的感动当然更是言语所难以传述的。

我到台湾以后遭遇到很多不幸，所以50年代我的整个心境是很悲观的。我那时候最常记起来的，就是王国维先生用东坡韵咏杨花的《水龙吟》词开头的两句：“开时不与人看，如何一霎濛濛坠。”我以为自己就像静安先生所咏的杨花一样，还没有开过，就已经零落凋残了。所以当我得知老师在日记里也不禁为我“发造物忌才之叹”的时候，老师对我的那一份欣赏、那一份期望和获知我近况以后的那一份哀感，真是使我有深切的感动。而我当时虽然遭遇了那样的不幸，心境也很悲观，但是我也没有忘怀我的老师。不但那些听课的笔记我一直随身携带，完整地保存下来了，还有老师写给我的书信，赠给我的诗，我也都视为无价之宝，行箧以随。我那时常常梦见回到过去读书的时代，梦见我跟我的同学刘在昭一同去拜望老师，但当我们出了辅大女校后门走到什刹海附近时，就看到里边长满了很高的芦苇，我们怎么也没有办法从那片苇丛中走出去，那条路总是不通的，然后我就蓦然惊醒，留下满怀的悲哀和怅惘。我想我自己潜意识里边一直没有忘记老师对我的期望，而我当时面对种种的不幸，只不过勉强活下来而已，自己感到我已经没有办法达成老师的愿望，觉得对不起我的老师，所以才常常做那样的梦。我当时在梦境之中还曾经写过一副联语，那是我梦见自己在给学生讲课，讲黑板上我写的一副联语：

> 室迩人遐，杨柳多情偏怨别；
> 雨余春暮，海棠憔悴不成娇。

因为是梦中的联语，所以这副对联没有收到我的诗词稿里边。上联“室迩人遐”，出自《诗经·郑风·东门之墠》，“其室则迩，其人甚远”，是说住的地方看起来很近，但所怀念的那个人却很远。“室迩人遐，杨柳多情偏怨别”，人生的离合聚散，都是不由自主的。下联“雨余春暮”，一场雨后，春天真的是迟暮了，“海棠憔悴不成娇”，海棠花已经如此之憔悴了，失去了它原有的娇美。这虽然是梦中所写的句子，但却正是那个时期我潜意识里边的真实感受。天下的事情真的很难说，1958 年台湾大学中文系的系主任台静农先生知道我梦中曾经写过这样一副联语，就把它写成了书法，还叫人装裱制成了镜框，亲自送来给我。我猜想台先生当年可能听说过我到台湾以后的遭遇，他读出来我这副对联所反映的我当时的心情，所以才如此郑重地写成书法送给我。而很可惜的是，这副我平生最为珍赏的书法，竟然于 2010 年岁末从我温哥华的家中被盗走了，后来我还曾经因此写过一篇纪念的文字，题目是《物缘有尽，心谊长存》，我以为物缘虽然总会有终尽的一天，但是这里边所包含的我和台先生之间的心谊则是长在的。还不只是我和台先生之间的心谊，最近我的学生告诉我——他读书很仔细，记忆力也很好——他说我当年梦中所写的这副对联，其实里边有一句是用了我老师的句子，在我当年听讲的笔记里记录了老师所写的一首《浣溪沙》：

> 乍可垂杨斗舞腰，丁香如雪逐风飘。海棠憔悴不成娇。
>
> 有鸟常呼泥滑滑，残灯坐对雨潇潇。今年春事太无聊。

老师的词里边也写了杨柳，也写了海棠，而且我下联里边的“海棠憔悴不成娇”，正是老师这首词里边的句子。我过去并没有想到，是我的学生告诉我的。所以这表示我下意识中也记得老师的诗句。台先生当然不知道其中有顾先生的诗句，而且当时我与台先生都不知道老师曾经给他写过一封推荐我的信，而台先生精心郑重写成送给我的书法，其中竟有一句是顾先生的句子。这真是冥冥之中的一种巧合。

1950年代中期，我开始在台湾大学教书，不久又在淡江大学和在台湾复校的辅仁大学兼课。前面所讲的顾先生写给台静农先生的信里，老师还提到两个人，就是郑骞（因百）先生和李霁野先生。郑骞先生当时也在台大教书，1956年夏天，台湾的“教育部”举办了一个系列讲座，邀请一些有名的教授去讲课，他们当时就请郑骞先生去讲词，可是郑先生当时太忙，他就推荐我去，所以我就去讲了唐五代和北宋的词。讲座结束以后，“教育部”又要我们这些讲课的人，每人写一篇文章刊登在当时台湾“教育部”出版的《教育与文化》这本刊物上，所以1957年我才写了大家现在所能见到的我的第一篇评赏诗词的文字——《说静安词〈浣溪沙〉一首》。郑骞先生看了我的文章以后，就对我说：“你所走的是顾羡季先生的路子。”郑先生是顾先生的好友，对老师也非常理解，他以为我可以说是继承了顾先生的衣钵，得其神髓了。不过我当时忧患余生，内心并未敢抱有什么“传衣钵，得神髓”的奢望，我只是尽自己的力量教书，偶然写一点带有自己投影的文字而已，是后来我才慢慢跳出一己的感情来开始撰写正式的论著的。不过不论是哪种风格的文字，我都是以我自己内心的真诚感受为主来写的，是我内心真的有所感发，才笔之于书的，这当然也是受了我老师的影响。至于老师在信里同时也提到的李霁野先生，则更是我1979年回国以后坚持邀请我到南开来教书的一位师长，他也曾经到过台湾，不久就返回大陆了。1979年我开始回国教书，国家教委本来安排我去的是北京大学，李霁野先生当时在南开做外文系的系主任，他知道我回来了，就坚持邀请我来南开教书。后来一直到现在，我和南开大学才结下来这三十几年的因缘。所以我一直以为虽然我和我的老师分别，不能见面和通信了，但是冥冥之中总是有一种指引，有一种力量，不但让我在忧患困苦之中能够坚持活下来，还让我葆有对诗词里边那种感发生命的终生的热情和对于教学传承的执着，这也是我为什么一直到现在还在坚持中国古典诗词之教学的缘故。

1969年我到了加拿大，那时候台湾的商务印书馆正要出版我的《迦陵存稿》，那也是我的诗词稿第一次正式结集出版。当时我也还在漂泊之中，不知道自己最终要落到什么地方，所以内心也有很多感慨。我觉得自己离开故乡越来越远了，真的不知道什么时候才能够回去，我当时最怀念的还是对我影响最大的我的老师和我的伯父。所以那一年的除夕，我在给我的《迦陵存稿》作跋的时候，也曾经写过这样的话：“年来往返国内外，每检箱箧，时睹旧稿，则羡季师评改之手迹犹新，而伯父狷卿翁之音容笑貌，亦恍如仍在目前，然而竹幕深垂，不通音问者，盖已廿载有余矣。且伯父狷卿翁及羡季师并皆体弱多病，于三十七年（1948）春嘉莹离平时即已衰象毕呈，则今日之安危存殁，盖有不忍深思者矣。”其实伯父和老师早已在1958年和1960年便已先后离世，等到1974年我第一次回国探亲，那时候我最想见到的就是我的老师和我的伯父，可是他们都已经不在了，留下的是我终生的遗憾。

佛教说传法如同传灯，《维摩诘经》上曾经说：

> 有法门名无尽灯，汝等当学。无尽灯者，譬如一灯然百千灯，冥者皆明，明终不尽。

诗词中的那种感发，绝不只是知识，它是一种生命，是能够提升你的心灵和品质的一种能量。这就像是佛教所说的传灯，“一灯然百千灯”，从一个灯的火焰能够点燃百千灯的火焰，灯灯的继续相传，能使“冥者皆明，明终不尽”。我的老师点燃了我心中的灯，他也希望我能够把这一点火焰传递下去，所以我很希望同学在学校学习的，不只是知识，不只是学问，而是真的在你们的品格、情操、心灵方面能够更有所提升的一种生命和力量。而联想到传灯的“灯”，我曾经写过一些与灯有关的诗词，现在可以简单给大家讲一讲。前面提到 1944 年在大学读书时我写了《晚秋杂诗》五首和《摇落》一首一共六首七言律诗，本来是交给老师的习作，可是这次老师没有批改，他发回来的，是他和了我的六首七言律诗。那后来到了冬天，老师既然和了我的诗，所以我就又写了六首诗，用同样的韵，所谓“和韵”。我的老师也又和了我六首诗。这些诗我来不及细讲，我只讲其中我所写的提到灯的一首：

> 羡季师和诗六章用《晚秋杂诗》五首及《摇落》一首韵，辞意深美，自愧无能奉酬。无何既入深冬，岁暮天寒，载途风雪，因再为长句六章，仍叠前韵。

> 尽夜狂风撼大城，悲笳哀角不堪听。晴明半日寒仍劲，灯火

深宵夜有情。

入世已拼愁似海，逃禅不借隐为名。伐茅盖顶他年事，生计如斯总未更。

那是沦陷中的北平，“尽夜狂风撼大城，悲笳哀角不堪听”，北京冬天的风是非常大的，吹起来带着哨声这么响的。因为我们是在沦陷区，已经到了最艰苦的阶段，不用说粮食，我们当时只能吃混合面，我去上学，走出门来，墙角底下就是冻饿而死的人，这是我在沦陷区那抗战最艰苦的阶段所亲眼看见的。“晴明半日寒仍劲，灯火深宵夜有情”，好不容易“晴明半日”，似乎有了一点好的消息，有了一点盼望，但是那胜利，那真正太平安乐的日子还是很遥远的。“晴明半日寒仍劲”，但是“灯火深宵夜有情”，当然在这么寒冷的夜晚，外边寒风怒号，冰雪满天的时候，你房间里边有红色的灯火，有一盏油灯，当然是“有情”，而且这个灯火不只是你眼前的现实的这一点灯火，是你心中有没有灯火？“入世已拼愁似海”，一个人如果不想做事情就算了，你如果入世，就要拼出去，要面对和担荷一切的痛苦和不幸，我是经历过很多忧患困苦的，但是我活下来了。“逃禅不借隐为名”，所谓“逃禅”，有些人觉得世间这样的污浊混乱，所以就闭门独善，自命清高，说我是学道的，我的品格是高的，我怎么能够跟你们混在一起呢。而我说“入世已拼愁似海，逃禅不借隐为名”，我是说我自己内心是远离人世间这些污浊混乱的，我没有那些物欲的追求，但是我并没有说我要到深山老林之中去隐居，来表现我可是清高的。“入世已拼愁似海”，就是说我是关怀人世的，我有这样的感情，有这样的心意，可是“逃禅不借隐为名”，因为我不沾染世界上一切的利欲。这就是我老师所说的“以无生的觉悟做有生的事业，以悲观的心情过乐观的生活”。所以我说“伐茅盖顶他年事，生计如斯总未更”，我自己从来没有打算过要为自己做怎么样的安排，我落到哪里那都是命运的安排。后来我还写过一首咏灯的词：

鹧鸪天

友人寄赠“老油灯”图影集一册，其中一盏与儿时旧家所点燃者极为相似，因忆昔年诵读李商隐《灯》诗，有“皎洁终无倦，煎熬亦自求”及“花时随酒远，雨后背窗休”之句，感赋此词。

皎洁煎熬枉自痴。当年爱诵义山诗。酒边花外曾无分，雨冷窗寒有梦知。

人老去，愿都迟。蓦看图影起相思。心头一焰凭谁识，的历长明永夜时。

李商隐写过一首咏灯的诗，说灯是要燃烧的，“皎洁终无倦，煎熬亦自求”，所以它的忍受煎熬是出于自求，是它自己有这样的一种感情，有这样的一种志意，所以“皎洁终无倦，煎熬亦自求”。灯也有幸与不幸，幸运的灯是被诗人拿着去赏花，“只恐夜深花睡去，故烧高烛照红妆”，“花时随酒远”，这是幸运的灯。可是有的时候不幸运的灯，则是“雨后背窗休”，在凄风冷雨的夜晚，这个灯被吹灭了，所以灯也有这样两种不同的遭遇。可是灯本来的使命，是要去燃烧自己，照亮别人的。我小时候家里边窗前有一丛竹子，我曾经写过一首诗：

对窗前秋竹有感

记得年时花满庭，枝梢时见度流萤。而今花落萤飞尽，忍向西风独自青。

我小的时候生活很贫乏，是关在家门里边长大的，连小学都没有上。所以我就写我们家的院子，“记得年时”，春夏的时候，“花满庭”，院子里我母亲种了很多花，“枝梢时见度流萤”，夏天那树枝的枝梢常常有萤火虫飞来飞去。“而今花落萤飞尽”，现在花也落了，萤火虫也不见了，我就对我窗前的“秋竹”说，你“忍向西风独自青”？你怎么忍心看着花也落了，萤火虫也不见了，独自对着西风，还这样青翠如斯呢？我当时不过十五岁，我很奇怪自己为什么说那样的话。就是说我所关怀的不是自己，而是周围的环境。就如同灯一样，天生来就是要燃烧自己，照亮别人的。所以我说我是“皎洁煎熬枉自痴”，我自己有这样一种痴情。而我的生活遭遇，则是“酒边花外曾无分，雨冷窗寒有梦知”，我平生经历了很多忧苦和患难，在现实之中，我没有一般人，像那些幸运的灯被拿来赏花祝酒的那种“酒边花外”的快乐。可是我也有我自己的快乐，那就是我和我所迷恋热爱的诗词相伴了一生，即使在那“雨冷窗寒”的夜晚，我心中有一盏灯，它照亮着我的梦，所以我的梦从来没有冷过。最后我说“心头一焰凭谁识，的历长明永夜时”，我心头的这一点火焰，真的有谁能够认识，更有谁能够传递，我现在虽然是“人老去，愿都迟”了，可是我还预备尽我的力量，把我老师所传递给我的那一点火焰传递下去。我虽然老了，但是我内心的那盏灯还是和当年老师把我点燃的时候一样，皎洁的历，永夜长明的。

我的老师希望我能够做一个传法的弟子，我只是在努力，我不知道自己能不能做到。但是作为老师，总是希望能够有一个继承的人。我自 1945 年大学毕业，曾在当时北京的三所中学任教，1948 年离京南下，当然没有退休金。到南京后曾在一所私立中学任教，而 1948 年底就随我先生工作调动去了台湾，当然也没有退休金。1949

年初到台湾彰化女中任教，到 1950 年夏因“白色恐怖”离职，当然也没有退休金。恐怖期中蛰居台南一个私立中学任教三年，当然也没有退休金。1953 年转到台北市二女中任教仅一年就被台大聘去兼课，也没有退休金。1954 年我在台大改为专任，到 1969 年离职赴加拿大，任期只有十五年，也没有退休金。1989 年我六十五岁，从加拿大不列颠哥伦比亚大学退休，虽然教了二十年书，但因第一年来任教时是客座的身份，计算起来专任之期不过十九年，所以也不能拿到全额退休金。至于我自 1979 年以来，虽曾在国内多所大学讲课任教，但都是自费回国，无偿讲学，何况我已早逾退休年龄。南开支持我多年在此讲学，并成立了中华古典文化研究所，得遂我传灯讲学之愿，我对南开大学极为感激，所以我愿意将平生所得退休金捐出一半设立奖学金，今天我还想借此机会对南开大学多年来给我的爱护和支持表达深切的感谢之意。我以我老师的名义设立了这个奖学金，我当年所捐出的是我一生教书所得的唯一的一份退休金的一半，当时的十万美金约合一百万人民币，而多年来币值的改变，现在当然已经微不足道了，可能同学得到的奖金连在今天吃一顿豪华的酒宴都不够，但是我设立奖学金的初心和愿望，包含了我对老师的怀念与感激，现在可以说更包含了我们经历了死生离别的七十年师生的情谊。我是希望我们年轻的同学，真的有人能够对古典诗歌有深入的体会，真的能够有所成就。“心头一焰凭谁识，的历长明永夜时”，我希望我的那一点光焰能够有年轻的同学，像传灯一样，能够传下去。我希望大家不只是注重知识和学问，更不只是看重物利和金钱，而是像我的老师和我一样，我们透过诗歌里边那种感发的生命，能够建立跟葆有一份恒常永在的情谊和光亮！

谢谢大家！

【京按】1997年5月7日，“顾随先生百年诞辰纪念会”在北京师范大学英东学术会堂举行，时嘉莹教授正在美国各州讲学，不能回国参加，遂向纪念会发一传真函，函中言道：近年既在南开大学成立研究所，“因决定捐献个人退休金之半数，成立基金会，并将其中之奖学金，定名为‘驼庵奖学金’，特取先生之别号为奖学金之名称，亦不过聊表个人对师恩之感念于万一耳”。“驼庵奖学金”之首届颁奖大会于是年12月25日在南开大学举行，此后每年颁发一次，每次嘉莹教授都有情重谊深的讲话。

其应乃如响　微禅岂我师 *

高　准

我在天津居士林听到这么一句话，说："顾先生逝世之后，至今为止，国内还不曾发现在禅宗方面能达到像顾先生那样水平的人来。"说这话的人是天津一位老居士，原天津大学教授陈家征，很有学问，佛学大师。他在居士林讲经时讲了这话，我听了很有感触。一次我和家征教授谈论佛学，他说我观念中有些东西颇与禅宗相契合，前生必定是禅门中的人。我跟他讲："你可能有点误差，我不是前世学过禅宗，而是今世我有幸做了顾随先生的弟子啊！"说得老居士莞尔笑了。在这里我想坦诚地说这么一个感受：我受业于顾先生之门是在四十五年以前，从而使我选择了教书这条路。四十多年来的教学生涯，论讲课我没法和顾先生比，只是每当我这节课讲得十分称心的时候，就是说在课堂上自我感觉出乎意料地好的时候，就觉得顾先生的灵魂附了我的体。当然只是感觉，不过这种感觉是很真切的。我想诸学友或许也有过这种感受：顾先生仍活在我们心里。

---

*　本文系为纪念顾随三十周年忌辰而作，收入《顾随先生百年诞辰纪念文集》。

我想，以顾先生之慈爱仁厚，若无禅宗之为蹊径，他便近乎慈母。然而顾先生的爱，是担荷人类罪恶的释迦博大无私的爱，从容深远，与慈母之心固有大小之不同。我想，以顾先生之博学，若无禅宗这条蹊径，他可能近乎杂家。然而顾先生博而不杂；他渊博而澄净、而率真、而混沌，一以贯之，如百川之汇于海。我以为没有禅宗方面高度修养，就不会有顾先生那么高不可测的讲课艺术。我有生以来，从小学、中学到大学，遇到过不少很好的教师。然而真还从未经历过像顾先生的课那样使我神往，给我熏陶，启我开悟的，仿佛心有灵犀一点通。记得顾先生每回总把两节课连贯一气讲下来，如行云流水，无所挂碍。当其始，即兴而发，瞬间师忘其为师，生忘其为生，课堂亦忘其为课堂，一切俱入无相之境。迨其终，不觉恰好构出完完整整浑然天成的一篇妙文，起承转合，层次井然，毫未掺杂一丝题外之语。当其始，句句若意外之言；迨其终，始知无一句是意外之话也。每当此时，我便后悔：如果一字字记录下来多好！可又一想，这是不行的。顾先生的课不光是语言；他的神态，他的禅机，和我们心会神通，默然相许，如拈花一笑，便有说不尽的奥妙，岂是可以记录得下来的！顾先生的课，可说是不立文字，不落言筌的。我想，正是禅，那是顾先生广博胸怀中隐约不露的主峰，其高不可攀者在乎此！偈曰：

其应乃如响，微禅岂我师。行云谢流水，相得弗相持。

羡季师讲课二三事 *

李稚甫

明年（1997年）2月13日是先师顾羡季（随）先生诞辰一百周年。张恩芑师兄约我写篇回忆羡季师的短文。这从道理上说，缅怀老师，义不容辞；而从实际来说，实在是有心无力。因为我对老师和老师的学术，实在是懂得太不够了，而且有的师兄、师姊和前辈们已经发表过一些这方面的文章，所以我只能支离破碎地说一些我还记得的往事。

1941年暑假，我考入中国大学国学系一年级。这一年的12月8日，日本侵略军偷袭珍珠港，揭开了太平洋战争的序幕。当时，在沦陷区的北平，敌伪当局查封了燕京大学。该校不肯接受敌伪聘用的教授们，便分别到私立的辅仁大学、中国大学去任教。我记得，当时中大国学系增聘到原燕大的知名教授，有王静如、刘盼遂、毕树棠、华粹深、郑因百、赵万里、郭绍虞、顾羡季、董鲁庵等很多位老师。他们都受到了同学们的热情欢迎和敬爱，他们也都给予了同学们很好的

---

* 本文系为纪念顾随百年诞辰而作，收入《顾随先生百年诞辰纪念文集》。

影响和教益；而其中对同学影响大、给同学教益深的，我认为，羡季师是很突出的一位。

1942年冬，一次大风降温，这天恰好在十八教室上唐宋诗。这个教室在徘徊轩北，是原郑王府西部园林中的一排七开间的花厅，前廊后厦，南北两面纸窗，特点是高大、明亮、凉爽。凡是叫座儿的课，学校总爱安排在这里。中大真穷，买不起好纸糊窗户，更甭说安装开合的玻璃窗了。这天教室外朔风怒吼，把窗户纸刮得一条条的；教室里炉火无温，风比室外小不了多少，简直待不住人，同学们嘁嘁喳喳地在议论。上课的钟声响了，羡季师准时地走进教室，他立即觉察出教室里的气氛异乎寻常，同时也明白了原因之所在。他笑着走上讲台，先把他的书包和怀表放在桌上，然后对同学们说："我在燕大教课的时候，觉得燕大的风水不好，它是有水无风；现在我在咱们中大教课，觉得咱们中大的风水也不好，不过与燕大刚好相反，它是有风无水。"开始，同学们不太明白，一回味明白了，就不由得笑了起来。笑声一落，"袈裟仍是两重裘"的羡季师，便若无其事地非常正常地讲起课来。同学们在他的精神感召之下，也都投入了唐宋诗的境界。这次课一气呵成，课间也没休息，完成得十分出色。

1943年春，在注册课北边的廿一教室上唐宋诗。这个教室比十八教室小，教室里也"吃柱子"，但防风设备较好，窗户是开合窗，而且都是毛玻璃的，是那次与风奋斗之后，学校给换的教室。这天，第一节课人很多，除了我们班以外，还有外班、外系、外校的同学。可是第一节下课以后，人走了也很不少，不只是外班、外系、外校的，就连我们班也走了一多半儿，就剩下我们十多个人了。这究竟是什么缘故，到今天我也不知道。第二节上课了，羡季师一拉门走了进来。他看到了情况的变化，稍一迟疑，就走上讲台，还是先把他的书包和怀表在桌上放好，然后对我们这些人说："欧阳修《新五代史·伶官传序》说‘盛衰之理，虽曰天命，岂非人事哉！’我们现在可以把他的话颠倒过来说，‘盛衰之理，虽曰人事，岂非天命哉！’”说完一笑，继续讲课。这节课非常成功，丝毫不受影响。

羡季师上课，在讲课前，常常板书一首或几首诗词。有时写的是古今名家的名作，有时写的是自己的新作或旧作，也有时写的是同学们的习作，其内容总是与该课要讲的内容相联系。在我的记忆中，只有一次例外。那一次是上元曲选，羡季师若有所思地走进逸仙堂东侧的第三教室，把他的书包和怀表放在讲台桌上，拿起粉笔，在黑板上写下了他的一首近作：

净业湖边作

壮才几见济时艰，龙战郊原草木殷。歌吹扬州犹好在，风波帝子去无还。

长安市上尘如海，银锭桥边雨后山。猿鹤虫沙都已矣，有人夜半出函关。

写完了，侧身面对南窗，把全诗朗诵了一遍，又深情地把最后一句加以重复，“有人夜半出函关”哪！然后面对同学们说：“你们董鲁庵董先生上山当和尚去了！”接着就把板书擦净，讲起课来。我这人很迟钝，当时没能领会羡季师的真意，只是觉得今天的板书与讲课的内容没有什么联系，同时对董鲁庵先生去当和尚的事，也总是觉得有点儿蹊跷。于是课后就找董环（董鲁庵先生的弟弟）去问，他说：“你千万不要随便乱讲，我哥哥投八路了。”我这才明白，“有人夜半出函关”，原来是最机密的革命信息啊！

羡季师在中大开设的课程并不多，只是开唐宋诗和元曲选。唐宋诗是二年级的必修课，每周两课时。（1943 年暑假后，唐宋诗改由贺孔才先生讲授。）元曲选是三、四年级合选的选修课，每周两课时。再有就是在郭绍虞先生去杭州以后，郭先生讲授的中国文学批评史，由他兼代。羡季师在中大任教的时间也不很长，即从1942年寒假前后至1945年暑假前，共七个学期。因此，1942年寒假离校和1945年暑假后进校的中大同学，都没有机会听他讲课；而我却很幸运，他在中大任教的时候，我刚好在中大上学，他在中大开的课，我都听过。但是，也很遗憾，遗憾的是我什么也没学好，真是愧对老师！近年来，这种愧悔的心情，与日俱增。因为自己明白，弥补遗憾的机会和时间，都已经不多了！正是：

学诗学书两不成，师门朽木愧平生；幸得附骥群贤后，一瓣心香无限情。

羡季先生*

邓云乡

已故著名词曲家顾随先生，河北省清河县人，是民国九年北京大学英文系的毕业生，一生致力于词，为北几省少有的词曲家。他原名顾宝随，后单名“随”，又因《论语》中“季子随”的句子，取字“羡季”。在三四十年代中，在北京各大学担任教授，讲诗、词、曲，前后足有二十多年之久，前后在燕京大学、辅仁大学、北京大学、中国大学都教过书。他的学生国内固然很多，国外也不在少数，现在大多也都是六十左右的人了，真可以说是桃李满天下，而且大多已是白头门生。兴念及此，也真不尽沧桑之感了。

我也很幸运，听过顾先生四个学分的课，固不敢与名家高攀同门之雅，但也总算身列羡季先生门墙的了。因为我读过两三个大学，再包括旁听，我和三四个大学发生过关系，照几十年前很不中听的说法，几乎是一个“学混子”，但也有它的好处，就是我有幸接触过较多的名教授，在我所听过的众多的名教授讲课当中，要论讲课风趣，

* 原载《文化古城旧事》，邓云乡著，河北教育出版社，2004 年。

有声有色，顾随先生则无疑是绝对冠军，其他任何一位老先生也比不上他，包括一些有世界名望的，如胡适之、周启明、俞平伯诸位老先生。

首先，羡季先生风度仪表好，功架做派好。他老先生是纯粹东方式的风格，不要说不穿西装，就连西式大衣也不穿。冬天内穿春绸衬绒袍子，外面套丝绵或灰鼠袍子，灰鼠袍子外面再套大毛的狐肷袍子，狐肷袍子外面围五六尺长、可以在脖子上围两圈的黑绒线围巾，单只这套着穿三件袍子的穿法，在其他位老先生当中，已经是绝无仅有的了，妙在他还要都穿到教室中去，先除围巾，上台讲一会之后脱皮袍子，再过一会儿，教室越来越热，先生讲得也越来越高兴，微微见汗，再脱一件，快要下课时，停止讲授，再一件件穿上出去。

其次是顾先生极爱听戏、讲戏，每堂上课都要讲到戏，那就自然显得热闹、生动。特别爱说余叔岩，每提余叔岩就赞不绝口："真好，像六月天吃冰镇沙瓤大西瓜一样，又沙又甜又爽口，痛快啊……"他曾比较说："杨小楼的霸王，真好，有帝王风度；金少山的霸王就不行了，一看就是山大王，只能唱窦尔敦。"

以上两点，是顾先生讲课的趣事，自然更重要的是他的文艺见解和学养高。他老先生说："诗法不是世法，世法不是诗法。"并举释家名诗"地炉无火客囊空，雪似杨花落岁穷。拾得断麻缝破衲，不知身在寂寥中"为例，加以说明。这是多么高的境界呢，我始终服膺斯言。先生早年致力于词，小词有极有风致者，如咏马樱花之《浣溪纱》：

> 一缕红丝一缕情，开时无力坠无声，如烟如梦不分明。
> 雨雨风风兼寂寞，丝丝缕缕怨飘零，向人终觉太盈盈。

但在1934年《留春词》自叙中云：

二十年春，忽肆力为诗，摈词不作，一也；年华既长，事故益深，旧日之感慨已渐减少，希望半就幻灭……二也；……

说了三种原因，说明词作少了。实际细读近年出版的《顾随文集》，先生毕竟还是词人。

另在《积木词》自序中记书斋亦极有情趣，文云：

余旧所居斋曰"萝月"，盖以窗前有藤萝一架，每更深独坐，明月在天，枝影横地。此际辄若有所得……冬日酷寒，安炉爇火，乃若可居，而夜坐尤相宜，室狭小易暖故。背邻长巷，坐略久，叫卖赛梨萝卜、冰糖葫芦及硬面饽饽之声，络绎破空而至，遂又命之为"夜漫漫斋"……二十五年一月苦水自叙于旧都东城之夜漫漫斋。时墙外正有人叫卖葫芦冰糖也。

旧都冬夜生活情趣，令后人神思不置也。

新版《顾随文集》，后面有其女弟子叶嘉莹教授《纪念我的老师清河顾随羡季先生》一文，对先生之教学及创作介绍甚详。叶教授在上海古籍出版社出版过《迦陵论词丛稿》，在香港中华书局出版过《王国维及其文学批评》，对海宁王静安先生的文学艺术思想是研究得很深的。叶教授是1945年北京辅仁大学中文系毕业的，这正是抗战胜利的一年，那她的大学时期，是在北京沦陷时期度过的。辅仁大学是天主教系统的教会学校，有很长一个时期，校长是著名历史学家陈援庵（垣）氏。叶教授在辅仁读书时，中文系主任是沈兼士氏，她的词学教授应该正是顾随羡季先生了。顾先生是民国九年北京大学毕业生，和俞平伯、杨振声先生同学。是著名词曲家吴梅（吴瞿安）先生的入室弟子[1]，一生致力于词，成为北几省中少有的词曲家。著有“无病”、“味辛”、“荒原”、“留春”、“积木”等词集。《积木词》是俞平伯先生著的序，这篇序后来收在《燕郊集》中，原文很长，不能多引，只稍引几句，其结尾部分说：

其昔年所作，善以新意境入旧格律，而“积木”新词则合意境格律为一体，固缘述作有殊，而真积力久，宜其然耳……以“积木”名词者，据序文言，亦婴娩之戏耳。此殆作者深自□抑之又一面，然吾观积木之形，后来者居上，其亦有意否乎？

“抑”就是很小的婴儿，积木是婴儿的玩具，顾先生以“积木”名词，是很谦虚的。而俞先生的序言，则说是“后来居上”，是很推崇的。

顾先生讲词，是十分重视推崇静安先生《人间词话》的，曾有手校本印行。俞先生的序写于“丙子”，即1936年，《积木词》现已收入新版《文集》中，只是俞平伯夫子的序已没有了。叶教授在词学上传薪于顾羡季先生，把中国的词学在海外广为传播，发扬光大，又写了许多辉煌的著作，其对故国文化和世界艺苑的贡献，都是了不起的。

叶教授这两年几度回国探亲、讲学，在《迦陵论词丛稿》的《后序》中引了自己的一首诗道：

构厦多材岂待论，谁知散木有乡根。书生报国成何计，难忘诗骚李杜魂。

---

[1] 吴梅长顾随十三岁，顾随视之为师，但及今未见两人直接交往的材料。

诗的意思是极好的，只是“散木”一词太谦虚了，这就不禁使我想起顾先生的《积木词》了。

前年在京，在一个会上，见到叶教授，说起她原住察院胡同。才知她是30年代给我看病的叶大夫的侄女，说来她府上我小时候就多次去过了。这样我才明白她原是清代满洲旗叶赫氏后裔，冠汉姓，姓叶了。

时雨春风*

——先师顾羡季先生的课堂教学艺术

王双启

四十五六年以前，我在天津师范学院（河北大学前身）读书的时候，有幸从师顾随（羡季）教授，听过唐诗、宋词、元曲以及“佛典翻译文学”等课程，课下登门求教的机会也不少，自己虽然鲁钝，但也获益良深。顾先生不仅是学者，而且是才子，是诗人，更是一位课堂教学的艺术大师，夙以“台风”之美蜚声学界。台风就是讲台上的风格，指的是羡季师在课堂上特有的风度神采。顾先生讲课，时而清谈娓娓，洞幽发微，时而议论滔滔，妙语连珠，听者如沐时雨，如坐春风，非只在学业上得到滋润生发，而且还会感到一种独特的艺术享受，留下终生难忘的深刻印象。

我清楚地记得第一次听顾先生讲课的情景。他从容步上讲台，用亲切的目光向学生们环视了一下，并不开口讲话，拿起粉笔在黑板的左侧写了四句陶渊明的《杂诗》：“昔闻长者言，掩耳每不喜。奈何五十年，忽已亲此事。”（插一句：初见先生秀丽遒劲的书法，一下子

---

* 原载《顾随和他的世界》（孙绳武编，作家出版社 2007 年 11 月出版）。

就使我倾倒了。）然后，从这四句陶诗生发开来，讲了一篇精彩而别致的“开场白”。大意是说，新中国的大学生得到了党的关怀培养，时代条件优越，进步成长很快，而自己呢，也要急起直追，提高思想，搞好教学，使学生喜闻“长者”之言，有所获益。这是一篇政治思想性相当强的讲话，对时代的赞美、对学生的期许以及先生对自己的严格要求都包含在其中了，而里面的一线幽默之感则是我经过了多年的咀嚼回味才逐渐觉察到的。羡季师经常把他在课堂上说的类似的“闲话”自嘲地戏称为“跑野马”，其实，我们最爱听，因为他把古书读透了，“闲话”所说，正是最精辟的见解、最生动的学问。

有一次，先生把他新填的一首《临江仙》词，在黑板上抄出了半阕：“春去不须生感慨，青年即是青春。万花如海复如云，一番相见了，更作一番新。”随即自作讲解：说是前一天下午，他漫步校园，特意去看同学们课后的体育活动，见到青年人朝气蓬勃，日新月异地飞速成长，心里非常兴奋，以致夜来无眠，作词加了赞颂。由此可见，先生对他从事的教育事业、对他培育的青年学生是多么的热爱，自己乐在其中，也就不知老之将至了。这一点，在我初次和老师单独接触时，更有深刻的感知。那时，先生住在宿舍区东北角上的一座旧式楼房里，树木掩映之下，环境倒也清幽。一天晚上，我去登门请益，走在路上的时候，心里不免有些忐忑，还把准备好的自我介绍的话语叨念了几遍。上了几磴台阶，在一间侧厅的门框上见到了写在白卡片上的“顾随书房”四个小楷字，轻轻敲了敲房门，随即，先生亲自把门打开，未容我张口，先生即招呼说：“你是王双启，欢迎，欢迎！”老师居然已经知道我的名字，顿时即有受宠若惊之感，师生之间更加贴近了。原来先生早已熟读学生名册，逐渐询问查对，已经认准了不少人。

老师在书房里，谈话的范围更加宽广，文学之外，京剧和书法涉及尤多。有一次谈到老师的老师沈尹默先生的书法，老师随即从身边的书橱里取出好几个装裱精美的册子给我看，那是木板外壳的“经折装”，全是沈先生的墨迹，多是书札，还有题签，老师是片纸只字也要精心保存的。其中有一本词集的书名题签，大概是“留春集”[1]吧，老师当时请沈先生写，沈先生在一幅笺纸上一连写了四五个，供老师挑选，老师把挑剩的、用过的又都裱在了一起。沈先生写给老师的书札，更是精妙至极，每于不经意处出现神来之笔。其中有一通，沈先生在署名之下把花押式的“顿首”二字的末笔写成了“悬针”之式，拉得很长，直贯纸底。老师指点着说：“我就‘怕’沈先生这个顿首，你看看，你看看，多么厉害！”倾倒赞叹的言语口吻竟是这般的新颖奇特。从这样的琐事之中，我看到了羡季师待人接物之一斑，是完全当得起“敬业乐群”这句老话的。

顾先生讲的课，多属“韵文”范畴，讲解古典作品，他喜欢用一个“说”字，我体会，“说”比“讲”更灵活，更宽泛，能放能收，抓住特征，深入重点。顾先生说诗、说词、说曲，尤其注重作品的形象之美和声韵之美，这里面充分显示了先生的独特见解和深刻感受。说到杜甫的《茅屋为秋风所破歌》，先生特别强调“呜呼”以下的结尾几句，指出其中用“wu”韵的字非常之多，连续之下，呜呜作响，最后用一个入声的“足”字收住，恰似高山滚巨石，咕噜咕噜，滚到山脚，戛然而止。滚得凶猛，停得沉重，声音之中充分表现了诗人的强烈感情。再如，一套曲子，最后三个字的声调是“去平上”，也是声韵美的体现。《西厢记》里的“载得起”、《高祖还乡》里的“汉高祖”都是实例，后者更是妙语天成，“祖”字上声一挑，简直是给刘邦勾出了一幅“三花脸儿”。

[1] 当为《苦水作剧》而非《留春词》。

顾先生以独到的见解论述古典诗词形象之美的例子，更是经常出现在课堂之上。例如，“说”到李后主的名句“一江春水向东流”，他是用作者的另一句子“别是一番滋味在心头”来作比较分析的，指出了前者的具体真切和后者的抽象模糊，从而出人意料地对后者作出了否定的评价。再如，“说”辛词“红日又西沉，白浪长东去”两句，先生把时空、永恒等等一带而过，却重点抓住“红日”两个字，说它大，说它亮，说它在单纯之中显出了浑厚之美，并且举出当时流行的一部苏联小说中的类似描写以作比较，使听课的人们得到了一种全新的领悟，真是把古人笔下的形象之美“说”活了。

顾先生讲诗词，该说的说透，该点的点到，“火候”够了，他把原作朗读一遍，学生们随即心领神会，茅塞顿开。先生非常擅长朗读，其声调口吻，不但是抑扬顿挫，而且是神情活现，用他老人家自己的话说，就是要透出“精、气、神儿”来。听顾先生讲说，听顾先生朗读，都是课堂上的艺术享受，这种总体的感知，早已成为前前后后历届同学们的共识了。

作为一位课堂教学的艺术大师，顾先生教书育人，在讲台上辛勤耕耘了四十年，他的“台风”可以说“征服”了几代学子。人们都知道他口才出众，但对于他的台风的认识是不能停留在这个层面上的。要知道，口才好，能讲、会讲，这是个形式上的表达能力问题，而讲什么、怎么讲才是问题的实质之所在。还有，所讲课程的内容也不能只有充实的材料，更须以先进的政治思想作指导，以正确的理论观点作准则，才能符合时代的要求，才能达到高度的学术水平。所以，我认为羡季师的台风是他的课堂教学艺术的综合性的整体体现．约略分析，它的构成有三个基本要素，那就是品德、学问、才华。这与古人的“器识”“文艺”“德、才、识”之类的要求和说法也是基本一致的。

顾先生从教四十年，一直紧跟时代的步伐，而且总是置身于前沿地带。20年代，他弘扬“五四”精神，推崇新文化、新文学，早年在济南山东省立第一女中任教时，初登讲台就给青年学生以巨大的启迪。当时有个叫陈瑛的学生，对顾先生非常钦敬，在先生的教导之下，走上了文学创作的道路。后来不久，她用“沉樱”的笔名在沈雁冰、郑振铎先后主编的《小说月报》上发表了好几篇“为人生而文学”的优秀作品，在现代女性进步文学的历史上留下了令人瞩目的光彩一页。抗日战争期间，先生留居北平，宁肯衣食清寒也不接受敌伪统治下的“国立”大学的聘书，砥砺民族气节，赢得国人敬重。新中国成立之后，先生虽已年过半百却在他的人生道路上再度焕发了青春。他以饱满的政治热情，努力学习革命理论，还不断从解放区文学以及苏联文学中吸取新的营养，他的充满新名词、新观点的心得体会经常以“跑野马”的方式穿插在课堂教学之中，使我们学生在思想上也深获教益。本文前边所引词句“一番相见了，更作一番新”，那是老师在赞美学生，可是我从一个学生的身份看，这两句词也应该还赠回去，因为它也是老师自己的自勉自赞之词啊！

顾先生学识渊博，对所教的课程内容早已烂熟于胸，然而每次上课他都要重新认真准备，写出讲义，发给学生。先生自己也讲过这么一番意思：同是一首词，今日所说与往日所说，不会完全相同，这是因为不同时期有不同感受的缘故。临上课前，往往于讲义之外又有新的增补，于是先生就把增补的内容写在小纸片上，而那小纸片，有时竟是香烟的包装纸，先生并不在意，讲课时随便拿在手上，而我们坐在讲台下边，就清楚地看到了那“大前门”的商标图案。先生这物尽其用、不拘形式的小节，也作为他特有的名士风度之一斑，被同学们传为了佳话。

总说一句，顾羡季先生的台风，课堂风采，课堂教学艺术，绝不只是一个“技”的问题，而是早已达到超乎技而进乎“道”的高妙境界了。我听羡季师讲课，已是将近半个世纪以前的事了，今日追想起来，仍然为之神往。拉杂草成此文，聊寄一段对先师的虔敬怀念之情吧。

1999年8月写于天津大学北五村

【京按】双启学长大学毕业后到北京师范学院（首都师大前身）任教，为中文系专科班讲授中国古典文学。1956年我考入北京师院中文系，见到青年教师王双启，风度气质不俗；听专科班的同学说，王先生课堂讲授内容表达亦均不俗。但囿于当时的环境气候，我明知他曾师从我父亲，也不曾与他有过单独交往。我向双启学长当面求教，已是80年代的事了。60年代中，双启学长为照顾家人，转职天津大学。1979年叶嘉莹教授开始在南开大学讲学，双启学长因地利之便随堂听讲，同时协助嘉莹教授搜集老师顾随的遗稿。他连续多日到天津图书馆报刊部借阅当年的《天津民国日报》，手录连载于此报上的稼轩、东坡二词说。1999年，因合作编纂一套词学书籍，我与双启学长重见于天津。谈话间学长饶有兴致地说起当年从师就学的细事，我顺势请求学长撰写一篇文字。不久，双启学长给我寄来了这篇情、事均颇为感人的《时雨春风》，并在信中附言：“为了写这篇小文，这些天，我一直沉浸在对先师的回忆和忆念之中，往事如烟，人生如梦，心里既感到温馨，也感到惆怅，更有一种愧恧之感，觉得自己不够争气，满头白发，一事无成，愧对先师在天之灵！稿子写得拉杂粗糙，但却是真情实话。”

顾随先生授课散记*

李如鸾

我是天津师范学院（河北大学前身）中文系的首届（1955年）毕业生，在校期间曾经非常幸运地听过顾随先生讲授唐宋诗词和元曲。

先生授课具有独特的风格，真可谓一片神行，空无依傍，不涉理路，不拘程式。

每逢有先生的课，我们都是匆匆地提前赶到教室，占好座位。其他专业的同学慕名前来的也大有人在；教室最后一排则是中文系老师们观摩学习的专座。几乎每次都座无虚席，甚至临时加座也是常有的事。

先生讲正课之前，总要先在黑板的右边竖着写上两句古代诗词成句，不加解释，也从不重复。那些句子我们几乎都没有读过，当然对其含义以及先生摘引的目的，也便无从知晓；但当课讲完后，我们将它与所讲内容相联系，便若有所悟，或茅塞顿开。足见先生并非随意为之，而是把它作为点睛之笔，事先设计好的。

---

* 本文系为纪念顾随百年诞辰而作，收入《顾随先生百年诞辰纪念文集》。

先生讲课从来不用讲稿（不像学院派那样死板地照本宣科），而是用大前门牌香烟盒里半透明的纸片，上面写有密密的提纲，偶或看上一眼或读上几句。所讲内容也纯系先生自己对作品的感知和理解，虽然偶作诠释或评论，但多半还是鉴赏。从那些独具慧眼的鉴赏中，我们心悦诚服地接收了先生的艺术见地、美学思想。记得有一次先生将饰演《空城计》中诸葛亮的两位京剧表演艺术家的表演进行比较，先生说：在剧情进展到司马懿撤离西城时，有个诸葛亮的扮演者，做出了用手抹去额头汗水的动作，随后念白："好险啊！"而另一位则只是耸动一下双肩，深深地吐出一口气。哪一种表演好呢？显然是后者动作设计更为合理，前者则有损于作为大智者诸葛亮的形象。

先生素来体弱多病，入冬后穿的衣服要比健康人为多。先生讲课到兴奋处，便脱掉一件上衣，差不多要脱三几件，直到露出最里层的毛衣时，就该下课了。有时先生征引诗句，话到嘴边，忽然忘却，便毫无顾忌地询问学生，我们往往答不出来。这时，多半是坐在教室后排的旁听老师代为回答，先生则面带微笑，双手合十，表示谢意，有时情不自禁地鼓起掌来。那种虚怀若谷的谦和态度，那种赤子般的天真情感，在场的师生无不为之动容。

我们都知道先生是近代杰出的书法大师，远宗二王，近师沈尹默先生，并自成一家，所书无不龙蛇入腕，疏秀出尘。先生的板书（粉笔字）也如他的墨宝，每次课不很多，所用行草也都铁画银钩，潇洒疏落。课间休息时，爱好书法的几名同学常常伫立黑板前书空、默记，而后极不情愿地擦去。我毕业后，在京从教四十年，所以十分重视板书，认真习练书法，便是从先生处得到教益和启发的。

先生的朗诵更是独步教坛。他经常向同学们强调：作品朗诵不同于说话和歌唱，而是介乎二者之间；关键是要对作品有全然的了解和深刻的体会，还要有感情和朗诵的技巧；朗诵一般可不借助手势、眼神、表情，而主要靠语调。成功的朗诵，效果应当是帮助理解作品精神实质的一半。先生曾经多次示范，指导我们朗诵古典诗词，现举例说明：在指导我们朗诵杜甫《茅屋为秋风所破歌》时，先生说“风雨不动安如山”一句，前四字要连读，“安如山”三字却应一字一顿，要读得沉稳；“吾庐独破受冻死亦足”一句，要“吾庐”一顿，“独破”一顿，“受冻”一顿，“死”字读时要加重，声音要拉长，“亦足”再一顿。我们试着这样朗读，果然效果很好。又如辛弃疾《永遇乐·京口北固亭怀古》词中的“廉颇老矣”一句，先生说这是词人表达深沉慨叹的句子，读时要带有强烈感情，“老”字要加重读，节奏适当放慢，“矣”字顺势带出，要轻读。我们照着做了，效果也不错。这样的例子还很多，限于篇幅，不再赘述。应当指出，先生有着数十年朗诵文学作品（特别是古代抒情诗）的宝贵实践，在实践中不断探索和完善，最后上升到科学理论的高度。《顾随文集》中有一篇长达数万言的专论，即是先生这方面的力作。记得早在50年代初，北京举行过一次纪念作为世界文化名人的杜甫的盛会，盛会的主持者——著名诗人冯至便特邀其挚友顾随先生专程赴会朗诵杜诗。从这一点可以见出先生被朗诵界公认的泰山北斗的地位，见出先生朗诵的深湛功底和卓越技巧确非一般诗歌朗诵家所能望其项背。

还记得是1954年的某月，天津师院学生患流行性感冒的颇多，班上缺勤的同学几乎占了少一半。先生来上课，见到如此情况，便说：咱们今天不讲正课了，换个课题，讲一讲“竹子”吧！于是沉吟片刻便讲起来。先说“竹”的读音，英语怎么读，俄语怎么读；再从文字学的角度谈汉字“竹”的构成；然后说明竹的生长过程、习性、气质、神韵，以及其丰富的底蕴；说到形容竹的诸多语汇，并历数历代酷爱竹的文人雅士，以及咏竹的名句、佳作。先生设喻取譬，连类比附，旁征博引，谈笑风生。同学们从来没有在课堂上听过这样丰富鲜活的内容，真是大开眼界，大饱耳福。没有听上这次课的同学都长吁短叹，懊悔不迭。

先生讲课时，还经常将自己的近作（多半是词）朗读给大家听，内容多是歌颂新时代、新生活的，或是勉励学子积极向上的。我的讲义上还抄有先生赠给我们的《临江仙》词，词云："春去不须生感慨，青年即是青春。万花如海复如云，一番相见了，更作一番新。"记得那是先生给我们讲最后一次课时抄在黑板上的，算作给全班的寄语。字里行间，有鼓励，有爱抚，有期待，也有祝福，情真辞切，别意殷殷。所遗憾的是这首《临江仙》仅是全词的一半，是上片，还是下片，都没弄清楚。不知今后新版的《顾随文集》是否收录全词？

先生授课，姑且不谈其深刻的思想性及现实的教育意义，即侧重形式上，也算得一门高雅的综合艺术，其中有书法艺术、朗诵艺术、教学法艺术等等。听先生的课，用不着紧张地做笔记，只要用心听讲，便能心领神会，经久不忘，确实是一种不可多得的艺术享受，真可谓如嚼橄榄，如品清茗，如啜醇酒，如醉如痴！

【京按】李如鸾学长在寄来此纪念文章的同时，抄写了当年我父亲"唐诗讲义"的总结，已收入十卷本《顾随全集》讲义卷。

绵绵师情自萦怀*

——忆我的老师顾随先生

张清华

大约在1984年，我去巩县参加杜甫讨论会，其间我们找了一辆面包车去北魏石窟考察，叶嘉莹教授走来问我，可不可以乘车同我们一块去。其实，我已知是她，只是我性不呼熟，未主动向她打招呼。我请她一块上车，且先给她安排了座位，我就坐在她身旁。一路上谈了不少情况，她问我是哪个学校毕业的，我回答："天津师范大学。"一说是天津师大毕业，叶先生面带微笑问我："那你知道不知道顾随先生？"我看着她说："顾先生是我的老师；先生的小女儿之京是我的同班同学。"叶先生紧接着说："啊！那我们是同门啰！"说到这里因想起我的老师顾随先生在我们临毕业时不幸去世，心里颇觉酸楚。

从1956年我考入师大中文系，四年的大学学习期间，同班近二百人，与先生来往最多的恐怕莫过于我。刚入校不久，我被安排在中文系办的《青年文艺》编辑部做编务工作。那年正是鲁迅先生逝世二十周年，系里以《青年文艺》编辑部名义并由编辑部组织了"鲁迅

---

* 原载《顾随和他的世界》。

先生逝世二十周年纪念”有奖征文，还出了专辑，举办了纪念会。会上请顾先生作了纪念鲁迅先生的专题报告。这是我真正与顾老接触的开始。他那时刚刚六十岁，但因病魔作祟，身体羸弱，穿戴实多，但精神却好。会场在和平楼下的大阶梯教室。当几位高年级的同学搀扶着先生走下台阶登上讲台后，先生先放下手杖，摘去帽子，脱去大衣长袍，剩下上身穿的黑色绸子小袄，一句话未说，拿起一支粉笔，回头在大黑板上写下了《木兰花慢》词：“去来三十载，所爱读，大文章。有鲁迅先生，先之《呐喊》，继以《彷徨》。悠扬傍河《社戏》，驾乌篷萧索望家乡。……”全词仅百零一字，把鲁迅先生的著作与事迹全都概括进去了。别说词的内容，只就先生那骨力刚健、流畅精美的粉笔字，就足以使我崇敬。写完之后，先以抑扬顿挫的声调朗诵了一遍，可并未解释。其实，以先生高超的朗诵艺术，真可谓一诵皆明，且能以特殊的感情感染听众。这使我想起天津师大的招生简章上何以印上先生的大照片，而人们传当初先生在北平高校执教时何以轰动北平教坛，他朗诵《阿Q正传》小说何以备受欢迎了。接着先生以《阿Q的精神文明及精神胜利法》为题作了长篇演说。会后，先生还用毛笔写成稿子，让刊登在《青年文艺》“鲁迅先生逝世二十周年专辑”上。因为先生的手稿是用行草写成的，学兄们让我从先生的书斋里取回，并用方格纸誊清后刻印。我虽然喜欢书法，有个别草字也认不清，所以，誊抄后把先生的手稿送回，并请先生作审阅补正。这就是我最早接触并承受先生教诲的开始。因为去过先生那里几次，也就熟了。此后，凡先生有给《青年文艺》的稿子，或《青年文艺》有事请教先生的，多半叫我去。先生的手稿也由我誊写，如先生的《风栖梧》（西出阳关迷望眼）、《鹧鸪天·欢送下乡参加劳动生产同志》等。先生的书法艺术实属罕见，其风格刚柔相济，峻秀融汇，实属功力深、才气足而又结合为一体者。所以，1957年的下半年开始，我们又特地请先生题了《青年文艺》的刊名，后来刊物一直用先生的题名。

一年级时，班里选我当“文学概论”的课代表，二年级开始学“中国古代文学”又让我当课代表。大抵是因为课代表领发讲义数页子麻烦，借书、分书、管理事多又得担责任，别人不愿干，顾先生给我们年级开“古代文学批评”课时，又推选我兼做这门课的课代表。做课代表麻烦是麻烦，但因当时主讲教师多无助教，课前课后需要课代表与先生联系：送讲稿、领讲义、安排辅导、开借参考书、复习考试、交发作业等，事情不少，因此，与顾先生接触得更多了。恰在三年级时，顾先生的小女儿之京从北京师院转回天津师大，我们又同是一个小班，日后中文系搬到八里台、六里台分校时，距原来的本院马场道先生的住处远，有事情需要与先生联系，之京便给予帮助。四年级时顾先生又给我们开了“毛泽东诗词”课，也是我当课代表。记得那已是1960年的上半年，先生病势已趋危重，时而虚烧，可还坚持给我们二百人的大班上课。那时条件差，无扩音设备，全靠先生一副嗓子。可先生那一字一语的朗读讲解，无不清清楚楚地送到学生的耳里。先生讲解之清晰，分析之深刻，真可让人领略毛主席诗词艺术的真髓。先生朗读之绘形绘色，有滋有味，真能传神移情。不要说主席诗词如《蝶恋花·答李淑一》，只就先生顺便举例朗读的陆游八十一岁时写的《十二月二日夜梦游沈氏园亭二首》之二：“城南小陌又逢春，只见梅花不见人。玉骨久成泉下土，墨痕犹锁壁间尘。”真能把放翁至老怀念唐婉的深情传递给学生，先生读到“只见梅花——不见人”，“花”字拖音放开，谓之“纵”，“不见”二字收紧，谓之“擒”。听着听着就使我随着先生的声音流下了眼泪。仅就先生读这一遍，不但使我懂得这首小诗的意思，而且至今四十年不忘。所以，先生说朗读要字字理解，方能有擒有纵，于顿挫中表真意，于抑扬里出真情。

先生于病中不但不缺课，讲义也都按时印发。回忆所学的讲义里，我最珍爱的就是顾先生的《毛泽东诗词》与另一位先生的《文学概论》。此后，我一位同窗十年的好友要学毛主席诗词，我把它作为珍贵礼物送给这位挚友。我不知之京师姊保存未保存先生生前的最后文稿，但我觉得《毛泽东诗词》讲义，恐怕就是先生的绝笔了。

先生讲课旁征博引，容量大，有见地，厘析深透。顾先生讲毛泽东诗词不是就事论事，从他常征引李、杜、苏、辛的诗词中，不但能使学生实际体会到毛泽东诗词之所以达到当代诗词艺术的高峰，正是因为他全面继承与融汇了中华传统诗词的精髓；而且，又能使我们加深过去学过的中国古代文学，特别是那些代领风骚的大诗人作品的领会，而达到升华。先生对教学有着特殊的责任感，对学生有着特殊的感情。他带病给我们上课，且一登讲坛，便精神振奋，好像他什么病也没有，精力之充沛如在壮岁。一次举杜甫的诗，当朗读到“拔剑饮杯长”时，还一手执拐杖，一手端起我给先生喝水的大瓷缸，颤颤巍巍地比画，真如一位威武的演员。先生讲起课来，达到忘我的程度。一次先生讲得正有兴致时，突然大喊一声：“顾之京。”我们以为出了什么事情，把大家都镇住了。愣了一下后，我悄悄上前问先生：“有事吗？”先生才小声说：“叫之京把表拿过来。”才使我恍然大悟：先生的精彩讲解使我们听之如痴，而先生的兴奋又使他忘记在上课，还得按时下课，为不误下节别位先生的上课，才想起看表。

先生中年虽然曾说过他将“断断乎不为小词”，而“立志将专力于剧曲之创作”，但先生词学功力最深，尤其是对苏辛词的研究。先生除了课堂上常举苏辛词外，有时我去先生家，他也常在书斋解读苏辛词，偶尔也给我讲讲。在讲到苏辛词的创作时，先生说：“苏辛两家无疑是宋词的高峰，雄视该代，气派都很大，可就是往往虎头蛇尾，结句就像皮球撒了气一样，给人以衰煞之感。”还举苏轼《念奴娇·赤壁怀古》“人生如梦，一樽还酹江月”和辛稼轩《破阵子·为陈同甫赋壮词以寄之》“了却君王天下事，赢得生前身后名，可怜白发生”，指出这当然与他们的遭遇与思想有关，但总觉全词统体不配；更难如岳飞的《满江红》（怒发冲冠）“……待从头收拾旧山河，朝天阙”。在讲到苏辛词的风格时，先生说：苏词是寓雄放不羁之气势，破北宋前期词之婉约，而创豪放词之体格。辛词不同，他是寓雄放不羁之气势于婉约词格之中，而独创风格为辛体，不能以豪放或婉约概之。他半生戎马，被解职仍不忘恢复，闲居上饶山中，梦中仍“老合投闲，天教多事，检校长身十万松”（《沁园春》），点兵马以成词，真可谓“以剑笔写文章”。“以剑笔写文章”，可谓一语破的，道出了辛词风格产生的契机。试想，在诗词大家中，有谁能以此语概之。我常想以先生此语写一篇论辛词风格的论文，奈功力不足，又忙于他务而终未成。我除在课堂上学的辛词之外，读得不多，可是自先生这么一讲，又送我 1933 年辛社校印的《稼轩长短句》十二卷及补遗一卷后，才读得多了，也喜欢上了辛词。

与此认识有关，先生讲到他词的创作时，曾说：“我人体弱多病，常感气码不足，又怕填词时虎头蛇尾，所以，我的词常常是倒着填，即由结句填起。”作词倒填，别的词家恐也偶有为之者，但这样了解自己，又能避开自己的弱点，有意识地这样作，恐怕只有顾随先生。我读历代词话还未曾发现谁讲过这样的写作经验。

先生的词艺水平极高，可谓现代词史上之大家。我不想全面评说先生的词作，只说先生的词在新中国成立前因多抒对国事的悲慨和寄怀，对衰病之身的自叹和担荷，如其诗《留愁》“我生多忧患，心情常不好。揽镜窥颜面，忽惊颜将槁。……吾愁虽暂消，吾心几不保。从兹不驱愁，愿供愁偕老”那样，而所填词的结语往往流露出一种衰煞之气，如《破阵子》中“孤愤一弹双泪堕，不和南风解愠章。先生敢自伤”，《临江仙》里“今宵明月好，休去倚阑干”，《踏莎行》里“崦嵫无地落斜阳，鸿濛一寸诗心古”，《南歌子》里“二十年前我，已是衰翁”。新中国成立之后，先生词为之一变，他却能以多病之身投入新中国的教育事业，讴歌那层出不穷的新鲜事物，表现他在新时期积极担荷的精神。如发表在《青年文艺》上的《鹧鸪天》“唐代王维、孟浩然，擅名诗作写田园。高风千古陶元亮，带月荷锄陇亩间。当世事，异从前。更新思想复支援。试看集体农民力，土变黄金、水上山”是写“欢送下乡参加劳动生产同志”。《凤栖梧》“西出阳关迷望眼，衰草粘天，山共斜阳乱。一曲《渭城》多少怨？歌声三叠，肠千断。风景非殊时代变，山要低头，人要埋头干。千里龙沙金不换，石油城在盐湖畔”，都是歌颂新事物的。这两首词不是先生词里的代表，也未公开在正式出版的报刊上发表，但有两点是显而易见的。一是思想内容新，表现了先生对新中国的满腔热情；二是语言艺术的新变，表现了先生晚年的创造精神，更没有过去词中那种衰煞之气。为什么是这样，除了先生思想感情的新变外，在写作上，先生也有他特殊的创造，那就是上文说的“倒填”。先生虽然是著名的老一辈学者，却很注意虚心地向群众学习，尤其是语言。有一次他填了一首歌颂炼钢的词，其中有“二十丈高马丁炉”一语，炼钢工人读了以后，写信给先生说：“马丁炉”为高炉，是炼铁的，炼钢用的是平炉。先生不但虚心接受了工人同志的批评，还表示感谢，并深有感慨地说：“就是得有真正的实践，哪怕是走马观花下去看看也好。”

先生离我们而去已经四十年了，可他的音容笑貌，老而不衰的风采，仍历历在目；而这四十年仿佛就在昨天一样。平时，为记挂先生，我常拿先生的著作翻读，尤其是先生的手迹，真能如有磁力一样吸引着我。在先生离开我们四十年后看到先生全集的出版，使我由衷地高兴。这要特别感谢之京师姊的辛勤搜集、整理、核校，也当感谢那些支持这一工作的先生特别是叶嘉莹教授和河北教育出版社的胆识。顾先生在九泉之下也当含笑矣！

1999年8月7日于郑州乐耕斋

顾随先生谈戏*

刘 琦

20世纪前期，一些著名文化人对京剧持否定和批判态度。正如翁偶虹先生所说："当时的文坛之上，衮衮诸贤，视京剧如草芥，对京剧不屑一提……"新中国成立后的一个时期内，则有一顶"封建艺术"的帽子时隐时现地加之于京剧。所以在我印象中，那些著名学者教授，即使是人文学科的专家，谈论和赞扬京剧的也不多。不过，顾随先生却是例外。

在我上大学中文系的几年中，从未听到哪位老师在讲课中提及京剧，顾随先生则有不同。据叶嘉莹40年代听课笔记整理成文的顾随先生《论杜甫七绝》中，有这样的话："老杜诗真是气象万千，不但伟大而且崇高。譬如唱戏，欢喜中有凄凉，凄凉中有安慰，情感复杂，不易表演……"（见《顾随：诗文丛论》第19页）这就是很深刻的见解。梅兰芳演《霸王别姬》的虞姬、《生死恨》的韩玉娘，马

* 原载2007年12月3日《天津老年时报》，辑入作者自编之《京剧谈》。收入本集时略作删节。

连良演《赵氏孤儿》的程婴，裘盛戎演《铫期》的铫期，就都是在表演这种“情感复杂”中而见精妙。顾随先生谈及演戏的观点入木三分，确能给人启迪。此外，根据顾随先生讲课记录整理而成的《驼庵诗话》续编中，还记下了他对京剧谭派创始人谭鑫培的评论。他说：“想之极，不见之见，是为真见，是‘心眼’之见，肉眼之见不真切。如听谭叫天（即谭鑫培）唱《碰碑》，一唱令人如见塞外黄沙，此乃用心眼见。”梅兰芳、余叔岩这些京剧大师级的人物对谭鑫培演《碰碑》也都有类似的评论，足见顾先生对京剧的鉴赏是很高明的，不愧为京剧知音。

我于1959年考入当时的天津师范大学（后更名河北大学）中文系。顾随先生正在这所大学任教，即住马场道校区（今之外语学院）宿舍。中文系则在六里台校区。当时顾随先生主要是做研究和写作，好像已不担任一般的课程[1]，所以我们年级入学多日也并未在六里台校园内看到过这位名教授的身影。只记得有一次学校开学术研讨会，顾随先生也写了论文，文章题目是《曹操乐府诗初探》。文章在《天津师范大学学报》发表后，有些同学便争相阅读、学习。我当时真希望能早日见到顾随先生，后来这个愿望终于实现了。大约就是1959年的冬季吧，我们年级搞了一次很隆重的文学朗诵活动。我记得还特意从校外请来了当时还很年轻的关山做朗诵示范。他不仅声音清扬悦耳，朗诵得也好。为了培养同学们的文学艺术修养，在这次朗诵活动中，还特请顾随先生到班上来讲话。那是一个冬天的夜晚，在六里台校区右侧那座带走廊和木头楼梯的二层楼的楼上的大教室中，我们年级一百多个同学安静而欢快地等待着顾老的到来。也许是因为心情

[1] 顾随当时为高年级学生讲授“中国古典文学批评”与“毛主席诗词”，并在家里给进修教师与研究生讲课。

好，我觉得那天教室里显得格外明亮和温暖。在系领导的陪同下，德高望重的顾随先生走进来了。他高高的身材，头戴皮帽，身穿厚厚的深色长大衣，给我的第一印象是高大而魁梧。他脱去大衣后，里面穿的是一件中式皮袍（也可能是棉袍），这时我才发现，原来这位老先生高而瘦，并不魁梧。顾随先生讲话的主题是文学朗诵，是漫谈式的讲法，使我始料不及的是顾老在谈诗论文中间居然还讲到了京剧。

顾随先生话锋转到京剧时，情绪也更加兴奋。这时他大概因为长时间的讲话，身上感觉有些热，于是又脱去了长衣服，露出了穿在里面的中式对襟黑色短薄棉袄。这时我才发现老先生不只是高而瘦，而且是身体很弱的样子。（顾随先生逝世后，高熙曾教授曾在《新港》文学月刊发表《悼顾随师》一文，文中即谈到长期的书斋生活使得顾先生腰酸脚软，健康受损。）不过，顾老在讲话时的精气神却不弱，他略带乡音的语调则铿锵有力。我想在顾老精神饱满的讲话中是饱含着对中华优秀传统文化的热爱，以及对青年学子的关爱的。他在讲话中强调艺术中的朗诵、念白不能是照抄实际生活中的说话，在语词、语调、声音、节奏感、逻辑重音等方面都应有着一定的必要的艺术的安排。他认为早年京剧名丑王长林的念白就颇见艺术的匠心。他举的例子是王长林饰演《打渔杀家》一剧的教师爷的念白。老英雄萧恩问教师爷为何而来时，教师爷答以催讨渔税。王长林所念的词句是："请安来啦，问好来啦，催讨渔税银子的来啦！"顾老说王长林不是一般化地念出来，而是把"银子"的"子"字咬住不放，为了强调这个"子"字，不仅用音较长，还略带颤音，然后用一种脆劲，快速地把"子"字后面的"的"字弹出来。这样念的好处是能使人感到响亮、俏皮、突出，也合乎这个无赖式人物应有的神气。我记得当时顾随先生还站起来，提高了调门，仿照王长林的念法念了这句白。这给我印象很深，并使我第一次认识到京剧的念白，即使是京白，其中也有很多讲究，尤其是那些在观众中激起强烈反响的念白，更是蕴含丰厚，值得玩味。后来有人演《打渔杀家》的教师爷，念上述那句白口时，删去“的”字，把重音也由“子”字移到“银”字，生活化倒是生活化了，然而却变得平淡无奇，韵味全无。这也证明顾随先生当年举这个例子不仅仅是赞扬王长林，而且更主要地是为了说明艺术必须比生活更美的道理。

除了这次聆听顾先生的讲话以外，我还在建设路的“人民礼堂”听过一次顾先生关于现代文学的学术讲座。我亲眼见到顾随先生仅此两次而已。不过，我毕竟瞻仰到了这位前辈老先生的风采，领略到了他的渊博，并感到这是自己青年时期的一个幸运的经历。

【京按】文中所言之朗诵会，实为四年级（1956级同学）所组织，有低年级同学前去参加。是我从家里接出父亲，陪他到“六里台校区右侧那座带走廊和木头楼梯的二层楼的楼上的大教室中”，并没有“系领导的陪同”。1956级共有学生二百人，加上低年级来参加朗诵会的，大教室挤满了三百余人。

只能仰望夫子　不敢忝作学生*

欧阳中石

顾随先生的胞弟顾谦六吉先生是我 1943 年开始的老师。因为着重的是学诗，总以羡季先生为训，所以我早已把先生尊为老师了。等我到辅仁大学读书时，先生因病已不上课，我不能在课堂上受教，所以我从未能登“堂”。

但是，我已经奉过束脩而执弟子之礼。1944 年冬，六吉先生要来北京看望先生，我曾奉上小磨香油两瓶作为学生的年礼。固然因为火车太挤，挤来挤去竟被挤得两瓶油瓶口冲下，洒了人家一身，六吉先生只好暗暗把手抽回，结果香油并未送到先生面前。

六吉先生曾为先生印了一方闲章“武二乡亲”。从上街选石到起草拟样，我都随侍在侧，甚至刷洗磨平，我都曾“服其劳”。

但我到辅仁大学之后，先生因病而暂不授课，我则从郭预衡先生读，由六吉先生荐引及随徐娟学姊[1]至李广桥趋府受教，才得亲受

---

* 本文系为纪念顾随百年诞辰而作，收入《顾随先生百年诞辰纪念文集》。

[1] 徐娟，顾随内兄之女，欧阳中石同学。

面命。先生曾说："你不是没捞着在'课堂'上听我讲吗，不要紧，在家里给你讲和在课堂上一样。"所以我虽未登"堂"，但已入"室"。

顾随先生给我讲音韵，特别是"入声"，我对"短而促"不理解，先生告我：什么声的字都能念成"短而促"，所谓"促"者，是"气"之"促"也，即"气"断而不能再延长的意思。更特别给我讲起了杨小楼，他说他原来也不懂，听了杨小楼之后，豁然贯通了。他仿效着杨派武生的念法念出"夜走八百不明"，连着三个入声"八百不"，于是我才理解了这个"促"字。

有一次给我讲他自己的作剧，因为他是坐在那张双人旧沙发上，我侍立在侧，看不见他手中所拿着的书，他执意让我坐在旁边，我只好惴惴地侧坐恭听。他讲到启幕之后的连续几个叠字时，突然拍了一下我的大腿："中石，你看我的多好啊！"这时的我，完全沉浸在了诗的化境，既如亲在剧中，又依偎在师长的膝前，真是幸福至极，特别后来每想到这里，简直幸福得不行。只是把他赐给我的单册，失于浩劫，我不能把给我讲到的那个地方重写出来了。既是得沾雨露的温慰，又是辜负先生的遗恨。

他也曾给我讲过曲的写法，特别对加"衬字"的问题讲得更多一些。

我们的谈话，经常以六吉先生为话题，他夸赞他的胞弟，说他才气好，说他手巧，画好，说他器宇好，说他脱俗，我便绘声绘色地模仿起六吉先生的情况来，说到"洒人一身香油"的事，他说"他干得出来"，说到我们一起去看戏，他摔了一个跤，坐在水洼里不起来，他说"他干得出来"，……说起那方"武二乡亲"的闲章，他看着我一时没话，便说：是不是想问为什么不刻武大乡亲？我连忙想作解释，他笑了笑说："我知道，不少人要问我这问题，不光你。其实大家都不知道，武大可是个大好人，因为一个差误，便讹传成了一个那样的武大郎了，真是冤枉！”于是为我讲述起来了武大被冤的前前后后。……

有一次先生给我谈起了去曲阜教书的事，说那是北大刚毕业时和冯至先生一起，开始工作，托人推荐，到曲阜二师去教书。之所以选中山东曲阜是大有含义的，意在一定要“到孔夫子门前卖文”一下，才称得上文府翰院里挂过了“号”，不然没法到别处“领凭上任”。在曲阜教书的时期中，先生与冯至先生二位还有一个“约定”，二人的诗都不含糊，为了逊让，二位把旧体与新体分划领域，各守一体，冯先生不再写旧体，顾先生不再写新体。[1] 当时我开了一句玩笑：“二位先生加在一起，则诗坛上用不着别人了。”先生一下子严肃起来：“我们当时绝无此意，只是我们二人之间的戏谑而已，一点没有涉及别位方家之意，可见人们自己的一举一动，一言一笑，都会形成社会的影响啊。”我听后马上和武大的事联系了起来，说“或者变成了巨星，或者变成了二尺半的矮子”，先生点着头，阴沉着脸，很有感慨地说道：“不可不慎啊！”

六吉先生原工仕女，极精到，书亦大过常人，圆润恬静，字画同有娟好之雅。请其所自，每道书同“家兄”。及看到羡季先生讲稿之后，的确息息通灵。然而，于我们之间却始终未尝以“书”为话题。近几年突然得见先生法帖，只觉高山更杳，“见首不能见尾”邪。《同州圣教》《道因法师》，对书法没有研究是不能得知其深浅的，不能迈过中唐的造诣就不敢一觑其高古静雅。

对于写字，我特别敬服能临摹的先生。因为临摹人家是学问，独创是自造，当然自造容易，临摹难。临摹有标准，自造没标准。质

[1] 顾随不曾在曲阜任教。1924年夏，顾随已受聘将于青岛胶澳中学任教。暑假期间，冯至尝应顾随之邀同在济南、青岛度夏，文中所记或当其时。

言之，能临摹的一定会自造，能自造却往往不会临摹。当然能临摹又会独创了不起，但轻易遇不着，往往是只会独创而不会临摹。如顾先生，是那么了不起的大家，竟能临褚及小欧，如此精到，我由衷地敬服，因为我办不到。根本不想办到的，不办也就罢了，而想办办不到，只有敬服。尤其他从来不以“书”著，更则令人折服了。是以我觉得我和先生的感情更近了，但是对于先生的学问修养却是更远了，根本不能企及了。

人们每提到辅仁，便提到先生，我听到之后，每有一种不敢出声的骄傲，我上过一年辅仁，那里有许多有成就的学长，更有许多有威望的老师，特别是顾随先生，我虽未能登堂，但已入室。虽然我不敢忝为学生，但究竟受到过先生亲自的讲授。尽管我没有学好，但总是受过夫子之教的。所以只能说我仰望着夫子，这是真的，而作“学生”则不敢当，作个“学生”的“学生”恐怕都不合格。

仰承顾随先生的教导，时间并不长，先生离开北京之后，便没再见，但先生的音容笑貌，讲课得意时的神情动作，自己沉吟时的严正之志，我都记忆得清清楚楚，而且能模仿个惟妙惟肖，就在这一点上，我还不是“不肖”的。

【京按】2013年9月初，我、林涛与出版社的朋友去拜望中石先生，想请他再说说与顾随老师相处的事情。中石先生高兴地同我们谈起当年他去李广桥西街寓所向老师求教的情况。老师向他讲述过当年与好友冯至同游齐鲁的往事；给他讲故乡关于武大郎的传说——中石先生饶有兴致地把传说故事给我们复述了一遍；向他介绍自己的新剧作《游春记》；从汉语四声和音节的角度向他传授京剧念白的技巧……不觉已是六十分钟过去。临行前出版社的朋友向中石先生提出为十卷本《顾随全集》题写书名的请求，中石先生高兴地答应下来，几天之后写就“顾随先生全集”六字，下署“中石敬题”，并嘱出版社可以据需截用，而自己坚持书写“先生”二字，则出于对老师诚挚的敬意。

缅怀顾羡季（随）先生*

吴小如

远在上个世纪40年代，那是抗日战争胜利前后（1944年秋至1945年冬），由亡友高庆琳兄领着我，分头到当时的辅仁大学和中国大学去“偷听”诸多名教授讲课。而我最感兴趣的是听俞平伯先生和顾羡季先生讲古典诗词。后来因亡友刘叶秋先生绍介，曾到厂桥附近的南官坊口羡老寓所专诚拜谒，从此得识荆州。羡老为人谦和诚挚，奖掖后进不遗余力，对我从不以晚辈相待，而视之为忘年小友。我自然不敢妄自攀附，故始终未列羡老门墙。但在1949年我迈出北大校门到天津教书时为止，却经常是羡老座上客。每亲謦欬，获益良多。1951年秋我重来北京入燕京大学任助教，正赶上“三反”、“五反”深入开展，接着又是“忠诚老实运动”。当时各高校教师无分老、中、青，几乎要人人“过关”。因此我再无余暇和勇气进城探望师友，与羡老自然更缺少亲近机会。未几院系调整，燕京、辅仁两所大学分别合并到北大和北师大。羡老则受河北大学聘（河大前身为津沽大学，

* 原载《中国书画》2003年第4期。

我于1949年至1951年在那儿教了两年书)，去了天津。最初每逢我回津探亲，还到河大宿舍看望过羡老。1957年“反右”以后，舍弟亦被“加冕”，我因心存戒惧，绝少与人往来。于是同羡老之间的师友情谊，可以借用两句古人的词来形容：“从此隔音尘”，“相见更无因”。

自“文革”结束后，我曾写过几篇回忆羡老的短文，以示对长者的怀念。遗憾的是，我所珍藏的羡老寄我的若干封长函，在“文革”前即被高熙曾、孙正刚两位扫数征集了去，手头早无只字片纸。故最近《中国书画》杂志向我索稿，我实无词以对。

就在此时，“柳暗花明又一村”，竟从老友周汝昌先生处喜获羡老当年的诗稿手迹。周先生把它寄给羡老的女公子之京先生，又由《中国书画》的冯令刚先生把复印件转到我手中。其中有几首诗竟提到了我。捧读之下，由衷感动。原来五十年前，尽管我没有趋谒羡老，而长者竟时时想着我这个后生小子。这种知遇的深恩厚谊，简直无法用言语来表达描述。羡老的诗是赠我和孙正刚两人的，不知何故，正刚当时并未转给我看。这么多年我竟一无所知。倘非汝昌先生存此手迹，我纵有愧疚之情亦无从倾诉，更不能以“不知者不怪罪”的理由来推托。今将羡老遗作中几首涉及我的诗摘录出来，并略加诠释，聊表我对羡老的感激和怀念之情。异日倘得见羡老于泉下，庶不致赧颜汗下了。诗前后凡六首，前有题云：

> 久未见少若、正刚二君，连日得小诗数首，不复铨次，即写奉焉。(十月十二日、十三日)

小如按：“少若”是当时我常用的笔名。羡老每赐函札，皆以此名呼之。从日期看，当作于1952年。因这组诗中有涉及汝昌先生处。而周先生自1952年暑假从燕大研究院毕业后，即到成都工作。羡老诗中有“川西更有射鱼人”之句，并自注云：“兼寄玉言（汝昌先生字玉言）锦城。玉言尝自署射鱼村人。”故知为1952年也。其中第一、第四、第五首皆提到笔者，谨依次录出：

昆山玉复桂林枝，少若才华大类之。青眼高歌竟谁是，乌纱想见进宫时。（“青眼高歌”，袭杜语而变其意，江西社中人常用此法。少若尝与孙正刚合演京剧《二进宫》，故末句及之。）

小如按：1951年我到燕大教书，时孙正刚主持教职员工会工作，成立业余京剧社，为抗美援朝曾举行一次义演。由我承乏演出《大保国·探皇陵·二进宫》，我扮杨波一人到底，正刚只演《进宫》一折，扮徐彦昭。故羡老言及。第四首诗前另有题云：“再寄少若。”诗云：

青莲醉写嚇蛮表，顾曲当年见若人。少若何妨歌一遍，宫花颤上软唐巾。（卅余年前尚在北大读书，曾于第一舞台见高子君爨《金马门》，恨其无书卷气，焉得少若一演之？）

小如按：高子君，即著名老生“三大贤”之一高庆奎。高字子君。“爨”，宋元杂剧专用语，即“演出”之意。因笔画过繁，今用以“串”字代之。第五首云：

委地珠玑散不收，两君才调信无俦（难酬）。万言倚马等闲事，贫道更烦相打油。（乞二君和作。“相”者，《礼记》“相舂”义，“相”与“和”意近，又舂用杵，疑相字从木所由来也。）

小如按：“两君”指我和孙正刚。《礼记·曲礼》与《檀弓》两篇，皆有“邻有丧，舂不相”之语。“相”之义，即劳动者在舂米时彼此相应和之声，如扛大木者之邪许声。故羡老释为与“唱和”之“和”意近（“相”与“和”皆读去声）。“贫道”，羡老自谓，谐语兼谦辞。“打油”指打油诗，亦羡老自谦之词。末句盖谓拟烦正刚与我作诗以和羡老也。只缘昔年未读此诗，今更不敢追和矣。至于诗中对我种种溢美之词，当以提携后进之语视之。时至今日，读之犹惭汗不已。年逾八十，一事无成，深负长者之期望多矣。

最后想谈一下羡老的法书。我所见者，只有老人赐我的函札和此纸所书的诗稿。窃以为羡老法书笔力遒浑苍劲，虽出之以行草，却兼有汉魏章草与敦煌写经之长，既融会贯通，又神而化之。诗稿字迹虽甚小，且多涂改，而落笔处犹锋棱多古趣，其精光四射于不经意处时时可见，令人百观不厌。拙文之作，虽旨在对长者之怀念，实亦有凭借羡老遗墨得附于骥尾之意。故乞读者但赏羡老之法书，而遗其褒美之词，则笔者幸甚。

岁次壬午大寒节，于沪郊写讫。

读顾随《乡村传奇》*

吴小如

顾羡季先生是老牌的辞章家，而《乡村传奇》却是一篇崭新的结晶品。

这是一个中篇故事。有好几处是故事的高潮。高潮的起伏，恰如题目所示，是有着浓烈的戏曲色彩的。像莎士比亚型的西方戏剧，却更像元曲。然而，它毕竟是一篇故事。

故事的开场，是牛店子一个“真正的冬天”的冬天。清淡几笔，白描出那村镇的轮廓。主角无疑是“大麻子”，却拉了一个会学口技的“比亚比扬”作幌子、作序幕。不知怎么，我总觉得“比亚比扬”的面貌活像老年的《原野》中的白傻子。从那浪漫而又踏实的描写中，骤然被一片诙谐的烟幕所笼罩，却终于给读者带来了一阵幽寂的阴森，象征着一出悲剧的开始。

然后出现了大麻子和四先生。四先生是陪客，然而倒是枢纽人物，再把那伪善者的走狗二牛鼻也烘染出来。有大麻子的阳刚，就有

* 选自《旧时月色——吴小如早年书评集》，吴小如著，北京大学出版社，2012 年。

四先生的阴柔，但是写得若即若离，不即不离。通常人看小说都爱给人物加上善的褒扬和恶的批判，戴上一副陟臧罚否的眼镜，如曹操是奸臣、关羽是好汉一类的概念。读文章，又都好寻章摘句来评论美丑，有一次，连顾先生自己，也曾说老杜《北征》中的“垢腻脚不袜”一句欠美。可是我们要知道，真正的好文章，即以这篇《乡村传奇》而论，是很难说出谁是好人坏人，或哪一段写得顶美。因为故事中的人物，不论他平凡或特异，都被作者写得同样的美；而全篇文章，也成为一个完满整体，不容我们强为分割。仿佛演技纯熟精力饱满的演员，在台上吸引着观众，使人只顾看演奏的精彩，便忘掉了场次的更迭。作者在这些地方，我重说一遍，真有元曲的余绪。准此，我们绝对用不着说四先生是坏人，或大麻子是好人了，也用不着指出哪一段文字格外精彩了。

从大麻子闯宅生事，经过被押上公堂挨完板子，直到水坑边“豆腐皮”家寻二牛鼻报仇失败为止，这一不算小的波澜一直挑逗着读者的情趣向前大步紧追。每个角色都很卖力地在幕前幕后露着头角。可是，大麻子一个仰跤跌下去后，却应了东坡那句诗：“事如春梦了无痕。”轩然大波，却来了个翩然而逝，这一幕的台帘便这样地落下了。

跟着下一场，作者又渲染着牛店子新年的集市。仿佛《左转》中描写几次大战争的笔墨，只从远处闲闲叙起，宛如无关痛痒，却逐渐拖你入彀。这又是剧本作家应有的狡狯，被作者偷天换日搬进了故事里，那些铺排便是一层层的障眼法：买猪喽，买粮喽，讲价钱喽，吵嘴喽，看年画喽，放鞭炮喽，都像走马灯似的摆在你眼前。接着写大麻子要地基钱，二牛鼻不许商人给。这一场戏更是作者故弄玄虚，好像要出事，并没有出事。只是调戏了一下读者，使观众提心吊胆地顺着他的笔锋走去。

再往下写，风平浪静般，不惮烦地说着一桩桩风土物事；直写到玩龙灯、高跷会，才到了全篇的最高潮。

大麻子的儿子如意儿是二牛鼻的徒弟。为了虚荣，师徒俩绑了高跷站在冰上搬朝天蹬。这场比赛的结局产生了不幸——如意儿摔死了！死尸拖到家，作者这样形容大麻子："既不表示惊惶，也不表示出悲痛，睁开了络满了红丝的眼，向在场的每个人身上都喷上了血光，喊了一声：都出去！"等到人们跑出门去，大麻子的妻"老黄毛"哭也不敢哭，而大麻子呢，"依然蹲踞在炕角里，红血丝的眼闪闪地在发光"。

故事好像完了，不。莎翁的戏，最高潮大抵在倒数第二幕，结尾总还要别起一波的。末一场戏，是在玩龙灯的场面下，大麻子如猛兽恶鬼般直扑向二牛鼻的身上。这一场肉搏，令我想起杰克·伦敦在《老拳师》里那些精致的描写。二牛鼻无疑是吃了苦，然而村民并不清楚谁是为虎作伥的乡愿，谁是值得同情的失势丧子的粗人。一顿乱打之后，大麻子也被人运走，抬回家去放在炕上了。

在挨打的第四天，大麻子终于嚷了一句"我不能死"，又嚷了一句"死就死了吧"，"于是一个仰八叉，也倒在地上不动了，死了"。读到这儿，不禁想到《史记》上喑呜叱咤的项羽的死。作者的笔也是能"扛鼎"的。

点明了二牛鼻成了残疾之后，作者很冷峭地说："牛店子从此一直太平了许多年。"

这出传奇落幕时，我们还依稀听见那土地庙前比亚比扬的口技声。还有那白杨树上的猫头鹰，在夜深时，也哈哈地发笑。

我记得顾先生评辛稼轩的词："以健笔写柔情。"这话不啻为《乡村传奇》的自我写照。用笔那么豪爽，用心又那么精细。读历史只能增加你的知识，读故事却能怡养你的情感。这力量不在故事本身，乃在那些风土人情生活习惯的琐细摹绘。作者不辞辛苦地写了这许多，看去好像为故事作陪衬的背景，实际上，那些朴实无华的白描才是作者寄托他眷言之情用心所在。每一段娓娓动人的絮语，活脱是一支支杂剧中的丽曲。寓凄凉于感慨，蕴壮烈于温馨。顾先生如有逸兴，何妨真的写一出火杂杂的剧本，供后人的观摩欣赏呢！

1947 年 3 月 28 日在北平写讫

【京按】2013 年 9 月，我们曾欲拜望小如先生，但因先生身体原因未能如愿，只在电话中作了交谈。他说，关于老师顾随，除了近年所写的数篇文章之外，1947 年还发表过一篇《读顾随〈乡村传奇〉》。我们依据先生提供的线索，找到了这篇难得的谈论我父亲小说的宝贵资料。

忆父亲*

顾之惠

我们姊妹六个，父亲了解我们每个人的长处，也许这就是他喜欢我们的地方吧。在适当的时间、场合，他会很自然地告诉我们。对于我，他说我生活方面能力强，善于处理事情，生活上让他省心；还说我能帮助母亲料理家务，帮她照顾了我最小的妹妹之京。记得在我结婚时，他讲话中还含有这个意思，当时我和三个妹妹听后都流泪哭了。但我自己很清楚，在读书与选择职业的道路上，我是我们姊妹中最让他费心、劳神的一个。

1930年冬，我七岁，从故乡的小乡村来到北京这个大城市。一个从来不知道什么是集体生活、没见过“世面”的小丫头，当父亲送我到学校读书时，我怎么也不肯去。当时父亲在燕京大学执教，我们住在现在的海淀区，当时离燕京大学东门不远的一条胡同里，出了胡同北口，就是一片田地。春天的时候，父亲常领着我和二姐之英去田边挖荠菜，回家来让母亲给包饺子吃。记得小学开学的头一天，早

---

* 原载《顾随和他的世界》。作者系顾随第三女。

晨天很冷，父亲送我到学校，我就是不肯进教室，父亲只好领着我回来，我还不肯回家。父亲没办法，只好带我到燕京、清华两校之间的一片野地里转悠，一边走一边哄我，还给我买了一缸小金鱼。这情景我现在还记得很清楚，近七十年了，时时浮现在眼前。前几年小妹之京整理父亲的遗稿，她告诉我，我逃学父亲给我买小金鱼直到玩腻了小金鱼还是不肯去上学的事，父亲写进了他的一篇散文里。那时父亲身体非常不好，回家后就感冒了，母亲非常生气，还打了我。我又害怕又难过，可就是不肯到学校去上学。以后父亲便让姐姐和叔叔在家里教我识字、读书。过了一段时间，他给我请来了一位家庭教师，这位老师是父亲在天津女师学院的学生，她每天到家里来给我上课，有时大姐之秀也随着听。老师每天除了教课本外，还教我唱歌，现在只记得她教会我唱“打倒列强”这支歌。她给我讲鲁迅先生的故事，给我读鲁迅先生的小说和杂文……这一切使我知道了要爱国，要和伙伴在一起，生活中要关心别人，女孩也不要总待在家里，要有本领。父亲给我请的这位老师姓孙，名瑛，她是我真正的启蒙老师。很久以后我才知道她是一位地下党员。遗憾的是她后来去南方了，我再没能见到她，我一直很想念她。直到1990年我才得知解放后她在上海一个单位做党委书记，这么好的一个人竟在“文革”中受迫害而死。

经过孙瑛老师的教导，在我十二岁那年，父亲和他的挚友卢伯屏先生——我敬爱的卢大爷，顺利地把我送进了一所私立中学。从此我才正规地走进学校读书，在学校里学习逐年有所进步，三年后我考入了北京的名校师大女附中。

父亲虽不是个旧式的“学究”，但若说他喜爱体育运动，恐怕许多人不相信。其实父亲重视体育，喜好运动，只是长时期生活在内忧外患的旧中国，积劳成疾，身心都没有余裕参加体育活动了。父亲年轻时在青岛教书，经常到海边去泅水，还留下了张在大海礁石间的照片，可惜这珍贵的照片“文革”中被抄走再也无法觅得了。他还爱看足球比赛，懂得足球的许多规则，尤其是打得一手好乒乓，他说用“大刀”式的打法最为有力。我上中学以后，父亲教会我打乒乓球，教我怎样“发球”“抽球”“扣球”如何“防”，如何“攻”……他愿意和我一块儿打球，说我打球“有招数”，一块打“过瘾”。那时家里有乒乓球台，我经常和父亲、卢大爷一起打乒乓，所以我现在乒乓球几十年不打，拿起拍子还能打上几下子。由于父亲教我打乒乓，也引起了我对球类运动的兴趣，在中学里各种球都能打，在师大女附中，我还是校队队员呢！

到我高中毕业的时候，北京已经沦陷了好几年。父亲不允许他的子弟上敌伪政权掌握的学校，前此两年他让二姐之英从公立美术专科学校转到了辅仁大学美术系，四叔父顾谦从老家到北京来上学，父亲便让他考了辅仁。这时我该上大学了，父亲还是让我考辅仁，并且让我学教育。不让上公立大学，我明白，这是父亲的爱国思想、民族意识；不让我学我喜欢的数学，我也明白，我的一个叔父学数学钻研过力重病不治，让父亲很伤心；而要我学教育，我当时并不十分理解，只想是自己除了数学没什么特长吧。1945 年大学毕业，父亲愿意我做教育工作——做一名教师，我就一辈子忙忙碌碌勤勤恳恳在这条战线上干到五十九岁退休。我按照父亲指的道路，完成了学业和事业。

1930 年底我和二姐随母亲从故乡来到北京，开始和父亲生活在一起，到 1960 年父亲去世，这中间虽有三十个年头，而自上中学起，我就和二姐有了一个单独的房间，1948 年结婚以后就不在家住了。结婚前那近二十年，每天除晚餐时和父亲在一起外，和父亲的接触并不多。父亲每日上课，偶或外出开会或访友，在家时终日在他的书房里，离不开书籍和笔墨纸砚，每天上下午晚上三个单元都有他自己的工作安排。他的书房只有我小妹小时候时常走进去转个圈，东看看西看看，或者坐一会儿就出来，但她在那里什么话也不讲，我们姊妹几个都不进去打搅他，这好像是家里不成“规矩”的“规矩”了。父亲偶或从书房里走出来和我们姊妹说说闲话，和我母亲聊聊天儿，这是他为了休息休息脑子、活动活动筋骨，更好地再继续工作。他甚至出去散步或躺在床上休息时脑子里也在思考着他的教学、论文或创作。精力充沛的时候，有时也和我们姊妹讲讲他又孕育着一篇什么文章，或是一篇诗词、文稿又要“诞生”了。偶尔家里有客来访耽误了时间，没有完成工作计划，他还要想办法挤时间补上。而家里一切日常生活上的事情，母亲里里外外全部承担起来，父亲从不过问。所以父亲能将自己全部的时间、精神和力量用在事业上。

父亲在大学里承担着繁重的教学任务（每周至少十几节课），还要搞创作、做研究，他身体一直不好，去世又早，我们姊妹经常说，父亲哪里来的那么多时间做那么多事情啊？这只有用我父亲自己的话来回答，他不止一次地对我们说：“我在学术上事业上有些成就，一半是靠了你母亲，也可以说我这一辈子里，有一半的时间和力量是你母亲给我的。她把我的生活照顾得妥妥帖帖，又带大了你们姊妹几个，管理着这个家。若论她的聪明和才力，如果去念书，不会比我差。”母亲和父亲共同生活了近四十年，母亲在出嫁前，不过是个大家闺秀，读过两三年私塾；婚后在一个农村的大家庭里，长门长孙媳妇的身份，将两辈婆媳、两辈姑嫂上下左右几十口人的人际关系处理得比较得体，又做得一手好针线，能裁剪，善刺绣，受到一家上下的称赞虽也很不容易，但家务却不需她操持。1930 年到北京后，要为父亲主持管理一家十多口人（当时四位叔叔在北京上学）的生活，照料我们姊妹；尤其是北平沦陷以后，物价飞涨，生活艰窘，父亲又经常生病，全靠母亲支撑应付过去。她为父亲考虑得周到至极，从不拿家里的生活琐事麻烦父亲，占用父亲一点时间。为了给父亲治病，她卖掉了从娘家带来的首饰。还记得一件极小的事：那时家里吃饭经常在桌上铺张报纸，父亲吃着饭有时就看看报，母亲发现后随即告诉我："以后饭桌上铺报纸要顺着你爸爸那边，他看时可以省力些！"这件小事现在看来，并不合乎卫生健康，但可以看出母亲不仅在家务上省去父亲许多时间，还在人们难以注意到的细节琐事上想办法为父亲增加更多的时间。我想母亲能管好这个家，有胆有识地处理家里的大小事情，这也是父亲给母亲创造了条件。父亲极少向母亲发脾气，更少埋怨什么事做得不对不好，经常说些鼓励"表扬"的话，我想生活上也还会有些"点拨"的吧。他对母亲也可说是"因人施教"、"因地施教"吧？启发她的主动性和能力。

父亲一生十分勤奋，他常说：我不是什么天才，全靠努力。他把全部的生命用在读书、研究、教学、写作上，即使他的书札也多是和朋友、学生探讨学术，或互赠诗词文稿，一封信有时就是一篇很好的文章。他常生病，病中也不肯休息，直到1960年初秋病重已不能起床，还让我帮他拿书看，还说想写些什么！我想，父亲是带着许多没来得及写出的腹稿走了。

关于我父亲生前事业上的成就，我因这方面知识浅薄，不敢妄说。但自1990年以来，蒙各位师长、学长为我父亲举行的几次纪念活动，以及会前会后我参与的一些活动，加上又读了一些我能读懂的父亲的著作，我受到了很大的启迪和教育，对父亲在事业上的认识也渐渐由粗浅而有些许加深。现在大家称我父亲是古典文学研究家、诗词曲作家、教育家、书法家、爱国学者，我认为他是当之无愧的，大家也是实事求是的。冯至老伯在为纪念我父亲逝世三十周年而写的《怀念羡季》中说："羡季多才多艺，写诗、填词、作曲，都创有新的境界；小说、信札，也独具风格；教学、研究、书法，无一不取得优越的成就……”可以说这是冯至先生对挚友的中肯评价吧！前些年我对称父亲为教育家，思想上并不太明确，现在我逐渐明白了，他虽没有一篇关于教育的论文，但确是一位名副其实的教育家。他一生不离开教育岗位，不离开学生，为培养教育学生倾注了全部心血。父亲教学生从不教他们只死读书本上的知识，也从不用死知识和考试来压学生，对学生他是言传身教启发自觉。他教书育人，有很高的教学艺术，且寓教育于与学生的日常接触中、书信来往中，甚至评改习作这样琐屑的“事务”中。他与学生的关系诚挚、平等，从无所谓的“师道尊严”，他得到学生极高的尊崇与敬爱。他青年时代在山东的青州、青岛、济南及天津，以后二十多年在古都北京，晚年又回到天津，一生执教四十年，真是桃李满天下。我的学长学友们，有的在他的启发下走上革命的道路，有一大批是青出于蓝而胜于蓝的专家学者，或是在各自的专业上有成就有建树的人才。大家深切地怀念他，继续着他的事业，发扬着他的精神。近年，有的学长以他晚年别号“驼庵”命名所设的奖学金，有的学长协助出版他的著作、影印出版他的书法作品，有的学长组织各种纪念活动、举办资料展览，更多的学长协助收集动乱中遗失的文稿，撰写回忆、纪念文章……这是何等真挚而崇高的师生情谊啊！如果父亲能再多活几年，他会为国家培养更多的人才，当然，他现在是间接地通过自己的学生为国家培养着第三代、第四代。

父亲忠诚于教育，却不是一个教育救国论者，但他对于教育关乎国家兴衰、关乎个人成就，却是早有先见。我想，他这种认识与当前中央提出的“科教兴国”、“教育为本”是正相吻合的。我一辈子几十年在小学教育领域摸爬滚打，深深体会到教育的重要。现在我才明白了，这或许正是父亲让我学“教育”的深衷吧！

这篇小文拉拉杂杂一路写来已经差不多有四千字了，但是关于父亲和学生亲密的师生关系，我还要补叙一件具体的事。那是1947年初，他的学生们为老师五旬晋一的生日举办的祝贺会。那次会不仅有七八十位学长参加，应邀前来的还有父亲的两位好友——冯至、王冶秋两位先生。当时冯先生任教于北京大学，王先生的公开身份是国民党十一战区的少将，实际是共产党的地下工作人员，那天他是穿着一身军服前来的。我们全家也都参加了这次盛会。会场迎面墙壁上是大红洒金纸上用墨绿松枝扎成的"百寿"两个大篆字。学长们本来准备扎一个大"寿"字，征求我父亲的意见，父亲说："今年我们老夫妇两人的年龄加起来正是一百岁，还是用'百寿'两个字好。"这真是去陈腐出新意，更见出父亲对母亲的尊重和厚爱。会上欢声笑语、畅快融洽而无一点世俗气，那是一次晚辈对长辈的祝贺会，又是一次别开生面的师生学术交谈会。会前叶嘉莹学长撰写了贺词，会后全体在"百寿"大字前拍摄了大幅照片。这珍贵的照片在十年动乱中被看成是"反动"——因为王冶秋先生一身国民党高级将领服，是"四旧"——因为这是给"反动学术权威"祝寿，而被抄走毁掉了。拨乱反正以后为寻找这张照片，我们不知费了多少时间和精力，而结果仍是失望和遗憾。可惜那时没有现在的录像设备，不能把大会一个个精彩的瞬间、一段段深情的话语全部保留下来。

最后，我想用1990年父亲逝世三十周年到八达岭墓地祭奠他老人家时，给他老人家写的一封信中末尾的几句话来结束这篇不成文章的文章：

> ……爸爸，在我读书和选择事业的道路上，我们姊妹六人我是您最费心劳力的一个了，我长大后一直很内疚……您交给我的任务——学教育、一生从事教育工作、照顾母亲和妹妹，我都尽力做了。现在我退休已八年，继续为小学教育事业发挥着余热，

尽力关心照顾三个妹妹和子女，并且教育着我的隔代人——您的第四代孙，您的第四代都是好孩子，正在健康地成长。爸爸您安息吧！

1999 年 9 月

父亲八种词集之命名

顾之京

如同讲坛生涯贯穿着父亲的一生一样，诗词创作也伴随了他的一生。当他刚过而立之年时，已赢得“苦水词人”之名。在长达四十年的词人生涯中，父亲将自己的词作编订为八种词集，计：

《无病词》，收词八十一首，始自1924年初秋，迄至1927年夏，1927年夏印行。

《味辛词》，收词七十四首，始自1927年秋，迄至1928年春，1928年夏印行。

《荒原词》，收词八十一首，始自1928年夏，迄至1930年秋，1930年秋印行。

《留春词》，收词四十六首，始自1930年秋，迄至1934年夏，1934年与《苦水诗存》合印为一集。

《积木词》，均系和晚唐五代词人之作，共一百五十三首，作于1935年至1936年间，未印行，今仅辑得词四十六首、卷尾诗六首和自序。

《霰集词》，收词六十六首，始自1937年初秋，迄至1941年底，

1941 年印行。

《濡露词》，收词二十二首，均作于 1943 年秋，后附《倦驼庵词稿》（收 1940 年冬至 1941 年春间之词作十首），1944 年春印行。

《闻角词》，遴选 1952 年秋至 1956 年 1 月间之词作，大部分刊于当年报刊，未印行，稿已佚。今辑得二十六首及“词剩题记”片段。

八种词集均系父亲亲手编订，亲自命名。对八种词集命名之缘由，我想根据自己的理解、体味甚至臆想，试作诠释。

一、无病

《无病词》成书以后，父亲将一册赠予好友郑因百，赠书封面有《自题〈无病词〉赠因百》的一首《临江仙》，词中以“有时尝苦闷，无病亦呻吟”檃栝自己的词集。“无病亦呻吟”，看似一句平常口语，却是借用了稼轩“更欢须叹息，无病也呻吟”（《临江仙》[老去浑身无著处]）的词句。父亲于词，最看重者乃稼轩，借用稼轩词句命名自己的第一种词集，正体现了这一情愫。

父亲之词不但与稼轩同一词牌，“无病亦呻吟”一语在辞章中的位置也同为上片之结句。但父亲的“有时尝苦闷，无病亦呻吟”十个字，其形式尤其是含义并非完全模袭稼轩。稼轩的十个字，上下两句是并列的，其含义也近似；父亲的十个字，上下两句为递进的，其意乃是一因一果，自与稼轩不同。

词集既命名“无病”，不妨从此二字的本义上去深味之。父亲的确时常患病，仅一个风湿骨痛，一年之中倒有半年以上折磨着他。但我知道，父亲自大学就是“大刀”式握拍的乒乓好手，在青岛时期更酷爱海水浴，他需要的、追求的是一个“无病”的身躯；推而广之，入而深之，其深层的意义更在于他憧憬的、追求的是一个无病的人生、无病的社会、无病的家国。多年后，父亲曾自署“去病”一号，我想“无病”、“去病”一脉相延，只是后者较之前者，少了些理想成分，多了些实在的努力，也包含了一些对现实的无奈。父亲的“无病”的理想，在《无病词》中有不少富于诗意的表达。如“纵酒吟诗莫说愁，晚来天气好清游。镇日西风吹碧浪。波上。长空万里几渔舟”（《定风波》）；如“河山破碎，斜日画角正悲凉。肩上千秋事业，眼下几条道路，纵横少年场。挥手自兹去，努力爱韶光”（《水调歌头》）；如“莫言我辈终穷。中原逐鹿几英雄。文章千古事，手障万流东”（《临江仙》）……他不失追求与奋斗的勇气，如“万斛闲愁，捎起掉头而走”（《绮罗香》），“新愁不断，愁不教人怕。最怕是闲来，心如叶、西风吹下。古人堪笑，寻地好埋忧，问何似，唤愁来，却共愁厮打”（《蓦山溪》）。

冯至老伯在《怀念羡季》一文中说，他当年与我父亲一同编订词集时，“羡季从词集里摘取两句能概括全书内容的作为题词”。父亲摘取的两句是：

也有空花来幻梦，莫将残照入新词

我以为这正是对“无病”二字的深层阐释。尽管是“空花”，尽管是“幻梦”，但终竟有花、有梦，终竟有生命在、有前途在、有理想在，故而那行将落山已没有生命力的“残照”就不要再入“新词”。“莫将残照入新词”，正是对无病的人生、社会、家国所抱有的无限憧憬的表征。两句题词，坚定了我对“无病”二字的臆想。（父亲1926年一首《浣溪沙》中有句“爱将残照入新词”，编订《无病词》时此一首摒除在外，也可看出父亲的用意所在。）

然而，现实的残酷性并不因词人的美好憧憬而变得有丝毫美好的迹象。“一朵空花，宵深入梦还迟”（《高阳台》），“时有空花来梦里，梦醒何处追寻”（《临江仙》），现实与无病的人生、社会、家国，正成巨大的反差。父亲是清醒的，冷静的，在《无病词》中，他以更多的篇幅揭开了有“病”的人生、有“病”的社会、有“病”的家国。在“浪软温柔海，灯明上下街”的海滨城市青岛，父亲想到的是社会的黑暗：“中原却被夜深埋，那更秋风秋雨逐人来。”（《南歌子》）在“向晓阴阴向晚晴”的宜人的清明时节，他嗅到的是社会的腐朽：“黄云都带金银气，白雨还浮酒肉腥。”（《鹧鸪天》）“春归”之际，他意识到“佛国仙山空泡影”，现实是“江南江北起烟尘，风力猛，笳声动”的战乱（《天仙子》）；“重九”时节，他敏锐地感觉到“风惨淡，云苍茫，河山破碎”（《水调歌头》）的惨相……由此看来，“无病亦呻吟”既可从表象上看是词人的自谦之词，更应从深层体会出词人是在强调苦闷中的呻吟并非来自自身的病痛之苦，而是源自世事人生引发的苦闷。

无情的现实，何处是“无病”？“无病”只是词人的理想、词人的追求。

二、味辛

“无病”的人生、社会、家国只是理想，现实是“味辛”的，紧接着“无病”之词的自当是“味辛”之词。

父亲别号“苦水”，苦水是味辛的。“味辛词”就是“苦水词”——这是对“味辛”一名最直接、最简明的解释。若从集名的字义看，“辛”，含辛酸、辛楚、辛劳、艰辛、苦辛、悲辛……诸义，而“味”字又是一个动词，那么，“味辛词”就是词人体味了现实中的“辛”之后发出的咏叹。稼轩词中恰有一首“戏赋辛字”的《永遇乐》，词中有句：“……细参辛字，一笑君听取。艰辛做就，悲辛滋味，总是辛酸辛苦。更十分、向人辛辣……世间应有，芳甘浓美，不到吾家门户。”父亲以“味辛”名词集，定是也从稼轩此词获取了一份灵感。若从《味辛词》中的作品来看，与《稼轩长短句》相同，这“辛”绝不仅仅是局限于自身小我之“辛”，它与前此之《无病词》一样，是大我的人生、社会、家国之“辛”。《味辛词》的创作时间向上与《无病词》紧紧衔接，如果说“无病”二字尚涂有一些理想色调的话，“味辛”二字则更植根于现实的土壤，更具有深沉的现实情味。

不妨再引《味辛词》的题词来印证：

愁要苦担休殢酒，身如醉死不须埋

这里，没有了《无病词》中的“空花”、“幻梦”、“新词”，有的只是“愁”、“苦”、“死”。愁、苦、死三字代表了“全书内容”，是对“味辛”二字的形象展示。“愁要苦担休殢酒”，直言现实中的愁、苦不是用酒就可以消得的，不言而喻，只有用精神、意志的力量来担荷；“身如醉死不须埋”，则是曲言——即使为之付出生命的代价也在所不惜。我想，这是两句题词对“味辛”二字所作的诗意的阐发。

如果通读《味辛词》七十四首，其中既新人耳目、更撼人心魄，且最能体现“辛”之味、最能标志“味辛”一题之所出的，可以几首长调为代表，即《木兰花慢》（是何人弄笛）、《庆清朝慢》（梦又还醒）、《永遇乐》（少岁无愁）、《木兰花慢》（又沉沉醉也）、《八声甘州》（记明湖）、《八声甘州》（便将来）、《八声甘州》（数今来）。

两首《木兰花慢》与一首《庆清朝慢》展示了传统词作不曾出现过的人间事象——深巷“午夜吹笛”的“卜者”、桥头“呵夜”的“戍兵”、寒夜“号呼惨苦”的“街头乞丐”——词作以社会底层的小人物为主角，以暗夜凄凉的街巷为背景，以悲凉的笛声、呵声、号呼声为音响，绘制着深邃悲凉凄惨的境界。而透过这种种人间事象所抒发的却又迥异于古代现实主义诗人所共有的同情与悲悯。父亲以卜者探索担起命运、操持人生的现代哲理命题；以呵夜戍兵撕开战乱不宁，虽曰人世、实为鬼域的社会现实；他对“熬饥”、“怨寒”的乞丐，虽是隐含了对挣扎于生死线上者的深深同情，但更层转层深地隐含了为人立命的人性尊严这一人生命题。这一切无处不浸透着、显现着“味辛”的特质。

三首《八声甘州》更是饱含了血泪的“味辛”之作，这是以词的形式直接表现1928年5月3日，日本帝国主义残杀中国人民的“济南惨案”的史诗式的作品。日间是“连天烽火”、“血痕点点”，入夜是青青“磷火”闪烁在“芦苇丛中”；“好山好水”之间，“胡马又嘶风”，优美的泉城济南充塞着“无穷恨”、“恨无穷”。三首词作是父亲发自内心深处的爱与悲交织、美与仇交响的忧国伤时、念乱恤民之曲。而词作更特以“哀济南”与“忽忆历下是稼轩故里，因再赋”之词题，重笔点醒这血泪交迸的重大历史现实主题。如此反映国家民族悲剧的作品，必然要出自“味辛”一集之中。

《永遇乐》一首标有词题“夜读《大心》不能寐，因赋”，可知是一首以词的形式书写的读后感。但《大心》是旧俄作家丹钦柯的小说，以词写域外小说的读后感，但所感发者并非域外风物，而是故国故土的严酷现实。词里所写的是“沙场炮火，深沟弹雨”、“战云滚滚，江南直到江北”的连年内战，愁之多，愁之浓，愁之重，已到了“愁也怎生愁得”的境地。古人借“醉乡”以“忘我”，借“桃源”以“避世”，只不过是“堪笑”的“痴绝”，词人渴望着、祈祷着“万丈银河，可能倒挽，静洗平原血”。篇末“韶华未晚，君莫蹉跎悲切”，传达的是“愁要苦担休殢酒”的担荷与奋斗精神——一首纯粹的“味辛”之作。

三、荒原

集名“荒原”二字，给人以广袤、旷古、寂寥的感受。顾“荒原”之名，思词作之义，《荒原词》八十一首当以“悲怆”色调为主，但其扉页题词却是：

往事织成连夜梦，归云闪出满天星

别是一番静美、深沉、悠远的境界。可见“荒原”一名绝非简单的“荒漠的草原”之意。再看置于词集首位的《卜算子》：

荒草漫荒原，从没人经过。夜半谁将火种来，引起熊熊火。
烟纵烈风吹，焰舐长天破。一个流星一点光，点点从空堕。

竟是一首耀人眼目、出人意表的荒原之歌。以诗歌的首二字为诗篇命名，或以集中的首篇为诗集命名，是诗人们习用的方法。若然，《荒原》一集的命名显然是由此开端一词而得，无须再多喋喋。不过，我总觉得问题并非如此简单。以之为集名的荒原之歌如此崇高而壮美，而代表全书内容的题词却如彼其阴柔而优美，这巨大的对比与反差之间，必有其内在的相谐相通之处。否则，以之命题的一首词岂不是游离于集中的一个特例？

父亲从未到过大草原，我想《卜算子》之取象首先当是希腊神话中为人类带来火种的先觉者普罗米修斯；其次当是《尚书》中所言“若火之燎于原”。无论是取象于西方古代的神话还是东方古代的经典，词中的荒原烈焰显然是不熄的生命力的象征。明乎此，我们就触到了一首《卜算子》与两句题词之间内在思想情致的相通，也同时触到了统领一部《荒原词》内容的关捩。

与“无病”“味辛”二集一脉贯通，忧患家国、担荷命运、希冀人生依然是贯穿于《荒原词》的情感主线。如1928年所作《踏莎行》，感叹“荒城何处还吹角”、“天南地北心分裂”的战乱现实；1930年所作《浣溪沙》，金秋返乡“途中阻兵”发出“可怜景物与心违”的慨叹；1928年所作《鹊桥仙》，流露出“街头毕竟象人间，是谁说不容人住”的坚忍情志；1929年所作《灼灼花》，充溢着“一种人间味，须在人间会”的担荷精神。而其1928年所作《小桃红》中“花落花开，年华有尽，人生无价。待明晨早起上高楼，看江山如画”，更是表现了对人生美好的希冀。

或许与1929年调任燕京大学这一事业与人生的重大转折有关，《荒原词》中毕竟有了不同于“无病”、“味辛”之处，它根植于现实的土壤，却又不乏浪漫情怀的展现，也偶或流溢一点开朗的情调。父亲初到燕大时，只身居住在学校附近的宿舍里，课后“时时散步圆明园废墟中”，《荒原词》中有三首圆明园词，正可表现“荒原”与“无病”、“味辛”的同与异。《临江仙·游圆明园》之第一首，词人登上废墟，“还见旧山河”，“落落眼中吾土，漫漫脚下荒坡”，眼中所见、足下所立的“吾土”，实是“落落”“漫漫”的“荒坡”；透过眼前实景，由残破的现状一下子回溯到血泪的历史，而“人少夕阳多”的五字结句更是充满了象喻意味。在这“人少夕阳多”的境界里，第二首词人“正襟危坐高岗”，“一回眺望一牵肠”，至结拍一韵明白唱出了“教人争不恨，故国太荒凉”的满怀忧患。令人意想不到的是，就在此后几日，就在这圆明园的废墟之上，父亲以一首《贺新郎》展开他诗人的遐想：“我如引火烧枯苇，想霎时、飞烟万丈，烈红十里。众鸟纷纷飞散去，火舌直腾空际。制造得、无边欢喜。”父亲竟将自己幻化为引火之人，幻想着腾空的烈焰烧尽“荒凉”的“旧山河”，涅槃出一个“无边欢喜”的新境界！他以如此浪漫的情怀、超现实的手法来表现一个十分现实的主题。这一段“引火烧芦苇”的词句，较之《卜算子》的荒原烈火虽有着力量轻重、境界大小的区别，但毕竟前后相映、息息相通，紧紧地绾合着，承接着。《贺新郎》几乎可以看作《卜算子》的续篇，尽管前者具有浓重的神话色彩，后者较多现实情味。

读“荒原”一集，还会发现词中多处出现“心花”的意象。品读此中意味，心花当是自身品格修养求得的“正果”——“自辟心园。自种心田。自栽花，自耐新寒。一枝一叶，总觉鲜妍。”（《行香子》）心花之绽放是搏击运命的结果——“拼将眼泪双双落，换取心花瓣瓣开。”（《鹧鸪天》）心花给人以希望，给人以慰藉——梦中春花绚烂，梦醒之后“眼花消失心花放”，“眼底心头温一饷”（《渔家傲》）；即使心花凋残，也有酿得之花蜜长留人间——“心上伤痕知多少，开落心花狼藉。看心血、涓涓流溢。试把君尝君应说，甚春蜂酿得花成蜜”（《贺新郎》）。一首《采桑子》更可以说是一枝绝美的心花之颂：

> 如今拈得新词句，不要无聊，不要牢骚，不要伤春泪似潮。
> 心苗尚有根芽在，心血频浇，心火频烧，万朵红莲未是娇。

《荒原词》中的朵朵“心花”，是不泯的人生理想、不灭的生命力量的象喻，与“荒原烈焰”的广博、雄奇、壮美相比，它显得纤巧、精致、优美，但二者同为超现实的、幻想的、浪漫的意象，具有共同的情感内质，相谐相融于一部《荒原词》中。

四、留春

“留春”一集，收词四十六首，远少于此前“无病”等三种。

自古以来，诗家的惜春留春之作，几如恒河之沙，无以计其数。父亲的词集“留春”一名与其他七种集名置于一处，自有一番雅正与平俗的协调与互补；但若单独观此一名，又难避旧文人、旧习气的意态。父亲是现代诗人，深受西方和现代文艺与理论的熏陶，何以用“留春”这略带旧文人情调的语汇命名自己的词集？再者，若仅就名解意，这集名给人的印象岂不让人误以为是一部伤春、惜春为主题的作品？

依我看来，父亲的“留春”一名，绝非传统的旧诗家文人一番伤春、惜春之后，遥对无语流逝的春光发出的徒劳的挽留，他只是借用了旧文人常用的这一语汇，而赋予全新的寓意。父亲在1930年写有一篇题名《夏初》的散文，开端就是：“我喜欢夏初的天气。”《留春词》中的《定风波》（六首）之第四首以美妙的词句描绘初夏：“试向青青池畔路。闲步。芦芽荷叶一时新。小院梧桐今夜月。清绝。始知夏浅胜残春。”对于自然界的四季，父亲并不留恋春色，而更喜欢初夏。他之“留春”决然不是旧作品中伤春、惜春的延续。

1934年《留春词》结集的时候，父亲已迈过“而立”而近“不惑”。此时，他已步入人生的中年，他将已逝的青春岁月的回顾、体认、总结、感悟、概念……一一留驻于词，是为“留春”之词。这里的“春”不是自然界的春天，而是人生的青春岁月；这里的“留”，不是挽留，而是留驻；“留春”，意谓将青春岁月留驻于“千古事”的“文章”之中。依此，再看《留春词》代表全书内容的题词：

欢情已似花零落，诗思还同酒浅深

正与“留春”二字之意相吻合——过往的岁月已似春花凋零般地消失了，如酒一般浓烈的诗思记述了已逝岁月的痕迹。

1980年代初期，我首次草拟父亲的简传，曾向父亲的老友卢季韶先生请教，卢四叔在回信中，依据早年的记忆列举父亲的创作目录时，词集一项竟无“留春”，而多了“再青”一名。对此，似乎只能有一种解释——当年“留春”本定名为“再青”。“再青”，意谓青春岁月在词中的再现，因而词中就有着词人青春岁月的留驻。“再青”、“留春”，字面相异而蕴意相同，“再青”一名可证我对“留春”二字的理解尚不支离。

那么，何以未用“再青”而改用“留春”？以我推测，仅就二集名之字面论，“再青”似不如“留春”响亮而流畅，父亲作诗作文是很讲究字词的音色的；更为紧要的，乃是“再青”二字出自陆游诗句“双鬓向人无再青”，不免有些消沉。1933年两首情感激越、紧扣时代脉搏、具有鲜明政治历史特征的抗敌颂歌——《满江红》（夜雪飞花）、《踏莎行·为老兵送人出关杀敌赋》——这两“出”重头“戏”出场之后，“再青”已不能包容这一部词集的内容。限于篇幅，本文仅以第一首为例。“九一八”事变后，阴霾晦暗的抗日形势，沉重地压抑着每一个中国人的心。1933年3月11日，廿九军大刀队在喜峰口雪夜砍杀日军数十人，父亲的《满江红》形象地展示出当日战场的惨烈和中国军民抗战意志的坚决：

> 夜雪飞花，更映衬、宝刀如雪。看今夕、健儿身手，立功奇绝……鸣画角，声清越。扬白刃，光明灭。冒枪林弹雨，裹疮浴血。保我版图方寸土，是谁青史千秋业……

留驻“长城抗战”这一声抗日的春雷，呼唤更为壮阔绚美的抗日春天，由“留春”取代“再青”，正是由小我的人生历程提升及于包括小我在内的大我的国家民族运命。因而这一集名在人生课题的基石之上具有了更为强势的时代政治色彩。

五、积木

八种词集，唯“积木”一种非创作集，乃和作集。父亲在《积木词·自序》中说：“《花间》是旧所爱读之书，尤喜飞卿、端己二家作。”父亲1935年岁末患病至1936年初仍未愈，病中“乃取《浣花词》尽和之”。

“积木”本是一种小儿的玩具，父亲因何以之命名自己的词集？他在《自序》中有一段风趣的说明：

> 余之弱女喜弄积木，长短方圆，依势安排，当其得意，往往移晷。此一卷和词，其余病中之积木乎！

若果以此而论，则《积木词》不过是父亲病中借以舒缓病痛、排遣时日的游戏之作。这当然是他的一番自谦之词。《积木词·自序》虽是一篇散文，却通篇流溢着浓郁的诗情、诗韵、诗趣。小女儿专心一意玩积木的神态，恰如诗家词人专注地作诗填词，联想之下，于是有了《自序》中那一段诗意的表达。而诗的境界总是“言有尽而意无穷”，“积木”一词，寥寥二字，其意也正无穷。

《积木词》共三卷，自上卷之和韦庄，至中卷之和温庭筠等七人，再至下卷之和冯延巳，一首一首地和来，堆叠累加，积少成多，积散成整，终成一部一百五十三首词作的和集，也真如小儿之搭积木，一块一块，“长短方圆”，终成一座美不可言的建筑。由此，“积木”一名，真可说是一种很形象的描述——但这毕竟也还只是对表层含义的理解。

父亲在1933年秋《留春词》结集之后，《自叙》中曾有“后此即再有作，亦断断乎不为小词”之说。他之不再为小词，不是就此不再染指于词，而是自感词之创作已“有年”，“地力渐薄，人力不继”，因而作品如草木之不能“茁壮”，即使开花结实也“不肥不腴”，我想，父亲暂停创作的脚步，是要假以时日，蓄积地力，滋养人力，以使创作华茂实腴。此际病中，和晚唐五代之作，正是揣摩古人情意，体味古人风格，借以灌溉创作的土壤，滋长创作的心力，实际是一个向古代词人学习的过程。此一过程也正如小儿之玩积木，一块一块，一层一层，终能成塔、成亭、成楼、成阁。这当是“积木”一名之深意所在。对此，父亲的传法弟子叶嘉莹有过一段极为精彩的理论阐释，不可以不引述：

> 这些与古人和韵之词，对于先生词之风格曾产生过相当大的影响。原来先生早期词作受稼轩及樵歌之影响较大，偏于发扬显露而略少含蓄之情韵，经过此一阶段对晚唐五代词之拟作，对先生旧有之风格恰好产生了一种调节融汇之作用。这种作用，使先生之词于原有之率真清健之风格以外，又增加了一份深情远韵之美。(《顾随文集》代跋)

《积木词》题词之二句“香烬炉烟余淡雾，轻盈还恐随风去”，已可见晚唐五代风格之印迹，透出“深情远韵”的气息。

六、霰集

父亲名随字羡季，“霰集”二字正与“羡季”谐音，“霰集词”即“羡季词”也。父亲别号“苦水”，取此一号的主要缘由即“顾随”

二字当时的英文拼写正与“苦水”相谐。当年以谐音取别号，此时以谐音命集名，均系以音而得名。对于“霰集”一名，我以前的认识，仅止于此。2013 年 3 月，整理父亲辅仁大学弟子刘在昭的听课笔记，发现在抗日战争刚刚胜利后的第一次课上，父亲讲到了北平沦陷期间，词集“霰集”的订名：

> 北平沦陷时期的 1941 年，余印行词集——《霰集词》，“霰集”与羡季谐音（苦水是顾随的谐音）。毛诗有句云：“如彼雨雪，先集维霰。”（《小雅·頍弁》）《易·坤》有句“履霜坚冰至”，与《诗经》二句意同。余当日因汉口被日军占领，惧其他变，因名词集曰“霰集”，意即取毛诗也。

呼应着“霰集”之命名，那一次课上，父亲还点明了集中几首词的作意，“集中有《临江仙》词云：‘千古六朝文物，大江日夜东流。秣陵城畔又深秋。云迷高下树，雨打去来舟。’‘云迷高下树’，无光明；‘雨打去来舟’，落花流水。此南京被日军侵占后之作。”“集中《灼灼花》有句：‘纵相逢已是鬓星星，莫相逢无计。’此余最得意之语。此二句，乃是借思念南下之友，自叙故土收复无望之慨。”“《临江仙》之‘伊人知好在，留命待沧桑’，同是渴望收复失地之意。”“《虞美人》中‘飞花飞絮扑楼台，又是一年春尽未归来’，亦是对收复沦陷区失地之渴望。”“余之词，抗战以来，希图国家好，中国打回来，收复沦陷区，但几乎绝望，且恐己年之不待。”

父亲在课上的这一次讲话，是对《霰集词》最权威的阐释。

限于当时的条件，《霰集词》的印制，因陋就简，只是小三十二开的白报纸铅印本，也没有扉页及题词。

七、濡露

“濡露”二字，源于杜甫《北征》“雨露之所濡，甘苦齐结实”的诗句。

父亲于词，最重稼轩；于诗，则最重老杜。父亲课堂讲课，即使不是专讲杜诗，也会时时说到老杜，仅就叶嘉莹先生所记听课笔记，他数次引述“雨露之所濡，甘苦齐结实”二句。父亲在一次讲到“诗之锤炼”时，曾说：“锤炼宜于客观的描写，作诗有时应利用此点。如老杜《北征》，乱后回家，对此茫茫，心中当如何？而老杜是诗人，未忘掉客观，故尚能注意路上景物。不然归心似箭，岂能复有心情欣赏路中景色？老杜则连山上小果木皆看见。”接着他就引出《北征》中的几句：

> 山果多琐细，罗生杂橡栗。或红如丹砂，或黑如点漆。雨露之所濡，甘苦齐结实。

当然，单就老杜的几句诗来看，是说大自然的雨露滋养了自然界中的万物；而父亲用来名集却是深之、扩之，是在说社会历史的雨露浸染着自己的思想灵魂，而结出了创作的果实。

《濡露词》收词仅二十二首，在八种词集中为数最少，创作的时间也最为集中，都是1943年秋季所作，秋季是“结实”收获的季节，为集命名，取杜诗上句中之“濡”与“露”二字，其用意则是在下句之“甘苦齐结实”。

此一卷《濡露词》之印行，全是由弟子史树青策划筹办的。同时，史树青自己也仿照老师诗词集一贯的装帧设计，印制了自己的《几士居词甲稿》，并请老师作序。父亲为弟子所作的序文中，将词人少时之作比为“春日花蕊”的“风姿情韵”，而将壮老之作比为“雨露所濡，甘苦齐实”。这一年，父亲已经四十七八岁，是奔五十的人了，他的词作自是大半生“雨露所濡”种种“甘苦”结出的果实。

与《霰集词》一样，“濡露”中的全部辞章均是北平沦陷时期所作，如此而言，“甘苦”二字无疑隐含了更多的国家民族的苦难于其中。所谓“甘苦”二字，则是汉语词汇学中构词法所说的“偏义复词”，其实义是苦重于甘，甚至是有苦而无甘。“霰集”与“濡露”两种词集，乃是于国家民族与众生苦难中所发出的声声浩叹，这已完全脱尽旧传统之作中的“小我”、“闲愁”，融入的是具有时代命意的家国之愁。

《濡露集》扉页题词是：

篆香不断凉先到，蜡泪成堆梦未回

“凉”已“先到”，“梦”仍“未回”，而“篆香”依然袅袅“不断”，“蜡泪”还在滴滴“成堆”。我以为，这一方面是词人对自己坚贞心志的表达，一方面又是以词所特具的婉约情态，对“雨露之所濡，甘苦齐结实”这厚朴沉实的诗句，所作的深婉而凄美的独特表达。

“霰集”、“濡露”二集，同是北平沦陷时期之作，我想若单就四字的字形来看，似乎也有深意在。父亲于诗歌之用字，一向讲究形、音、义三者的结合。他在文稿与讲课中，多次引用并周详地阐发刘勰《文心雕龙·情采》中“形文”、“声文”、“情文”之说。1940年代父亲有一首绝句，前两句是“溪流活活出新源，芳草萋萋没旧痕”，上句写水，七字中用了五个有“水旁”的字；下句写草，七字中用了五个有“草头”的字（“旧”字繁体为“舊”），正是实践他以形表义的修辞主张。由此我想到，“霰集”与“濡露”四字之中，用了三个带

"雨头"的字，一个有"水旁"的字，有没有以此象喻身处风雨飘摇的动荡时代之用意呢？这纯是我大胆得近乎荒唐的揣测。聊记此一时之想以备忘。

八、闻角

"闻角"一名是八种词集中唯一无须后人再做解读的一种，因为在父亲过世之后，一件相关资料中尚保存了父亲在编订此集后所写的《闻角词剩题记》中之核心部分：

> 卅年前读尹默师《秋明集》，其《破晓》五律一首发端即曰"破晓闻清角"，甚喜之，至今弗能忘，故名吾词为"闻角"。角者，号角也。建设事业，云蒸霞蔚，一日千里，每读报未尝不鼓舞奋发，譬闻角号，号召前进。词名"闻角"，是其义也。

在这段仅存的不足百字的"题记"中，父亲自己已经阐明了两个问题：其一，"闻角"二字源自老师沈尹默的诗句；其二，命集名为"闻角"的用义。

从"题记"可确知，《闻角词》是父亲1952年大病痊愈再度出山之后的晚年作品；且全部词作均系歌颂新中国、新气象以及抒发自己病后又逢太平盛世的"谁道人生无再少"的情怀。但是，《闻角词》的原稿早已亡佚于动乱的年月，现在，我只想借此次撰文的机会，说几句并非绝对题外的"题外话"，作为本节以至本文的结束。

第一，《闻角词》的结集时间，我过去曾据"题记"臆断为1959年，并写进了拙作《女儿眼中的父亲》。但2009年夏天，我意外得到周汝昌先生提供的父亲于1955年至1960年初写给他的一大批信函复印件，其中有1956年10月末父亲抄寄给弟子的一份《述堂近稿》，收1956年10月间的词作五首。近稿之前言开端即说，“《闻角词》断手于今岁一月间”。据此，可以确知《闻角词》的结集时间是1956年1月，而其中词作当是1952年秋至1956年1月近五年中的作品。

第二，父亲1958年12月25日致好友卢季韶的信中说：“两三年来所作词有百余首，泰半有政治性，甚至赶任务，配合运动，不免是‘急就章’。若严加删选，或有半数不致刺目。”按时间推算，这百余首词作恰是1956年《闻角词》结集之后的作品。那么，“闻角”之后，父亲是不是又对这百余首词“严加删选”，保留了其中近半数的、自谦为“不致刺目”的作品编订为自己的第九种词集了呢？若然，词集又将如何命名？这又不得而知了。

第三，假定父亲已经编订好自己的第九种词集，“配合运动”、“赶任务”的作品当然不会掺杂其中。我估计，集中定有一定数量的词是当时未曾在报刊上发表过的；而集中的词章定然是既葆有旧日词作的风神情采，又饱含着新气象、新情意的精彩作品。“闻角”时期与“闻角”之后，已发表的作品可以辑录得到，那些未发表的更引人入胜的辞章或许还有星星点点的印迹散落于人间，留给后人一丝搜寻辑佚的期望。

2009年8月末9月初草成

2015年2月补正

附录：顾随学术年表

赵林涛、顾之京　整理

顾随（1897—1960），河北清河人，本名宝随，字羡季，号苦水、驼庵等。1920年毕业于北京大学英文系。先后在山东、天津等地中等学校任教，1929年起，先后执教于燕京大学、北平大学、北京大学、中法大学、中国大学、辅仁大学等高等学府，1953年赴任天津师范学院（河北大学前身）教授。顾随是卓然特立的一代国学大师，诗、词、曲、剧众体兼擅；书法出唐入晋，自成一家；尤于谈文论艺及课堂讲授契机入理、精妙超绝。沦陷期间，困守北平，以笔为枪，显示出一介爱国知识分子的坚贞气节。现代文坛诸多名家宿儒如沈尹默、沈兼士、周作人、冯至、杨晦、启功等皆与之有师友之谊；弟子周汝昌、叶嘉莹、郭预衡、史树青等享誉海内外。1990年，启功撰书联句："文苑仰宗师众失拱辰三十载；书坛标重望脉延典午两千秋"，对顾随的文章、书艺做出极高评价。以下系统呈现顾随学术生涯的主要事件，及其身后著作的整理出版情况，希望能对大家了解、学习、研究顾随有所帮助。

1897 年

2 月 11 日，生于河北省清河县坝营集魁文堂。祖天祥、父金墀，均是前清秀才、八股好手；后者并长于诗赋，此点对顾随影响颇深。

1898 年

始能言，父教以唐人五绝以代儿歌。

1903 年

未满七岁入家塾，由其父亲授四书五经、唐宋八家文、唐宋诗及诸子寓言，开始学作文言文。八岁已能做出三五百字的通顺文章。

1906 年

十岁前已将家塾所授书籍全部读完。在晚年一份履历书的“自传”中，顾随写道：“我很感谢我父亲：他在我的幼小的心灵上撒下了文学爱好、研究以及创作的种子，使我越年长，越认定文学是我的终身事业。他又善于讲解，语言明确而有风趣；在讲文学作品的时候，他能够传达出作者的感情；他有着极洪亮而悦耳的嗓音，所以长于朗诵：这一些于我后来作教师、讲课都有很大的影响。”

课余读了“三国”、“西游”、“封神”、“聊斋”及《好逑传》、《粉妆楼》等小说。（“水浒”、“红楼”是离开家塾之后在小学、中学时读到的）“自传”中说：“我在十岁前，已经养成了读小说的嗜好……这一嗜好到了我十五岁之后，竟发展到渴望自己成为一个小说家。”

1907 年

考入清河县城的高等小学堂。

1910 年

冬，高小毕业，考进广平府中学堂（永年县省立中学校）。

1912 年

夏，母去世。曾在“自传”中写母亲“完全是被继祖母折磨死的”，“这在我一向脆弱而敏感的心灵上，是一个禁受不起的打击。从此我便总是忧郁而伤感”。母亲的死对于顾随认识旧家庭的本质可能起了关键的作用。他在大学毕业后的第二年，即曾着手撰写“家庭改造”的文章，讨论“理想的新家庭”，明确提出“爱”是组织家庭的基础。

娶妻纪氏。纪氏1919年亡故，留有二女，长之秀，次之英。

1913年

开始学习填词。1933年所作《留春词》自叙中写道：“二十年前一时兴之所至，忽学填词，后来一发而不能收拾。”

1914年

在《学生杂志》（商务印书馆）第1卷第6期发表古体诗歌《二媪行》、《白菊》、《时值秋日同学多种盆菊黄紫粉白灿烂如锦有一盆久不开戏赠以二十字》。

1915年

报考北京大学中国文学门，在校方建议下改学英国文学，并于当年先入天津北洋大学预科学习英文。

古诗《余读板桥孤儿行不知泪之何从也因仿其体为之》发表于《学生杂志》1915年第2卷第1期。

1917年

转回北京大学就读。期间接受克鲁泡特金、尼采、易卜生等人思想，在文学上，爱读王尔德、波德莱尔、安特列夫等人作品。

在《学生周刊》以“随便谈谈”为题发表数则关于读书和生活的“隽言”，名前署有“本函授部文科第一届学员”。

1919年

参加五四运动。

1920年

夏，结束大学学业，取得文学学士学位。

9月，进入山东青州中学教英文。

下半年，续娶徐荫庭氏。徐氏（1899—1982），山东临清人，生有四女：之惠、之燕、之平、之京。

1921 年

6 月，作散文《梦想一》《梦想二》。

6 月，作小说《爱——疯人的慰藉》《夫妻的笑——街上夜行所见》。

辞去青州中学教席，6 月底赴济南任《民治日报》编辑。7 月，主持《民治日报》增发之“半月刊”。

与冯至等人筹划在《民治日报》创办《深夜》周刊。年底，《民治日报》被济垣警厅勒令停刊，创刊事亦因此搁浅。

8 月，谋得济南女子职业学校教席，授国文、英文二课。

兼济南省立第一女子中学课，次年去职。

12 月，作小说《枯死的水仙》。

1922 年

7 月，作散文《蛇之草原》，1924 年 5 月 8 日刊于《晨报副刊·文学旬刊》。

1923 年

4 月，作散文《送 L 君赴日本调查教育序》。

小说《反目》刊于《民治日报》。

9 月，作小说《立水淹》，1924 年 8 月 19 日刊于《民国日报》文艺周刊。

12 月，作小说《失踪》，刊于 1925 年之《浅草》1 卷 4 期。此篇被鲁迅收入《中国新文学大系·小说二集》。

作散文《〈深夜〉序（拟）》。此文系顾随为学生所写范文，故文章以学生身份声口，且于题目加一“拟”字。

1924 年

年初，青岛建立私立胶澳中学（现青岛一中），顾随被聘为国文教师，7月至青岛，约冯至同去度夏。此间，两人约定“把旧体与新体分划领域，各守一体，冯先生不再写旧体，顾先生不再写新体”。（欧阳中石《只能仰望夫子，不敢忝作学生》）在《苦水诗存》自叙中，顾随亦有“自民国十三年以后专意于词”之语；又在1949年初在辅仁大学国文系主持冯至演讲会时说“余于新诗自谓系一逃兵”。

5月，作散文《头的照片》（蛇之草原集之二），7月29日刊于《文艺周刊》。

5月18日，作散文《街上》（蛇之草原集之三），8月5日刊于《文艺周刊》。

1926年

暑假后，受聘天津直隶第一女子师范学校。时于国文课“部令禁授白话文，省令添读经”。（1927年9月10日顾随致卢伯屏书）而顾随却教了学生“三年鲁迅作品以及鲁迅所倡导的北欧东欧及日本的文学作品”。（王振华《纪念我的启蒙师顾随先生——宣传鲁迅的先行者》）

10月，小说《孔子的自白》刊于《沉钟》半月刊第5期。

11月，散文《母亲》刊于《沉钟》半月刊第8期

12月，小说《废墟》刊于《沉钟》半月刊第10期。

1927年

夏，印行第一种词集《无病词》，收词八十一首，始自1924年初秋，迄至1927年夏。冯至设计并题签，宣纸线装，后来印行诸集，装帧均采相同式样。

1928年

赠《无病词》予沈尹默，沈氏欣赏有加，谓为“自然清丽”，“读之令人辄生空谷足音之感”（1927年8月23日致顾随书），并在燕京大学授课时，“为诸生评介，评为佳作”（郑骞《论诗绝句一百

首》之九十六首自注)。

夏，印行《味辛词》，收词七十四首，始自1927年秋，迄至1928年春。

译［俄］安德列耶夫小说《大笑》，1946年1月2日刊于《益世报·语林》。

1929年

6月，接燕京大学聘书，9月到职，住在校方为其安排的学校附近成府村一座平房小院的北屋。自此至1941年12月，先后在燕大教授词选、曲选、楚辞、汉魏六朝赋、近代散文等课。

入燕京大学执教是顾随人生的一次重大转折，而这主要得益于沈尹默的赏识和提携。顾随于书法和诗歌方面，亦多受沈氏教益，1943年8月27日，曾在给弟子周汝昌的信中言及“近十年中作诗与作字，确实为默老烧香”。

1930年

与卢季韶合译［日］小泉八云著《英文诗中之恋爱观》，发表在河北省立女子师范学院出版的《朝华》月刊第1卷第3期、第4期。

在北平大学任课，至1932年。授汉魏六朝诗、唐宋诗、词选、曲选。

6月，散文《夏初》刊于《骆驼草》周刊第8期。

秋，印行《荒原词》，收词八十一首，始自1928年夏，迄至1930年秋。

1931年

3月9日，作燕京大学1931班《校友年刊》序言。

3月，作散文《汽车上，火车上，洋车上，与驴子背上》。

4月，作散文《春天的菜》。

春，“忽肆力为诗，摈词不作”。(《留春词》自叙)

1932 年

春节过后，妻徐氏携二三女入北平与之同住，不久租住于东四四条一号的一处院子。此间以“萝月斋”“荠庵”“夜漫漫斋”“习堇庵”等为书房命名。

在中法大学任课，至 1941 年该校南迁。授楚辞、历代诗、词选、曲选、小说选。

1933 年

10 月 2 日，在与周作人信中写道：“弟子已下决心作五年计划，诗词散文暂行搁置，专攻南北曲，由小令而散套而杂剧而传奇，成败虽未可逆睹，但得束缚心力，不使外溢，便算得弟子坐禅工夫也。”

10 月，作沈启无编校《人间词及人间词话》序。

作小说《佟二》，刊于 1942 年之《辅仁文苑》第 10 期、第 11 期合辑。

父去世。在《禅与诗》一文中，顾随列举自己学禅的因缘时说道：“……其后痛遭先严大故，促成我与禅宗最大之因缘。……当此身心衰弱之时，才感到历来所学，并不能帮助自己度此无可奈何之关头。至此方思学禅，原意是即或不能在此中辟一大道，亦可稍睹光明也。”

1934 年

印行《苦水诗存》《留春词》合集。前者收诗七十首，起自 1922 年，迄至 1933 年；后者收词四十六首，始自 1930 年秋，迄至 1934 年夏。沈尹默有诗评曰：“吟君苦水诗，亦自有甘味。温驯出辛酸，平凡蕴奇恣。老驼秀发姿，稳踏千里地。颇与牛羊殊，无复水草意。……”（1936 年 6 月致顾随书）

在北京大学任课，至 1937 年。授词选、曲选。

1935 年

作华钟彦《花间词注》序。

1936 年

在《益世报·读书周刊》先后发表《读〈元人杂剧辑逸〉》(4 月 23 日)、《跋赵景深先生的〈读曲随笔〉》(6 月 11 日)、《元曲方言考》(6 月 17 日、10 月 29 日)、《关于〈元人杂剧辑逸〉》(7 月 2 日)、《元王元鼎〈商调·河西后庭花〉套校释》(7 月 9 日),及《夜漫漫斋读曲记》(所见四则,二则分别刊于 1936 年 8 月 5 日、11 月 19 日之《益世报·读书周刊》,二则刊于 1937 年燕京大学《文学年报》第 3 期)。另有《夜漫漫斋读玉溪生诗》。

6 月,《萝月斋论学杂著》刊于《中法大学月刊》。

编订《积木词》,收 1935 年至 1936 年间所作一百五十三首,均系和晚唐五代词人之作,未印行。

冬,印行《苦水作剧》,收《垂老禅僧再出家》《祝英台身化蝶》《马郎妇坐化金沙滩》《飞将军百战不封侯》四种。

据现存沈尹默为顾随题签及顾随致叶嘉莹书(1947 年 3 月 18 日)可知,尚有散曲集《无弦琴》。另有《南曲九宫正始》题签,当有此作。

12 月 26 日,《山东省民间流行的〈水浒传〉》刊于《歌谣》第 2 卷第 30 期。

1937 年

2 月 7 日,《元曲中声音形容词之两公式》刊于《中央日报》文史版。

6 月 17 日,《读〈词谑〉》刊于《益世报·读书周刊》。

7 月,散文《剜荠菜——二十六年四月十四日星期三日记》刊于《青年界》第 12 卷第 1 期。

7 月,迁居牛排子胡同三号院。

《元代四折以上之杂剧——〈西厢记〉与〈西游记〉》刊于《中

法大学月刊》。

《元明残剧八种辑佚校勘（附录一种）》刊于《燕京学报》第22期，另有《燕京学报》单行本。

10月至次年1月间，作《和香奁集》43首，未刊行。

1939年

始兼辅仁大学课，授诗经、楚辞、汉魏六朝诗、唐宋诗、词选、曲选、历代散文选等课。

10月26日，为燕京大学词曲研究会同学讲填词之经验，题为《偶然》。

1940年

9月，为辅仁大学语文学会作题为“元曲中复音词演变之公式”的演讲。

1941年

印行《霰集词》，收词六十六首，始自1937年初秋，迄至1941年底。

9月下旬，迁居地安门内碾儿胡同29号旁门，书斋更名为“倦驼庵”。

10月，完成《馋秀才》剧作，发表于华北文教协会所编《辛巳文录（初集）》，表现出拒不觍颜事敌的民族气节。

12月，太平洋战争爆发，燕京大学被日寇封闭，从此专任辅仁大学教授。

1942年

1月10日，为辅仁大学语文学会作题为“麻花、油炸鬼、馓子及其他”的演讲。

6月，《邵颙遗稿序》刊于《辅仁生活》第4卷第6期。

9月，辅仁大学秋季开学，始教国文系二年级“唐宋诗”课程，叶嘉莹、郭预衡、史树青等均为该班学生。

在中国大学任课，至 1946 年。授唐宋诗、词选、曲选。

1943 年

4 月 29 日，迁居什刹海北沿的南官坊口廿号院之北房。仍以“倦驼庵”为斋名，晚年去掉“倦”字，径以“驼庵”为号。

夏，作《稼轩词说》；秋，作《东坡词说》，1947 年连载于天津《民国日报》。

初秋，作史树青《几士居词甲稿》序。

11 月 6 日，为辅仁大学国文系学生作题为“禅与诗”的演讲。文稿发表于《艺文杂志》1944 年第 2 卷第 2 期。

1944 年

春，印行《濡露词》，收词二十二首，均作于 1943 年秋，后附《倦驼庵词稿》，收 1940 年冬至 1941 年春间之词作十首。

1945 年

印行《苦水作剧二集》，收《陟山观海游春记》（二本八折）一种。此稿并分上下两卷连载于当年之《读书青年》第 2 卷第 4 期、第 5 期。

选 1937 年秋至 1945 年夏部分诗作计三十六首编为《倦驼庵诗稿》，未刊行。

小说《乡愁》发表在《读书青年》1945 年第 2 卷第 3 期。

译克鲁泡特金《论涅克拉索夫》。

1946 年

1 月 7 日，《关于安特列夫》刊于《益世报·语林》。

7 月 26 日，向法庭出具证明，证明周作人曾保护被日寇逮捕的辅仁大学英千里、董洗凡、张怀等进步人士。

中法大学在北平复课，继续于该校任教。

1947 年

2 月，为中法大学文史学会作题为“小说家之鲁迅”的演讲。

4 月 4 日，《读李杜诗兼论李杜的交谊》刊于《民国日报》。

4 月 28 日，作《跋知堂师〈往昔〉及〈杂诗〉后》。

应张中行之请，6 月起陆续作《揣龠录》谈禅系列文章十二篇，连载于《世间解》月刊第 1 至 11 期（第十二篇《末后句》因杂志停刊而未发表）。

8 月 14 日，为北平青年军夏令营作“关于诗”的演讲。

小说《乡村传奇——晚清时代牛店子的故事》刊于《现代文录》。

10 月，小说《刘全福——运粮的故事》刊于《中学生》10 月号。

12 月 7 日，《诗三首——沈兼士先生安葬纪念》刊于《大公报·星期文艺》。

在北京师范大学任课，至 1953 年。授词选、曲选。

1948 年

10 月 20 日，为中法大学文史学会作题为“我所看见的鲁迅先生”的演讲。

10 月 30 日，迁居李广桥西街（今柳荫街）8 号。取书斋名为“两三竿竹庵”，或简化为“竹庵”。

《揣龠录》第八、九、十三篇以《兔子与鲤鱼》为题结集印行。

“不登堂看书外记”之一《看〈小五义〉》、之二《看〈说岳全传〉》陆续刊于《华北日报》文学副刊。据顾随致周汝昌书（1948 年 8 月 13 日）所述，尚有之三《猪八戒论》之作。

散文《海涯琐记》刊于《红蓝白》创刊号。

年底，著《韵文普说》，1949 年初完稿。

1949 年

1 月 27 日，为中法大学留校学生作题为“鲁迅之作风”的演讲。

任辅仁大学国文系主任、校务委员会委员及附校（附属中学、小学）委员会主任。

秋季，因心脏痼疾病倒，退休养病。

1952 年

春，病渐痊可。

秋，有《竹庵新稿》，收古近体诗二十八首，词三首。

1940 年开始留意章草。1948 年起研习《邓文原章草真迹》。1952 年大病初愈，又以临写章草为日课。完成《章草急就篇斠字》，并对《急就章》中每个字的书写源流作系统考订，撰写《章草系说》。

1953 年

2 月 18 日，接北京图书馆邀请函，于月底参加“爱国诗人杜甫讲演会”，冯至主讲，顾随朗诵。

经高教部批准，6 月，赴天津师范学院（后更名为天津师范大学、河北大学）任教。住校内第二宿舍的楼下。

7 月，作《关于人我有无》。

8 月 9 日，作张中行《传心与破执》跋，刊于《现代佛学》11 月号。

作《说红答玉言问》，未完稿。

作《说辛词〈贺新郎·赋水仙〉》《晚唐词》《六一词大旨》。

1954 年

开设“佛典翻译文学”课程，留有讲义。

1956 年

编订《闻角词》，遴选 1952 年秋至 1956 年 1 月间词作，未印行。

1957 年

春，为天津市话剧团作学术报告；为南开大学中文系作学术报告。

在为天津师范学院中文系三年级学生朗诵杜甫《自京赴奉先县

咏怀五百字》后写给该班同学一封公开信，纵论抒情诗的情感表达及如何朗诵作品，刊于该校《教学与科学研究通讯》1957年第10期（5月20日）、第11期（6月10日）。

7月10日，散文《槐蚕》刊于《天津日报》。

开设“中国古典文学批评”课程，留有讲义。

1958年

被选为河北省人民代表，春，赴省会保定参加人民代表大会，交提案“野生植物的保护与利用”。

6月29日，《关汉卿和他的杂剧》刊于《河北日报》，并于当年收入中国戏剧出版社《关汉卿研究》第一辑。

《论关汉卿〈诈妮子调风月〉》刊于天津师范学院《教学理论与实践》1958年第1集。

1959年

《曹操乐府诗初探》刊于《天津师范大学学报》第1期。

4月12日，《东临碣石有遗篇——略谈曹操乐府诗的悲、哀、壮、热》刊于《河北日报》。

6月7日、14日、21日，《〈文心雕龙·夸饰〉后记》连载于《河北日报》。

开设“毛主席诗词笺释”课程，留有讲义。

1960年

春，病重。

9月6日，逝世。

附记：自20世纪80年代始，在弟子、家人及后学的共同努力下，顾随著作被陆续整理出版，至今已有三十二种、四十余册。以下对此进行梳理介绍，以便读者明了其中脉络，并在选择和阅读时有以参考。

《顾随文集》，上海古籍出版社1986年1月出版。

《顾随先生临同州圣教序》，天津市古籍书店1990年3月影印出版。

《顾随临帖四种》，天津市古籍书店1992年6月影印出版。依原石书写年代为序，四种分别为《黄庭经》、《张黑女墓志》、《善才寺碑》、《道因法师碑》。

《苦水作剧》，台湾桂冠图书股份有限公司1992年10月出版。收录顾随全部剧作。

《顾羡季先生诗词讲记》，台湾桂冠图书股份有限公司1992年11月出版。包含《驼庵诗话》和《驼庵说诗》两编，系顾之京据叶嘉莹当年的部分听课笔记整理而成。

《顾随：诗文丛论》，天津人民出版社1995年1月初版，1997年2月增订。此册所收除前所整理的有关诗词的笔记之外，还有其他课目的笔记，以及收集到的顾随遗作多篇。

《顾随说禅》，上海古籍出版社1998年12月出版。收《揣籥录》及《佛典翻译文学选——汉三国晋南北朝时期》。

《顾随全集》四卷，河北教育出版社2000年12月出版。分为创作、著述、讲录、书信日记。

《顾随说禅》，广西人民出版社2005年7月出版。共三卷，卷一为《揣籥录》，卷二为《佛典翻译文学选——汉三国晋南北朝时期》，卷三为《禅与诗——古代不受禅佛影响的六大诗人》。

《顾随诗词讲记》，中国人民大学出版社2006年3月初版，2010年9月再版。此册基本上是《驼庵诗话》和《驼庵说诗》合集的再版。

《驼庵诗话》，天津人民出版社2007年7月出版。

《顾随论学精要》，天津人民出版社 2007 年 9 月出版。

《大家国学·顾随卷》，天津人民出版社 2008 年 1 月出版。

《诗书生活——顾随随笔》，北京大学出版社 2008 年 7 月出版。专收散文、随笔、序跋、短论等。

《顾随笺释毛主席诗词》，河北教育出版社 2009 年 5 月出版。

《顾随与叶嘉莹》，河北教育出版社 2009 年 11 月出版。收录顾随与其弟子叶嘉莹之间往来文字及叶氏的纪念、序跋和作品解读文章。

《顾随致周汝昌书》，河北教育出版社 2010 年 3 月出版。

《顾随讲词曲》，凤凰出版社 2011 年 1 月出版。收录《稼轩词说》、《东坡词说》及有关词曲的短文。

《中国古典诗词感发》，收入据叶嘉莹笔记整理的全部唐宋诗词讲记，北京大学出版社 2012 年 5 月出版。

《中国古典诗词感发》，商务印书馆（香港）2013 年 5 月出版。

“顾随讲义系列丛书”，共五册，河北教育出版社 2013 年 1 至 10 月间陆续推出，包括《顾随讲古代文论》、《顾随讲〈文心雕龙〉》、《顾随讲〈论语〉〈中庸〉》、《顾随讲〈诗经〉》、《顾随讲〈文选〉》。

《驼庵诗话》增订本，生活·读书·新知三联书店 2013 年 12 月出版。

《驼庵传诗录》上下两册，据叶嘉莹记录、顾随讲授古典诗词的全部笔记整理而成，河北教育出版社 2013 年 12 月出版。

《顾随全集》十卷，河北教育出版社 2014 年 3 月出版。卷一词曲诗、卷二小说散文日记译作、卷三论著、卷四讲义、卷五传诗录（一）、卷六传诗录（二）、卷七传文录、卷八书信（一）、卷九书信（二）、卷十书法。

《中国古典文心》，收入据叶嘉莹笔记整理的《论语》、《文赋》、《文选》讲记及“文话”（论文语录），北京大学出版社 2014 年 8 月出版。

《驼庵传文录》，据叶嘉莹记录、顾随讲授古典散文的全部笔记整理而成，河北教育出版社2015年4月出版。

以上多种不外三类：一、综合，如《顾随文集》、《顾随全集》；二、单行，如《顾随说禅》、《苦水作剧》；出版最为踊跃，影响较为广泛的则非“讲记”莫属。顾随的课堂讲授艺术是今人难以想象、常人无可企及的，众多弟子在回忆、纪念文章中对此给出高度一致的评价。于是，也便有了后来由叶嘉莹指导、顾之京整理的一系列诗文讲记的诞生。因为讲记有个不断整理、不断丰富的过程，加之广受欢迎，所以各种版本层出不穷，需要读者在选择时留意甄别。

有关纪念文集出版过三种：《顾随先生百年诞辰纪念文集》（河北大学出版社1999年6月出版）、《顾随和他的世界》（作家出版社2007年11月出版）、《顾随研究》（南开大学出版社2011年3月出版）。

此外，已出版多部关于顾随生平和学术的研究著作，有《大师顾随——女儿眼中的父亲》（顾之京著，中国工人出版社2007年9月出版）、《顾随年谱》（闵军著，中华书局2006年9月出版）、《顾随与现代学人》（赵林涛著，中华书局2012年6月出版）等。

编校后记

由顾随先生友朋、弟子、家人撰写的纪念、评述文章，目前所能辑得者逾百篇，我们从中精选了三十六篇，编成此集，意为读者深入了解、研究顾随先生的生平与学术，提供一些有价值的甚或是必不可少的资料和信息。

各篇所述重点不同，我们据以分类编排。大略言之，《怀念羡季》以下四篇，可助读者了解先生生平。《谈羡季先生对古典诗歌之教学与创作》以下九篇，可资领略先生多方面之成就。顾随先生的讲授艺术向为弟子极言称道，《我与恩师顾随先生的“缘”》以下十八篇，全面展现了顾随先生的师者风范、学人情怀，稍释我辈无由亲睹之憾。《只能仰望夫子　不敢忝作学生》以下三篇是几位虽未登先生讲堂，但得入室受教的作者文章，多言交往中学习交流往事。以上所举篇目，视为每一类中最具代表性者，分置首位，其下则依作者年辈排序。其后又有顾随先生三女之惠、六女之京手笔，信为可观；叶嘉莹先生尝道“中郎有女胜须眉”，即谓姊妹二人。

就文章来源而论，或已发表，或未发表，或有手稿，或无手稿。

对于已发表而无手稿者，多据出处校对，需要说明或更正之处，加以注释。个别文章存有手稿，则最大限度尊重本来面目，请恕或与刊稿略有出入。而高龄作者回顾陈年旧事，难免误差，除非关联密切，悉如原文，读者自有明鉴。所有涉及顾随先生著作的引文，均作核校，不使讹传。多篇末后有“京按”，为之京教授所加按语，笔墨生动，情节感人，又本选之一特出者也。

然限于水平，定有不尽意处；视野所局，岂无遗珠之恨！而“众人拾柴火焰高”，顾随先生的德业文章，在越来越多读者方家的共同关注努力之下，必将日渐光大，施惠更多后学。

赵林涛

2015 年 2 月 5 日

图书在版编目（CIP）数据

驼庵学记：顾随的生平与学术 / 赵林涛，顾之京编．—北京：生活 · 读书 · 新知三联书店，2016.5
（学记）
ISBN 978 – 7 – 108 – 05558 – 3

Ⅰ．①驼…　Ⅱ．①赵… ②顾…　Ⅲ．①顾随（1897 ~ 1960）– 人物研究
Ⅳ．① K825.6

中国版本图书馆 CIP 数据核字（2015）第 239563 号

责任编辑　卫　纯
装帧设计　薛　宇
责任印制　宋　家
出版发行　生活 · 讀書 · 新知　三联书店
（北京市东城区美术馆东街 22 号　100010）
网　　址　www.sdxjpc.com
经　　销　新华书店
印　　刷　北京隆昌伟业印刷有限公司
版　　次　2016 年 5 月北京第 1 版
2016 年 5 月北京第 1 次印刷
开　　本　880 毫米 × 1230 毫米　1/32　印张 9
字　　数　220 千字
印　　数　0,001 – 5,000 册
定　　价　29.00 元
（印装查询：01064002715；邮购查询：01084010542）